NO ESPAÇO NÃO ESTAMOS SÓS!...

Impresso no Brasil
Printed in Brazil

RENATO IGNACIO DA SILVA

NO ESPAÇO NÃO ESTAMOS SÓS...

2.ª EDIÇÃO

SÃO PAULO

Do mesmo autor:

"Amazônia, paraíso e inferno!"

à

FRANCISCO IGNÁCIO DA SILVA FILHO
que partiu cedo...

e a

HERCÍLIA FERREIRA DA SILVA
que espero, ainda veja muita coisa...

seu filho dedica êste livro.

A CAPA E AS ILUSTRAÇÕES INTERNAS FORAM CRIADAS PELO AUTOR DO LIVRO, SOB O PSEUDÔNIMO DE **RIGSIL.** NAS PRANCHAS EM QUE APARECEM SÊRES EXTRATERRENOS, NÃO QUIS RENATO IGNÁCIO DA SILVA MOSTRAR COMO DEVERÃO SER ÊSSES HABITANTES DE OUTROS MUNDOS, OS DESENHOS TÊM APENAS EFEITOS DECORATIVOS.

rigsil

NO ESPAÇO HÁ MILHÕES DE CORPOS CELESTES SEMELHANTES A TERRA, PORTANTO É LÓGICO QUE EM OUTRO PLANÊTA TAMBÉM TENHA SE DESENVOLVIDO A VIDA RACIONAL OS CIENTISTAS CONSIDERAM INCLUSIVE, CONCEBÍVEL QUE HABITANTES DE OUTROS MUNDOS, SEJAM SUPERIORES AOS SÊRES HUMANOS TERRESTRES QUANTO À INTELIGÊNCIA E POSSUIDORES DE CIVILIZAÇÕES MAIS AVANÇADAS.

NA TERRA O HOMEM PREPARA-SE PARA A CONQUISTA INTERPLANETÁRIA. O PROGRESSO CIENTÍFICO, O FOGUETE DESENVOLVENDO VELOCIDADE ESPANTOSA, LIBERTOU O HOMEM, ROMPEU A CADEIA QUE O PRENDIA À TERRA. ÊLE ENTÃO REALIZARÁ O SONHO MILENAR, ATRAVESSARÁ O CÉU ESTRELADO QUE EM NOITES SERENAS NOS ENCANTOU E COMPROVARÁ A EXISTÊNCIA DE SÊRES INTELIGENTES, ALÉM DE NOSSO PLANÊTA!

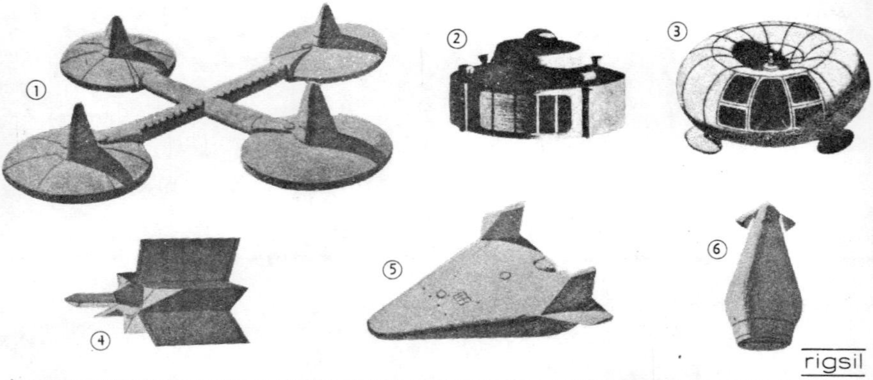

MUITO ANTES DA RÚSSIA LANÇAR O PRIMEIRO HOMEM DA TERRA AO ESPAÇO (1961), OS ESTADOS UNIDOS JÁ PREPARAVAM ESPETACULARES PROJETOS ESPACIAIS, COMO:

(1) PROJETO DE OBSERVATÓRIO ESPACIAL PARA SER LANÇADO AO ESPAÇO EM SECÇÕES IMPULSIONADAS POR FOGUETES, QUE LOGO SE UNIRIAM AO ENTRAR EM ÓRBITA. (2) PROJETO DE VEÍCULO IMPULSIONADO POR FOGUETES, PARA OBTER AMOSTRAS DE MINÉRIOS LUNARES. (3) PROJETO DE VEÍCULO DE EXPLORAÇÃO ESPACIAL. (4) PROJETO DE FUTURA NAVE ESPACIAL ELETRONUCLEAR PARA VIAGENS INTERPLANETÁRIAS DE UM ANO. (5) PROJETO DE VEÍCULO PARA ABASTECIMENTO DAS ESTAÇÕES ESPACIAIS EM ÓRBITA OU PARA TRANSPORTE DE TRIPULANTES A TERRA. (6) PROJETO DE OUTRA NAVE ESPACIAL NUCLEAR, DESTA VEZ, DE LINHAS FORA DO COMUM.

CIVILIZAÇÕES DE PLANETAS MAIS ADIANTADOS QUE O NOSSO, NÃO PODERIAM POSSUIR ESSAS NAVES ESPACIAIS EM PLENO FUNCIONAMENTO?

ÍNDICE

A primeira edição deste livro saiu no início da década de 1960, portanto, quase 10 anos antes da "guerra de livros" entre deuses e astronautas. Alguns pontos coincidem na essência com trabalhos desse gênero, porque foram pesquisados nas mesmas fontes, porém em épocas diferentes.

Ao ser lançada outra edição, atualizada e ampliada, de "No espaço não estamos sós..." continua ainda indecifrável o apaixonante mistério: O que são os objetos aéreos não identificados, chamados discos voadores?

Cientistas há que persistem em ridicularizar pùblicamente o problema. Êsses não são homens de ciência. O ridículo com que desejam cobrir os relatos de quem está pesquisando o fenômeno, constitui uma atitude anticientífica por excelência, pois com isso matam na fonte, informações preciosas para uma análise final. Há no mundo todo, grupos de analistas cuja atitude diante do problema vem sendo a mais racional e científica possível. Como a equipe do cientista e astrônomo russo F. Y. Zigel, que afirmou recentemente ser o estudo sôbre os estranhos objetos voadores "um dos trabalhos mais importantes da ciência moderna".

A atitude cética de certos cientistas prende-se, subconscientemente, à nossa falta de explicação científica para as questões suscitadas a respeito da Tecnologia dos discos voadores. Não obstante, não é boa ciência negar evidência a um fenômeno (ou fato) apenas porque não se encaixa no Catálogo Científico conhecido até o presente. Êsses cientistas se esquecem de que a Ciência é sempre transitória quando definida como apenas depósito ou conjunto de conhecimentos. Sob êsse aspecto, evidentemente os discos voadores não podem existir porque não podemos explicá-los de acôrdo com a Física, a Engenharia Mecânica, a Tecnologia de Materiais etc. Contudo, o telefone, a máquina fotográfica, a televisão, o satélite artificial, não podiam existir para os cientistas da Grécia Antiga ou do Egito Faraônico (época que já existia Ciência, embora não na dimensão experimental) simplesmente porque semelhantes aparelhos ou máquinas não poderiam ser "compreendidos" cientificamente por êles...

Portanto para esses falsos cientistas; ortodoxos e bitolados que não crêem na possibilidade de existirem outras civilizações cósmicas, eu diria que as hipóteses ousadas servem para remover o pó que se acumula em nossas mentes e contribuem para visão e compreensão muito mais ampla.

Deixando de lado mistificações, alucinações, burlas, deformações, equivocos, deturpações e embustes. Não sendo aves, aviões, balões metereológicos, satélites artificiais, meteóros, estrelas cadentes, miragens atmosféricas, reflexos de neblina, rastros de vapor de jato, faróis refletidos nas nuvens, o que são então?

Experiências de algum país do nosso globo? Impossível, os discos voadores já eram conhecidos, muito antes do homem inventar o avião a jato. E estão para as modestas aeronaves terrestres como o automóvel está para o par de patins. Além disso tais máquinas não podem ser da Terra, porque na Idade Média ou nos tempos romanos ninguém poderia ter construido engenhos voadores.

Esses objetos aéreos não identificados, em velocidades excessivas, brecadas bruscas, desvios rapidíssimos, curvas violentas e agudas além da possibilidade de qualquer aparelho conhecido, provam não pertencer a Terra. Revelam uma civilização tecnologicamente muito mais adiantada do que a nossa.

Os "ONI" como são chamados os discos voadores, no Brasil, pelos técnicos que estudam o fenômeno, aparecem e desaparecem no céu, como se uma lâmpada de repente acendesse e apagasse. Essas rápidas aparições e desaparições seriam devido ao fato deles se deslocarem à velocidades muito superiores a 300.000 quilometros por segundo! O atrito com o ar faria com que se fundisse a superfície dos veículos conhecidos voando à velocidades que caracterizam os discos voadores, qualquer que fosse o material metálico ou não. Além disso os sêres humanos não poderiam sobreviver as extraordinárias manobras que esses estranhos objetos voadores realizam, isso tudo pelo menos dentro de nossos conhecimentos atuais.

Seriam fenômenos naturais mal interpretados? Espécie de criaturas vivas, de origem desconhecida que aparece em nossa atmosfera? Engenhos que podem desmaterializar-se quando querem? Sondas espaciais de outros planêtas, veículos extraterrestes inteligentemente guiados, contendo visitantes do espaço cósmico?

Sendo naves interplanetárias, *de onde vieram?* Crer que neste imenso povoado de estrêlas, bilhões e bilhões, somente este planêta tenha recebido vida inteligente é presunção sem tamanho. É recuar em tempos que se situava a Terra como centro do Universo, tendo o sol e estrelas girando em seu redor, apenas para alegria do homem que se julgava a mais maravilhosa das criações.

Como vieram? Não podemos considerar também nossos recursos científicos os únicos capazes de levar uma astronave a sair fora do planêta. Pode haver, inclusive entre nós, outros rumos, que não descobrimos e que nos levariam a outras consequências diferentes das atuais.

E para que vieram? Observar; catalogar a Terra como um planêta a mais habitado ou invadí-lo? Atribuir a todos os povos sentimentos belicosos de conquista e domínio, não está senão em nosso orgulho. São sentimentos humanos terrestres que não autorizam a torná-los universais.

Há estratégias reconhecíveis nas aparições; seriam hostis ou pacíficos? Há variação de formas: discos grandes e pequenos, charutos grandes e pequenos (alguns deles parecem ser porta-discos), rodas, piões, globos com e sem asas, pratos, chapéus, anéis simples e duplo, ovos etc. Variação de cores, sons e luzes. Já foram observados também discos submarinos. Pertenceriam a diversas raças de diversos planêtas do nosso sistema solar ou de outros sistemas solares?

Segundo milhares de relatórios do mundo inteiro, êsses objetos voadores foram vistos a olho nu, fotografados e radarizados por civis e militares. Suas aparições sempre silenciosas, vez ou outra estão ligadas a misteriosas explosões de bolas verdes, explosões semelhantes a um tremor de terra, explosões parecidas a produzida por onda de choque, tipo barreira do som etc. Em suas passagens pelo espaço deixaram cair blocos de gelo sôbre as casas, ou longos fios brancos de matéria desconhecida. Causaram blecaute total em cidades e interferências em sistemas elétricos e motores de automóveis; para eles "objetos terrestres não identificados".

No reinício de suas atividades, se é que podemos chamar assim o período de após Guerra Mundial, começaram a aparecer com mais frequência; eram vistos voando muito alto. Depois, sôbre acidentes geográficos: cordilheiras, mares e florestas. Mais tarde foram vistos voando baixo, como que observando os nossos meios de transporte. A etapa seguinte foi a exploração sôbre as cidades e as bases militares. De acôrdo com as últimas observações, eles estariam interessados em conhecer as nossas centrais hidroelétricas, os grandes reservatórios, as torres de observações e os aeroportos.

Alguns desses objetos já foram vistos pousados em lugares pouco movimentados, tendo ao lado sêres humanóides, de capacete ou não (catando terra, flôres, pedras e outras matérias da Terra), de pequena à média estatura e de aspecto que vão do belo e angelical ao horrendo e nauseabundo. (O nosso aspecto físico pode ser apenas uma forma e não a melhor das formas dos seres que povoam o Universo. O mesmo acontecendo com o que chamamos inteligência). Como seriam os representantes de outros mundos? Anjos? Sêres tímidos? Demônios? Sêres malévolos? Simples expectadores? Réplicas humanas criadas em outros planêtas? Artefatos biônicos? Robots cibernéticos? Esses humanóides carregam instrumentos que podem ser ferramentas ou armas. As armas disparam um raio que paralisa quem estiver no alvo, causando sensação de formigamento, calor intenso, enjôo, sensação de choque elétrico, queimaduras e perda de consciência; conforme depoimento de pessoas que já os viram de perto.

Com respeito a aparência humana podemos usar aqui uma hipótese audaciosa, tirando os pequeninos sêres de 1 metro de altura, os de talhe humano, estatura média, e sem capacete, visto perto dos discos voadores podem ser representantes de nossa própria espécie, colocados em condição, digamos cibernética pelos comandantes dos ONI. Pode ser uma escolha de alguns seres humanos terrestres especialmente preparados para agirem como autômatos em determinadas tarefas na superfície da Terra, dai a aparência com a nossa. Explicação lógica: sêres de outros planêtas do nosso sistema solar (Marte e Venus) não poderiam viver aqui sem capacete especial, devido as condições climáticas diferentes desses planêtas. A menos que esses humanóides fossem de planêta fora do nosso sistema solar; ai sim, poderiam ter saido de um mundo que tivesse mais ou menos as mesmas características do nosso.

E finalmente quais seriam suas intenções, agora? Toda a documentação conseguida até hoje revela que os tripulantes dos discos voadores não são nem amigos nem hostis ao homem. Limitaram-se a um estudo frio e científico da nossa civilização e não temos a menor indicação se pretendem ficar nisso ou se essa pesquisa é apenar o início de um plano para tomar conta da Terra.

Por que não entram em contato abertamente, com os terráqueos? Eles já não tem mais nada para ver e talvez agora tentem um contato direto. Porém não se sabe ainda como farão. Até agora quase sempre fogem quando notam a presença de alguém. Outra dificuldade é o medo das pessoas que os avistam.

Durante o tempo em que fazia pesquisas para meu livro "Amazônia, paraíso e inferno!", convivi com vários oficiais da Fôrça Aérea Brasileira, na região. Nesse contato anotei interessantes encontros entre aviadores e discos voadores nos mais variados pontos da maior floresta do planêta, o que veio reforçar e em muito, meu ponto de vista com relação a existência de outros mundos habitados. Encontra-se com frequência na Região Norte, provas de ocupação humana extraterrestre.

Posso afirmar até, que aviões norte-americanos que fizeram o levantamento aéro-fotogramétrico da Amazônia, equipados com camera multiespectral, de infravermelho colorido e o que havia de mais moderno, descobriram bases de discos voadores no sub-solo do Pará e Amazonas! Cópias e negativos acham-se guardados a sete chaves nos cofres fortes da alta direção da Eastman Kodak Company.

Não seria essa estanha presença em nosso globo, um aviso, um alerta? Nós da Terra, somos todos companheiros de viagem no mesmo planêta, e somos todos igualmente responsáveis pela felicidade e bem-estar do mundo em que vivemos. Esta é a nossa morada comum, por conseguinte, cabe-nos comportar-nos como nos comportaríamos se estivessemos embarcados, em um navio cujo destino não conhecemos.

De que adianta nossos progressos científicos, espaciais; se o homem é o único organismo vivo que é hostil à sua própria espécie? Até a abominável hiena vive em paz com os membros de sua espécie. Mas o homem odeia o homem, o homem mata o homem, e no mundo de hoje, a primeira preocupação de uma nação é preparar-se para matar mais vizinhos!

Continuará o homem agindo assim, até o dia fatal em que a raça humana terá de recolher seus brinquedinhos e ceder o lugar a um sucessor mais digno?

O homem sem humildade, ante a grandeza que o rodeia, não percebe que a Terra é um planêta demasiado insignificante na ordem universal. O pretensioso mundo em que vivemos é simplesmente o Planêta Número Três do Sistema do Sol; estrêla de quinta grandeza localizada num braço estelar rarefeito, juntamente com bilhões e bilhões de outras estrêlas, muitas das quais bem maiores e mais quentes, da Galáxia da Via Lactea. E esta por sua vez é apenas um agrupamento de estrêlas das muitas que existem no firmamento...

Quando olhamos as estrêlas, quase todas elas nos parecem mais ou menos do mesmo tamanho. Mas, na realidade, esse tamanho é enormemente variável. Dou como exemplo a estrela Beteljeuza cujo diâmetro é de 434 milhões de quilômetros — 30.000 vezes maior que o da Terra. E Beteljeuza é apenas um pigmeu em confronto com a Alfa de Hércules. Esta é tão grande que, se seu centro estivesse onde se acha o do Sol, engolfaria a Terra e ultrapassaria a órbita de Marte!

O Sol, estrêla situada no centro do nosso sistema planetário, dista da Terra apenas 150 milhões de quilômetros. Nos últimos confins do sistema solar está o planêta Plutão, a somente seis bilhões de quilômetros do Sol. Para além, é o vazio — um abismo que praticamente isola nosso sistema solar do resto do universo — até que a uma distância de 40 trilhões de quilômetros aparece a Alfa do Centauro. Mas Sirius está quase duas vezes mais distante! A luz do Sol gasta oito minutos para chegar até nós, ao passo que a luz de Sirius leva mais de oito anos a percorrer o seu trajeto antes que a possamos distinguir.

As distâncias estelares são tão grandes, que os astrônomos as medem em termos de ano-luz. O ano-luz é a distância percorrida pela luz em um ano, à velocidade de 300.000 quilômetros por segundo, ou sejam, 10 trilhões de quilômetros.

Desta forma vemos que o espaço inter-estelar é inconcebivelmente vasto. Largue duas moscas a voar sobre a Europa e haverá menos amplidão para elas nos céus europeus do que espaço no firmamento para as estrêlas!

Mas, os humanos que habitam a Terra, não dão o real valor aos desertos do infinito. Além de seu pequeno tamanho e grande pretensão, da falta de humildade ante o esplendor grandioso das estrêlas numa noite clara, estão ainda num estagio animalesco, não evoluido e presos aos instintos mais primários da raça. A dificuldade de um encontro frente a frente, as claras, entre o terraqueo e os extra-terrestres, não seria devido a diferença de nível intelectual, situando-se esses sêres, acima do nosso nível, tanto quanto os homens não podem se comunicar com as formigas e abelhas?...

O homem ao derrubar os últimos limites materiais à sua atuação: as fronteiras do próprio mundo em que se formou, há de adaptar a sua maneira de pensar à sua nova realidade. Poderá desenvolver-se uma espécie de consciência cósmica, agora que realizou seu maior feito: descer na Lua; deverá o ser humano perceber, afinal, a sua própria pequenez. Abrem-se as portas de um Universo ilimitado perante o homem, natural dêste globo tão insignificante. Que aproveite desta sua oportunidade, quiçá a última, para adquirir uma grande modéstia, adotando um comportamento èticamente condigno do Universo — que ele até hoje não soube fazer aqui em seu planêta natal. Que perca o seu orgulho, e ganhe um verdadeiro respeito pelas coisas e pelos seres vivos de tôdas as espécies, que povoam o espaço cósmico.

Que o homem perca a inimizade contra si próprio, pela união finalmente realizada entre os povos da Terra — sem que esta união se dirija contra quem quer que seja. Que as viagens siderais não sejam viagens de "conquistadores", mas sim de emissários da paz, da harmonia, do progresso.

O Autor

Durante muitos séculos, os homens viveram iludidos em seus pequenos mundos. Pensavam estar sós, inteiramente sós, em suas minúsculas civilizações. Eram homens ilhados. Robinsons Crusoés coletivos, satisfeitos e orgulhosos da solidão. Mais tarde, descobriram a existência de outros homens, de outras civilizações ao seu redor. E então apelaram ao rei da Guerra, a terrível divindade do extermínio. Aquela mesma que, na Bíblia, recebeu o nome de Deus dos Exércitos. Foram precisos a vida e o sacrifício de Jesus, pregando e vivendo uma vida realmente humana, para que as pequenas e atrevidas civilizações ilhadas começassem a soletrar, muito lentamente, o alfabeto da solidariedade fraterna.

Mas, uma vez comprovada a existência de uma só Humanidade, em toda a Terra, foi fácil ao homem encontrar uma escapatória para o seu orgulho. Bastou ilhar-se no Cosmo. Inventou que o Universo inteiro, cujas proporções não podia sequer imaginar, existia apenas para rodar em torno do nosso planêta. E dessa época até hoje, milhões de criaturas, não obstante as provas lógicas e científicas em contrário, sustentam que a Terra é o único mundo habitado por criaturas inteligentes. Fora deste planetinha orgulhoso e tolo, bamboleando no espaço como um grão de areia num vendaval do Saara, não existe e não pode existir qualquer outra espécie de Humanidade.

Monteiro Lobato disse, certa vez, com a sua graça habitual, que somos semelhantes a bichos de goiaba, orgulhosos de só existirem bichos na sua goiaba. E é para contradizer esse orgulho estúpido, inteiramente destituido de fundamento, que Renato Ignácio da Silva lança êste livro copérnico: "No espaço não estamos sós..."

A sorte de Ignácio é que os astronautas já andam pelo espaço cósmico, e as fogueiras medievais estão apagadas. Isto lhe dá liberdade para proclamar sem medo, que somos simplesmente uma população de subúrbio. A Terra pobre mundinho sublunar, é uma espécie de aldeiazinha de botocudos na imensidade cósmica.

Um livro empolgante, ilustrado com desenhos do próprio autor e que atualiza o leitor com a era espacial.

Herculano Pires

"No espaço não estamos sós. . . "é sem dúvida alguma de grande utilidade para quem deseja aperfeiçoar seus conhecimentos sobre astronáutica e possível vida em outros planêtas. Trata-se de um tema que vem apaixonando o mundo todo, pois nunca esteve tão em foco como na atualidade, graças a forte competição, por enquanto apenas científica, entre as duas maiores potencias do globo.

O autor, dotado de farta documentação e de invulgar espírito de pesquisa e observação, disserta em suas páginas, sôbre os feitos daquelas duas nações, que vem deixando o mundo atônito.

O problema da vida nos demais planêtas, que assumiu notável incremento nos últimos tempos tem preocupado e bastante, não só os homens de ciência, mas também os adeptos da Parapsicologia.

É, pois, digna de louvor essa belíssima contribuição do jovem escritor, que, aliás, como perfeito conhecedor do tema a que se dedicou, apresenta comentários que prendem a atenção do leitor.

Realçamos dessa bela e utilíssima obra, os capítulos sobre as previsões de Robert Heinlein, sonhos premonitórios, telepatia extra-terrena, parapsicologia, discos voadores, o "caso Mantell" e a dolorosa história do ex-major Claude Eatherly, co-responsável pelo lançamento da bomba atômica sôbre Hiroshima.

São páginas que nos predispõem a sérias meditações quanto aos destinos da Humanidade. As ilustrações, do próprio punho do autor, valorizam bastante a obra.

Com os meus parabens ao jovem e talentoso confrade, é com prazer que recomendo a leitura de "No espaço não estamos sós..." pelo muito de grande interesse e curiosidade que nele se encontra.

Jacob Penteado

O livro "No espaço não estamos sós...", do sr. Renato Ignácio da Silva, se destina a popularizar valiosas noções, a respeito dos mais recentes e sensacionais avanços do conhecimento humano, em domínios extra-terrenos, até há poucos anos apenas objetos de engenhosas conjecturas. No entanto, apesar da despreocupação do estilo, em linguagem acessível ao homem de mediana cultura, o texto se lê como se fôra novela fantasista, de tal maneira se repleta de revelações e descobertas que desafiam a mais arrojada imaginação.

A fria exatidão dos cálculos, eriçados de cifras, empregando a linguagem quase aflitiva de quantidades "astronômicas" — sem eufemismo — relega para trás as mais audazes façanhas sonhadas ingenuamente, no comêço do século, por Júlio Verne e H. G. Wells.

Gigantescas experiências, no campo da exploração do Cosmos, pelas duas nações mais interessadas em liderar êsses assuntos e conquistar a glória pioneira — os Estados Unidos e a União Soviética — para isto não recuando ambas, ante a perspectiva e necessidade imediata de enormes dispêndios e esforços humanos. Percorridos todos os caminhos dêste globo sublunar, os cientistas agora se voltam para as regiões interplanetárias, sonham estabelecer comunicações com outros sêres, habitantes prováveis de outros sistemas solares.

O livro de Renato Ignácio da Silva pormenoriza essa busca de vida extra-terrena. O autor parece sinceramente convicto da realidade dessas incursões suspeitas, com sêres mais inteligentes do que o homem vulgar terreno. E até levanta a hipótese de que os tremendos incêndios de Sodoma e Gomorra, narrados na Bíblia, teriam sido provocados por explosões atômicas, na distante antiguidade, havendo a tradição milenar interpretado a presença de possíveis marcianos, autores dêsses cataclismas, como a aparição de anjos celestiais, que salvaram algumas famílias, inclusive a de nome Lot. A explicação é engenhosa, pois, o episódio da mulher de Lot, mudada em estátua de sal, por haver desejado olhar a terrível fogueira, concorda com os efeitos da explosão atômica, em pessoas carbonizadas à distância, em Hiroshima.

Outra questão inquietante, apresentada pelo autor é o misterioso rapto de aviões, desaparecidos em pleno vôo, em diversas ocasiões.

A leitura do livro é, assim cheia de interêsse e palpitante sensação de "suspense", como costumam apresentar as obras de gênero menos sério, por simples gratuidade. E acontece que estamos, aqui, diante duma casta de cientistas que nada afirmam sem a mais sólida e inabalável certeza.

Alvaro Augusto Lopes

"No espaço não estamos sós...", de Renato Ignácio da Silva. Membro da Sociedade Interplanetária Brasileira e do Instituto Brasileiro de Astronáutica e Ciências Espaciais, o autor revela-se neste livro profundo conhecedor das últimas conquistas da Ciência no empolgante capítulo da vida espacial. Para compô-lo, recorreu às mais importantes fontes contemporâneas de estudos e pesquisas. O que essas instituições verificaram, quer através de estudos científicos, quer mediante experimentação quotidiana, aqui está em resumo — o que torna o livro do sr. Renato Ignácio da Silva altamente proveitoso para tôda sorte de leitores.

Em verdade, não há, nos nossos dias, assunto mais fascinante. Haverá vida em outros planêtas? A resposta é, em linhas gerais, afirmativa. Não se trata da "nossa" vida, da vida tal como conhecemos na Terra — mas, sem dúvida, de uma forma diversa dela.

Nas várias galáxias que compõem o Universo há bilhões de planêtas mais importantes que a terra! Não seria estúpido imaginar que só neste mísero grão de areia é que a Vida se desenvolveu no curso de milhões de anos? Tais são os problemas para cuja solução eminentes sábios trabalham, conforme lemos neste fascinante e notabilíssimo volume.

General Berilo Neves

P R E F Á C I O

Durante séculos de estudos, a Terra passou de centro do Universo para terceiro planêta do Sol; o Sol deixou de ser o centro do Universo para tornar-se apenas uma estrêla entre muitas; depois a estrêla mais próxima da Terra passou a situar-se em um canto de uma galáxia povoada por milhões e milhões de estrêlas: galáxia que se acredita agora ser apenas uma dos inúmeros milhões de galáxias existentes num Universo aparentemente infinito...

Segundo pesquisas mais recentes, três milhões de anos passaram após o nascimento do nosso globo. Naquele tempo, uma grande nebulosidade estendia-se pelo espaço; dessa massa confusa iria surgir o Sol, a Terra e demais planêtas. A Terra era uma esfera fechada entre as nuvens, depois tornou-se luminosa, brilhante como uma estrêla; foi nessa época que a Lua separou-se dela. Um lento esfriamento fez nosso planêta passar do branco ao amarelo e enfim ao vermelho. Depois apagou-se completamente e durante as últimas metarmofoses seus gases tornaram-se líquidos e a submergiram. Milhares e milhares de anos passaram-se e algumas rochas começaram a aparecer. A crosta terrestre estava se formando.

Desde a antiguidade imaginava-se a Terra como um disco repousando nos ombros do gigante Atlas. Mas as observações dos viajantes gregos modificaram esta crença. Devido as suas expedições êles concluiram que a Terra era redonda. Strabon afirmava: "A parte do Equador não pode ser habitada devido o grande calor". Mais tarde Cicero ensinaria aos seus contemporâneos: "Veja a Terra. Ela tem circulos que nós chamamos de zonas. As duas zonas extremas têm por centro o polo e são cobertas de gelo. A do meio é queimada pelos raios solares. Restam duas que são habitáveis".

Não bastava para os antigos conhecer a forma da Terra. Eles quiseram medi-la. Eratóstenes no século II A.C. notou que as cidades de Syene e Alexandria estavam no mesmo meridiano e depois disto ele tentou medir a circunferência do globo. Os filósofos da escola de Pitágoras observaram o movimento da Terra mas enormes foram os trabalhos de Ptolomeu, astronomo grego do século II A.C. Este sábio esforçou-se para explicar as eclipses e para calcular a distância do Sol e da Lua. Ele distinguiu 1.022 estrêlas.

Copérnico, em 1512 retomou os trabalhos dos discípulos de Pitágoras. Êle fez um sistema segundo o qual o Sol é imóvel e a Terra, gira em torno dêle. Até então pensava-se que a Terra era o centro do Universo. Vários adversários tentaram destruir suas descobertas. Mas Galileu, um matemático italiano assegurou o triunfo do sistema vendo graças a uma luneta de sua descoberta, os astros de que Copérnico falara. Houve intriga para que esses trabalhos não fossem divulgados. Uma dessas obras foi destruida pela Inquisição. Galileu foi obrigado a renegar suas idéias de joelhos.

Após Newton que descobriu a lei de atração universal numerosos sábios continuaram a enriquecer nossos conhecimentos. Assim Herschel determinou estrêlas, nebulosas e satélites. Na nossa época ainda se classificam astros. Planêtas gigantes e estrêlas minusculas são observados com a ajuda de aparelhos aperfeiçoados. As evoluções dos satélites artificiais permitirão conhecer melhor nosso sistema solar e o progresso da ciência nos faz antever maravilhosas descobertas...

Foram portanto os grandes astrônomos dos primeiros séculos da idade moderna, Copérnico, Kepler, Galileu e Newton que demonstraram que o Sistema Solar é constituído pelo Sol como astro central e por um conjunto de planêtas que giram a seu redor descrevendo órbitas elípticas. Assim, a Terra gira em tôrno do Sol, que é uma estrêla. Existem ainda oito planêtas, que giram ao redor do Sol, isto é, Mercúrio, Vênus, Marte, Júpiter, Saturno, Urano, Neptuno e Plutão. É difícil conceber atualmente a coragem necessária naquela época para expor uma teoria que contrariava a aceita por todos os cristãos como sendo a palavra de Deus.

Os povos acreditavam na teoria de Ptolomeu, segundo o qual a Terra era o centro do Universo. Qualquer teoria que apontasse ao contrário, isto é, o correto, o Sol como centro do Universo, era prontamente proibida pela religião, era o autor então ameaçado de tortura e fogueira. Em 1600, Giordano Bruno foi queimado vivo na Itália por sustentar que o espaço era infinito e cheio de estrêlas do tamanho do nosso próprio Sol. *Absurdo!* diziam. Quem acreditaria que a Terra era uma grande bola viajando em tôrno do Sol, e ao mesmo tempo, girando velozmente? Em tal caso diziam os "entendidos" os castelos, as igrejas, as florestas, os oceanos e as próprias pessoas, tudo seria expelido para o céu e se perderia no espaço! Nota-se com isso: aqueles que não querem olhar mais além sempre existiram e existirão.

A astronomia moderna agregou ao Sistema Solar uma multidão de outros corpos, convertendo-o em algo mais complicado que o imaginado por aquêles astrônomos. Dentro dos conhecimentos atuais, são assim classificados os corpos que compõe o nosso Sistema Solar: 1.º) Sol, astro central; 2.º) nove grandes planêtas: Mercúrio, Vênus, Terra, Marte, Júpiter, Saturno, Urano, Neptuno e Plutão; 3.º) um enxame de pequenos planêtas ou asteróides situados quase entre as órbitas de Marte e Júpiter; 4.º) o conjunto de satélites dos planêtas; 5.º) uma série de cometas (colossais massas de gás que durante milhares de anos aterrorizaram a humanidade, que os identificava como pressentimentos enviados do céu) e aerólitos, cujo número é desconhecido, que descrevem quase sempre trajetórias incomuns.

Certas anomalias verificadas no movimento de Mercúrio levaram a suposição da presença de um primeiro planêta muito próximo do Sol ao qual chamaram Vulcano, mas até agora não foi possível descobrir êsse planêta. A relação dos planêtas com seus satélites, segundo suas distâncias do Sol, é a seguinte: Mercúrio, sem nenhum satélite; Vênus, sem nenhum satélite; Terra, com um satélite, a Lua; Marte, com dois satélites, grupo de pequenos planêtas ou asteróides; Júpiter, com onze satélites; Saturno, com anéis e dez satélites; Urano, com quatro satélites; Neptuno, com um satélite, e finalmente Plutão sem nenhum satélite. Hoje além da Lua nosso satélite natural, (já conquistado pelo ser humano, como primeira etapa da invasão do Universo), temos girando em tôrno da Terra, vários pequeninos satélites artificiais, construídos pelos homens, pioneiros que dirigirão nossos passos pelos caminhos dos astros. Desde os chamados "espiões" como o Midas, cuja finalidade é fotografar certas regiões da Terra, até essa maravilha que é o Telstar.

O nosso Sistema Solar, constitui apenas diminuta parte de uma gigantesca constelação, porque o Sol, embora nos pareça tão grande e brilhante, é apenas uma entre bilhões de estrêlas (muitas das quais são bem maiores e mais quentes) da galáxia, ou agrupamentos de estrêlas, chamado Via-Láctea. A Via-Láctea, por sua vez, é apenas uma galáxia entre as muitas que provàvelmente existem no firmamento. Afirmaria o leitor que entre os milhões e milhões de estrêlas da Via-Láctea e de outras galáxias, não existe uma só estrêla, ou Sol, com planêtas? E que em um dêsses planêtas, que giram em tôrno dêsse ou de qualquer outro Sol, não há qualquer espécie de vida, talvez do tipo que chamamos humana? É possível a existência de outro planêta no espaço, no qual encontraríamos, mais ou menos, as mesmas proporções de terra e água, mais a fauna e a flora, e uma raça de sêres inteligentes, semelhantes à nossa.

Pouco se sabe a respeito de Vênus, (sonda espacial norte-americana, transmitiu milhões de dados científicos sôbre êste planêta, inclusive fotos da superfície e temperaturas infernais, porém, quanto a existência de vida continua sendo objeto de discussão). O principal objetivo da pesquisa espacial é resolver a mais torturante de tôdas as questões: existe vida sob alguma forma em outro lugar do Universo, além da Terra? De todos os planêtas que cintilam no firmamento, existia um que oferecia maior probabilidade de dar resposta a essa pergunta: Marte! Segundo algumas teorias, algo cobria sua superfície e parecia mover-se, variando de tamanho conforme as épocas do ano. Admitindo a presença duma abundante vegetação que encontrou ali o ambiente adequado, é fácil supor que outras formas móveis, como os nossos animais, se alimentam com aquelas plantas, (onde há plantas há animais, esta é uma das regras da Biologia moderna) daí podemos chegar a hipótese dos sêres inteligentes! Porém... a nave norte-americana que fotografou a superfície do planêta vermelho desiludiu a todos: onde estavam os discutidos canais marcianos? Na superfície viam-se apenas frias crateras como as da Lua. Mesmo assim a vida poderia existir em subterrâneos. Acredita-se que a superfície de Mercúrio seja um deserto rochoso e sem ar. Êsse planêta conserva sempre o mesmo lado para o Sol, o que significa que, num lado, morrer-se-ia de calor, e no outro, de frio...

Consideramos "normal", nosso planêta simplesmente porque estamos acostumados a êle e julgamos por êle todos os outros mundos. Porém, não conhecemos os limites de adaptabilidade da vida. Mesmo em nosso planêta há vidas da maneira mais extravagante e também é difícil estabelecer limite para a engenhosidade da natureza no setor das temperaturas elevadas.

A vida (como nós conhecemos) baseia-se em oxigênio, carbônio e água, tais substâncias básicas são no entanto, utilizadas nas mais diversas maneiras. Alguns organismos (as águas-vivas por exemplo) são constituídos quase totalmente de água, outros (cactos) consomem água em quantidade mínima e sobrevivem em ambientes secos para qualquer outra forma de vida. Algumas bactérias chegaram mesmo a realizar algo impressionante: trocar o carbônio por enxôfre e viver no ácido sulfúrico fervente!

Poderíamos encontrar planêta nada semelhante ao nosso quanto ao tamanho, pêso, superfície, clima e outros aspectos, porém, habitado. Quando falamos em vida, nos baseamos em nossa vida, mas deverão existir outras formas de vidas adaptadas às condições reinantes em outros planêtas.

Júpiter (o rei dos planêtas) tem uma atmosfera de milhares de quilômetros de espessura, constituída de gases provàvelmente nocivos a nós. Se êste planêta fosse uma esfera oca, caberia em seu interior o equivalente a mil corpos celestes do tamanho da Terra, para se ter idéia de suas dimensões. E se fosse possível colocá-lo no prato de uma balança, seria necessário empilhar 317 Terras no outro prato, para equilibrá-lo. Tendo uma massa pequena em relação às dimensões, conclui-se que sua densidade é muito baixa, constituindo em grande parte por gases. Saturno, Urano e Neptuno estão muito distantes do Sol (Neptuno dista 4 bilhões 464 milhões de quilômetros) e seriam excessivamente frios para nós. Plutão está ainda mais distante; foi descoberto há pouco tempo relativamente (em 1939), e dessa forma é, ainda, um grande mistério.

Outros planêtas habitados existirão, entre os milhões de mundos existentes. Alguns atrasados, outros milhares de anos mais velhos, portanto mais evoluídos que o nosso. Ou tudo isso que daqui se avista, foi feito para enfeitar a Terra? Não, a humanidade terráquea não pode ser uma exceção, um privilégio único. Se não conhecemos bem os planêtas do nosso Sistema Solar, que podemos falar dos milhares pertencentes a outras galáxias?

Na Rússia, a Academia de Ciências, anunciou, através de seu presidente, professor Kuprevitch, que existe vida em outros planêtas. Essa afirmativa foi baseada em minuciosos estudos dos elementos transmitidos recentemente pelos aparelhos instalados nas sondas espaciais. Convencidos da existência de evoluidíssimos "irmãos do infinito" cientistas soviéticos de indiscutível valor procuram apaixonadamente provas sôbre as suas incursões na Terra. Os russos já há algum tempo falam nas escolas sôbre a pluralidade dos mundos habitados. Também é opinião do astrofísico Iosiv Shklowsky, que existem outras formas vivas adiantadas, no espaço, e essas supercivilizações conhecem a Terra, nossas características biológicas e tecnológicas!

Os soviéticos baseados em vestígios de civilizações galáticas, confirmaram em 1970, que a Terra recebeu visitas do espaço há milhares de anos. Segundo os estudiosos russos, representantes de outras raças cómicas, chegaram aqui em seus discos voadores, visitaram nosso planêta, provàvelmente se comunicaram com nossos ancestrais e foram embora, tão ràpidamente quanto chegaram. Antes da partida, porém, deixaram vários sinais de sua presença.

Esta hipótese, defendida por alguns cientistas ocidentais, já está totalmente aceita na URSS. Os cientistas russos garantem hoje a visita de naves espaciais à Terra. Num dos trabalhos de cientista famoso, o astrônomo F. Y. Zigel, do Instituto de Aviação de Moscou, êle considera da maior importância o estudo sôbre a existência dos discos voadores. É segundo suas palavras "um dos trabalhos mais importantes da ciência moderna". Essa importância para o cientista soviético decorre das muitas visitas de sêres extra-terrenos a nosso mundo.

Os russos citam uma série de descobertas arqueológicas, que são para êles "cartões de visitas" deixados aqui por seres que vieram do espaço e que provàvelmente "não podiam acreditar que fossemos ter dúvida sôbre sua origem". Um dos casos que gostam de citar, como o escritor e físico A. P. Kazantzev, é o que se refere ao desenho conhecido como Caal, de 5 mil anos de idade, que foi encontrado numa rocha do deserto do Saara. Alguns arqueólogos do passado afirmavam que o desenho era a imagem de um sacerdote com máscara ritual em forma de capacete sôbre a cabeça. Hoje Kazantzev acha que o desenho é de um homem com trajes espaciais e lembra que a NASA reconheceu que as vestes do homem representado no desenho são muito parecidos com as roupas espaciais modernas norte-americanas. Kasantsev diz ainda que há outras esculturas parecidas com essa na ilha japonesa de Honshu. E mais: elas são da mesma época...

Caminhamos para desvendar, dentro em pouco, o segrêdo que durante muito tempo, fascinou o homem de ciência: observar e confirmar se há vida em outros mundos. Mas não estariam habitantes de outros planêtas há muito nos observando? O físico russo Alexandre Kazantsev afirma que os asteróides situados entre as óbitas de Marte e Júpiter, descritas no início dêste capítulo, são restos de um planêta semelhante à Terra, que explodiu em estilhaços. Teria se chocado com outro planêta? Teria sido atingido por projétil? Ou seus habitantes, chegados a um nível elevado de conhecimento, possuindo nossa ciência astronáutica e atômica, se não mais ainda, teriam cometido alguma imperícia ou uma loucura fatal?

Depois de ter explorado alguns planêtas do Sistema Solar e ter deixado nêles marcas de sua cultura, não teriam essas raças super-inteligentes, desencadeado uma formidável reação têrmo-nuclear que esmigalhou seu planêta num apocalípse total? Não teriam "visitantes" de outros mundos, no auge de seus progressos, travado contato com nossos antepassados? Não teriam êsses "hospedes" legado aos homens uma soma de conhecimentos muito avançados e que no decurso dos séculos foram perdidos, esquecidos e guardados apenas por alguns? Como se explica objetos agora achados, cuja tecnicidade não tem relação com a cultura científica rudimentar das épocas passadas? Como explicar essas anomalias? Seria loucura tentar enxergar nelas a marca de civilizações desconhecidas e que teriam surgido das profundezas do Universo?

Se raças de outros planêtas nos visitaram há milênios, por que não agora que evoluímos? Não se trata de mistificação, delírio, ficção científica como muita gente pensa. O que ontem era ficção hoje é realidade: o avião, a televisão, a viagem interplanetária. E até mesmo encontros casuais com êsses misteriosos visitantes, não pertence mais ao reino do irreal! Sabemos perfeitamente que em elevada percentagem de encontros com sêres vindos do Cosmo, não se deve conceder crédito. Há discrepância nas declarações de certas pessoas que "estiveram" ou "viram" habitantes de outros mundos. Mas nada podemos dizer das provas acumuladas nos arquivos da Fôrça Aérea Norte-Americana! Nem podemos também, ir contra cientistas crentes na pluralidade dos mundos habitados, como: o antropólogo Howells, o astrônomo Sinton, os físicos Agrest, Kazantsev e outros.

Hoje muitos cientistas acreditam que raças desconhecidas pertencentes a planêtas do nosso Sistema Solar ou de outros Sistemas Solares, usando Marte, ou Vênus como base de operação, nos observaram e nos observam através de máquinas voadoras, cuja velocidade e manobra são impossíveis de serem acompanhadas por qualquer aparelho aéreo fabricado na Terra. Isto foi confirmado numa recente reunião internacional, de pesquisadores civis e militares, realizada na França. Baseados em fatos estudados, o grupo de pesquisadores dividiu-se quanto as intenções dêsses visitantes de outros planêtas. Uma parte é de opinião que êsses observadores extraterrenos são benfeitores, procurando nos ensinar alguma coisa! Outros acreditam que êles estão apenas catalogando o nosso mundo como um planêta a mais, habitado, sem planos de contato imediato! Já conhecendo quase tudo da Terra: habitantes, cidades, flora, fauna etc. E finalmente a opinião dos militares que tomaram parte na reunião: são hostis!...

Anteriormente militares reunidos na Europa, a fim de esclarecer que tipos de máquinas seriam essas, eliminaram as hipóteses de serem terrestres! (Não poderia se de outra maneira, pois as manobras dos estranhos objetos voadores são incompatíveis com os limites fisiológicos da resistência humana). Os russos estavam se levantando entre as ruínas da segunda guerra mundial, quando essas estranhas máquinas voadoras já observavam os combates aéreos. Seriam americanas? Não, se fôssem, os Estados Unidos não estariam fabricando aviões a jato, pois êstes seriam completamente antiquados. Excluindo êstes dois países, quem poderia ser o possuidor de tão extraordinárias máquinas? Uma raça da Terra que tivesse descoberto algum nôvo sistema de propulsão tão revolucionário, já teria dominado o mundo! Não estaria enviando suas máquinas a tôda parte do globo, expondo-se ao perigo de um desastre revelar todo o seu segrêdo!

Nos Estados Unidos, um estudo preparado por cientistas famosos e técnicos da Fôrça Aérea Norte-Americana, expressou a crença de que êsses misteriosos objetos voadores, são genuínos e procedem de fontes situadas fora dêste planêta! Foi depois das primeiras explosões atômicas que suas aparições tornaram-se mais freqüentes. Hoje, sabemos que uma explosão em massa, de hidrogênio, pode arrancar grande porção da Terra ou produzir uma violenta reação em cadeia que destruirá nosso planêta trazendo graves conseqüências para Marte, Vênus e demais planêtas do Sistema Solar. Ora, se outra raça do Sistema Solar, conhecesse êstes perigos, graças a seus próprios descobrimentos nucleares não teriam boa razão para alarme? As raças de planêta desconhecido, não poderiam temer, também, uma eventual invasão de terráqueos? Nossas explosões nucleares poderiam aumentar êsse temor e nossas provas com foguetes de grande altura, indicam que não estamos longe de viajarmos pelo espaço numa ascensão irresistível para o domínio do Cosmo. Não seriam essas as razões das novas aparições dos chamados discos voadores em todo o nosso planêta?

Breve saberemos, pois, só agora o homem audaz saiu da Terra, desceu na Lua, alcançará mundos habitáveis ou não, do Sistema Solar e se lançará, a exploração direta de novas galáxias, terá êxito nesses empreendimentos e constatará que no espaço não estamos sós...

O HOMEM, EM BUSCA DA VIDA EXTRATERRENA!

Descobertas sensacionais feitas no setor Terra-Sol.
Foguetes com tripulações, serão lançados brevemente à Vênus e Marte, conforme estudos russos e americanos, sôbre viagens aos planêtas do Sistema Solar.
O vôo interestelar, pelas colossais dimensões do Universo, segundo a moderna cosmogonia, apresenta problemas de inimaginável dificuldade.
Método de hibernação, usado contra as emoções e aos traumas psíquicos da solidão infinita do "deserto cósmico".
Há 25 anos atrás, lia-se sôbre viagem interplanetária: "pode-se afirmar que não existe possibilidade alguma de tal viagem..."
A vida pode desenvolver-se no Universo, fora da Terra, estudos a respeito, nos mostram como éramos há milhares de anos e como serão os habitantes de outros mundos!

As aparições de luzes, ou fenômenos interpretados como objetos celestes não eram antigamente explicados em têrmos de presença de sêres racionais extraterrestres, mas sim em função do pouco que se sabia e das crenças religiosas vigentes na época. As imagens vistas eram descritas evidentemente, conforme os conhecimentos daqueles tempos. Da mesma forma, se uma esquadrilha de aviões de hoje, pudesse ser projetada no tempo, e vista, digamos há centenas de anos atrás, por certo levaria o nome de "cruxifíxos voadores". Assim o leitor notará as palavras "círculo de fogo", "visão", "altar", "navio aéreo", "escudo", "navio-nuvem", "roda voadora", "nuvem-cigarro", "dragão voador", "construção aérea", "pires", "carruagem", "bola de fogo" até chegar aos atuais "discos voadores", no que vou apresentar inicialmente:

Era pré-histórica — ano 45.000 AC — Na montanha Hunan, ilha Tungting, foram encontradas gravações em granito, mostrando individuos humanos com tronco de grandes proporções, esculpidas naquela data. Aparece também cilindro no céu, portando sêres semelhan tes. Ano 6.000 AC — Esculturas feitas nessa data, foram descobertas no Platô Tassili, Saara, onde aparecem sêres de cabeças redondas.

Antiguidade — ano 1504 AC — Egito, vários observadores vêem "círculo de fogo", no céu.

597 AC — Caldéia, estranha máquina vinda do céu, aterrisa. Possue quatro pilares distintos. Cada pilar com duas asas salientes, móveis. Possue orifícios circulares na base de cada pilar, e dômo transparente por sôbre os quatro pilares.

Na Bíblia Sagrada um depoimento sôbre discos voadores

Provàvelmente há 2.555 anos atrás, uma extraordinária máquina voadora que parece reunir, em suas características, a propulsão por meio de foguetes e algum outro princípio de movimento — procedente de outros mundos — compareceu diante dos homens em terra que na época, se chamava Caldéia e que, hoje, faz parte da Pérsia, do Irã. É óbvio que não existe uma certeza absoluta acerca deste provável acontecimento, pois a narração da chegada e da atividade desta máquina é feita, nada mais nada menos, que por Ezequiel, um dos maiores profetas do Velho Testamento. Pode-se supor, todavia, que o relato (além de seu significado religioso, que permanece indiscutível) esconda também algum fato extraordinário, assim como frequentemente acontece com os "comentaristas" de épocas tão longínquas.

Ezequiel, depois que os conquistadores da Babilônia atacaram e venceram as forças de Israel, foi deportado para a Baixa Mesopotâmia, juntamente com o Rei Joaquim e com os aristocratas de seu povo. Era o ano de 597 AC e Roma começava a se afirmar na Itália, enquanto a civilização egípcia se encontrava em seu maior fulgor. Transcorridos poucos anos de exílio, os hebreus organizaram-se numa coletividade muito ativa, aproveitando a relativa tolerância a êles concedida pelos vencedores. Haviam estabelecido suas habitações numa colina chamada Tel Abib (Colina das espigas), haviam redigido seus ordenamentos e designado seus chefes. O próprio Ezequiel, muito provàvelmente, além de ser um sacerdote, exercia também uma função diretiva.

"No quinto dia do quarto mês daquele ano, que era o quinto do exílio", Ezequiel tem sua "visão". Uma vez que o início do exílio pode ser estabelecido no ano 597 AC., é evidente que o quinto ano, ao qual alude Ezequiel começa em 593. Infelizmente pouco sabemos acêrca da data que marcava para os hebreus daquela época, o começo do ano: muito provàvelmente, com a chegada da primavera. Há quem julga possível, todavia, que o ano tivesse seu início nos primeiros dias do outono. Sendo a primeira hipótese a menos discutivel, podemos pensar portanto que o "quinto dia do quarto mês" correspondesse, aproximadamente, ao dia 26 de junho de 593. Esta opinião, porém, é ela também arbitrária, pois os hebreus, que se baseavam num "calendário lunar", estavam sempre em atraso com as estações e, de vez em quando, para restabelecer o equilíbrio, acrescentavam um mês ao ano, que resultava, pois, de 13 meses.

Seja como fôr, Ezequiel encontrava-se na oportunidade, nas margens do rio Chebar, que hoje nós identificamos como o grande Canal Mar Kabari, canal, êste, que passa pelas ruinas da antiga Nippur. Nos conta Ezequiel que repentinamente viu chegar, do lado setentrional do céu, precedida por um vento fortíssimo, uma espécie de bola de fogo, cercada por um "grande esplendor". Ao centro daquela esfera era possível ver um ponto de grande luminosidade, que parecia ser feito de "fino cobre cintilante". Com a velocidade impressionante a bola de fogo aproxima-se de Ezequiel, atordoado pela surpresa, e coloca-se a seu lado.

No decorrer de cêrca de 200 "versetos" Ezequiel faz o possível para descrever esta bola em todos os pormenores sem todavia conseguir atingir aquela exatidão que nós muito apreciaríamos. O profeta vivia numa época em que a muito custo sabia-se da existência de poucos metais. Nenhuma máquina era conhecida, nem a mais simples. O carro de guerra e o arado representavam o "non plus ultra" da modernidade e ninguém teria podido encontrar os têrmos para explicar a seus companheiros o eventual aparecimento de um automóvel! Por conseguinte, Ezequiel submete-se a um esfôrço terrível: com suas palavras procura dar a "idéia", pelo menos, do objeto que está vendo, recorrendo sempre às fórmulas: "parecia...", "tinha a aparência de..."

Detalhes da estranha astronave da antiguidade

A máquina, em palavras pobres, possuia quatro colunas verticais que representavam seus lados. Cada uma delas carregava em seu ponto mais alto, algo de muito luminoso que aparentava possuir as feições de um bicho. De cada coluna sobressaiam duas asas — oito ao todo, pois — que se mexiam. Cada coluna, enfim tinha a seus pés uma enorme roda constituida por um círculo altíssimo "cheio de olhos". As quatro colunas eram reunidas e coligadas por um corpo central, luminosíssimo, e recobertas por uma aboboda transparente que Ezequiel, não encontrando um têrmo mais adequado, define como sendo "uma zona do céu, igual a um cristal".

Ao centro da cúpula surgia uma espécie de trono muito luminoso, côr da safira (verde azulado, portanto), e o conjunto era cercado por uma luminosidade de várias côres, "igual, no aspecto, ao arco que se encontra na nuvem quando é dia chuvoso". Ezequiel descreve, inclusive, o funcionamento do extraordinário mecanismo. Excluindo as asas nenhuma parte é móvel, com relação as outras, e a máquina ronca e se vira sôbre si mesma. Suas asas, durante o vôo, são todas levantadas, mas quando a máquina "desce", "as asas inclinam-se". E há o "ruido", que é "como de grandes águas". A velocidade era enorme, como "quando se vê um relâmpago". Na base da máquina podia ser notada um forte fulgor, de onde saia um "clarão".

Não é fácil livrar-se da impressão de que esta visão (que, de acôrdo com quanto o próprio Ezequiel afirma, provocou no profeta um estado de choque que se prolongou durante sete dias) não seja unicamente pura fantasia: a abundância dos pormenores, o esforço evidente de "relatar com exatidão" impedem admitir tratar-se de uma descrição destinada unicamente a impressionar o auditório. Naquela época um dragão com sete cabeças provocava maior sensação, junto à opinião pública, de que uma "roda cheia de olhos".

A máquina efetua ações extraordinárias. Primeiramente uma espécie de mão sai dela e oferece a Ezequiel "um rótulo escrito do lado de dentro e do lado de fora". O profeta come-o, apreciando seu gosto "doce como o mel". Logo em seguida Ezequiel é colocado a bordo da máquina e com "o ruido de um grande abalo" é transportado até a Colina de Tel Abib, no meio dos seus. Aqui êle permanecerá durante sete dias sem falar uma única palavra. Após este tempo, chega aos ouvidos do profeta uma voz que lhe ordena de ir novamente "nos campos". Ezequiel obedece e vê novamente a máquina que se encontra a sua espera.

Instruções e atitudes dos visitantes do espaço

Desta vez são comunicadas ao profeta aquelas que poderiam ser chamadas "instruções" e que não deixam de ser bastante interessantes. Durante 390 dias Ezequiel deverá ficar deitado, em sua casa, sôbre o lado direito e, em seguida, deverá passar outros 40 dias deitado sôbre o lado esquerdo, num total de 430 dias. Quando estiver terminado este período de tempo, a máquina voltará.

Ezequel obedece à risca e "no ano sexto, no quinto dia do sexto mês", o fenômeno se repete e de maneira mais excitante ainda. De acôrdo com quanto o profeta afirma, transcorrera um ano e um mês da época da primeira "visão", ou para melhor dizer, da última vez em que êle viu a máquina. Como os meses hebraicos eram de 30 dias, chega-se a um máximo de 390 dias.

Não pode ser excluída, todavia, a eventualidade de que, justamente naquela época, tivesse sido acrescentado um mês, ou que o cálculo do tempo fosse diferente, na realidade, daquele que a história nos relata. Uma coisa é certa: a nova data está muito próxima daquela em que as instruções foram recebidas.

Encontramo-nos, pois, aproximadamente nos meses agosto — setembro de 592, quando Ezequiel, que estava com os anciões de Jiuda (e faz questão de informar que havia testemunhas diretas) é aproximado por um ser estranho, "com aparência de homem", luminosíssimo. A parte superior do corpo deslumbrava pelo fulgor, enquanto a parte inferior era como de costume "como feita de fino cobre cintilante". A criatura alonga "uma aparência de mão" e agarrando Ezequiel o carrega, em vôo, até o ingresso das muralhas internas de Jerusalém, onde se encontra, parada, a máquina que o profeta já conhece.

Este ponto é de fundamental importância pois, após ter transportado o profeta, a vários pontos da cidade, a máquina aterrissa novamente e uma voz comunica a Ezequiel que chegou a hora da destruição total dos ímpios de Jerusalém. Logo em seguida saem da máquina seis homens trajados de branco. Um deles, o chefe talvez, carrega nas costas "um tinteiro de escrivão", isto é, um instrumento estranho que Ezequiel identifica como sendo um "tinteiro de escrivão".

Os seis homens estão armados "com suas armas que devem ser gastas"; a voz ordena-lhes de "contaminar" a cidade e de matar todos aqueles que apresentarem em suas testas o sinal feito precedentemente pelo chefe da pequena esquadra, que se afastou antes dos outros. A esquadra mata, obedecendo às ordens, e o chefe volta: "E eis que o homem que trajava panos linhos (brancos) e que carregava o tinteiro nas costas, faz um relatório afirmando: Eu agi de acôrdo com quanto tu ordenaste".

Imediatamente uma espécie de mão sai da máquina e despeja nas mãos do chefe um fogo líquido que, em seguida, será esparramado sôbre a cidade. Ezequiel não perde a nova ocasião para descrever pormenoriza-

A

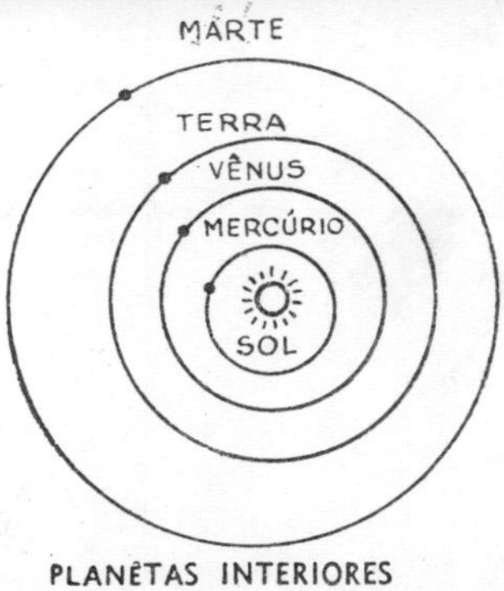

PLANÊTAS INTERIORES

B

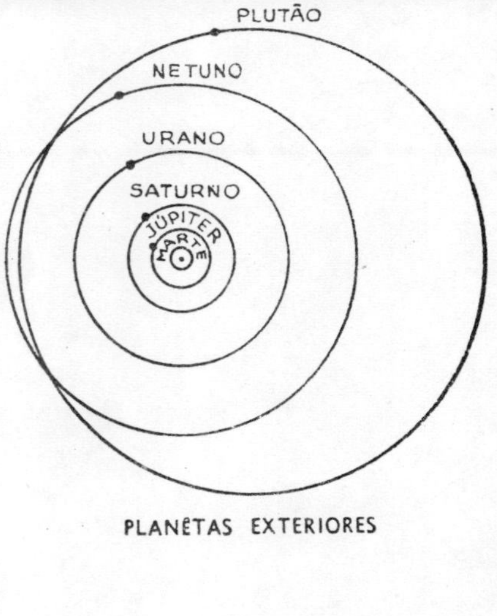

PLANÊTAS EXTERIORES

ÓRBITAS DOS PLANÊTAS — A, planêtas mais próximos do Sol; B, planêtas mais afastados do Sol.

damente o engenho, precisando ainda outros detalhes, como a côr das rodas, que define de "crisolito". Infelizmente não sabemos qual era o significado real que os homens daquele tempo davam ao têrmo. Para nós, "crisolito" possue uma côr verde, muito bonita e límpida. Mas, antes da época de Plínio, o "crisolito" era o "topázio", que possui uma côr completamente diferente.

Vagarosamente a máquina levanta vôo e desaparece. Nunca mais voltará nos escritos de Ezequiel.

É inútil tentar esclarecer tudo quanto o profeta quis relatar realmente, pois este fato pressupõe um exame dos textos, muito detalhado e difícil. A única coisa que merece uma atenção mais pormenorizada é que o intervalo de tempo de 430 dias corresponde justamente (com uma tolerância de 10 dias, aproximadamente) a uma viagem de ida e volta para Vênus, enquanto o mesmo período de tempo, resultaria muito escasso para uma viagem até Marte, que exigiria, hoje, um período de pelo menos 18 meses.

Ano de 213 AC — Hadria (Itália) desce "altar" com ser humano vestido de branco. 222 AC — (Império Romano) Escudos voadores; duas luas; navios aéreos, luzes.

Depois de Cristo — Idade Média — ano 600 — Escócia, "navio" passando no céu. 763 — Meath County, "navio" aéreo. 776 — saxões vêem dois grandes escudos avermelhados, movendo-se por cima da igreja. 840 — Lyons, três homens e uma mulher descem por uma escada de corda, de um "navio-nuvem", e são linchados pelo povo. 842 — Lyons, exército multicoloridos em marcha no céu. Também acompanharam várias vezes o cêrco de Jerusalém. 919 — Hungria, esferas brilhantes com estrêlas, polidas. 927 — Verdum, exércitos luminosos no céu. 966 — Alto-mar, cilindro vertical luminoso. 1015 — Japão, dois objetos geram esferas luminosas menores. 1027 — Cairo, vário objetos aéreos ruidosos. Na mesma cidade em 1034 — esfera de fogo percorreu o céu. 1133 — Japão, grande disco prateado aterrisa. 1160 — Alsácia, três luzes sôbre uma árvore. 1188 — Gisors, cruz luminosa (hoje no local há uma Cruz de pedra in memoriam). 1254 — Abadia Saint Alban, grande "navio" formato elegante, bem equipado, côr maravilhosa. 1290 — Yorkshire, grande disco prateado. Movimento lento no céu. 1461 — Alto-mar, objeto formando "navio", do qual saia fogo. Roda de ferro incandescente, metade do tamanho da lua cheia.

Século XVI — 1520 — Erfurt, roda com luz rotativa ou "farol" e mais dois sóis fulgurantes. 1527 — França, cilindro ("nuvem-cigarro"). 1561 — Nuremberg, grandes cilindros inclinados no céu, gerando três ou quatro esferas e discos, que parecem "lutar" entre si ou dançar no ar. 1566 — Basiléia, semelhantes a 1561; grandes esferas negras. 1593 — Londres, população avista no céu "dragão voador", cercado de chamas.

Século XVIII — 1718 — Oxford, objetos luminosos. 1752 — Suécia, esferas luminosas vindas de um cilindro brilhante. 1762 — Suiça, astrônomos em seus observatórios vêem objeto na frente do disco do Sol. 1783 — Castelo de Windsor, membro da Royal Society, observa fenômeno luminoso. 1783 — Greenwich, objeto muito estranho gerando oito objetos menores que desaparecem lentamente no céu.

Século XIX — 1809 — Londres, muitos "meteoros" movendo no céu à volta de nuvem negra da qual saiam luzes; duração de uma hora; "meteoros" aumentavam de tamanho ao descerem. 1820 — França, estranhos objetos movendo-se em linha reta; igualmente espacejados; movimentos com precisão militar. De 1822 a 1831 vários astrônomos observam inúmeros objetos desconhecidos, no céu. Em 1834, Pastorff também vê. 1835, Cocciatore; 1836 novamente Pastorff; 1837, De Vico; 1839 De Cupis; 1844, Glaisher. Em 1845 no dia 11 de maio, o Observatório de Nápoles descobre objeto desconhecido no céu. No ano de 1847 é a vez do astrônomo Schmidt localizar o fenômeno, o mesmo acontecendo com Sidebotham e Brown em 1849. No ano de 1868, no Chile é observada uma "construção" aérea luminosa, acompanhada de ruido de motor. 1870 — Oceano Atlântico passageiros do navio "Lady of the Lake" vêem disco cinza brilhante com halo parte "trazeira"; longa "cauda" emanando do centro. Duração uma hora; depois voou contra o vento. 1871 — Meudon, o astrônomo

Trouvelot observa vários objetos complexos; semelhantes aos vistos em Nuremberg no ano de 1561; um deles cai como "fôlha morta".

1874 — Praga, o professor Schafarick, nota estranho objeto branco cruzando lentamente a face da Lua. 1878 — Texas, disco escuro é observado por John Martin; movimento como de um disco caindo dentro da água; pela primeira vez é usada a palavra "saucer" (pires). 1881 — Austrália, dois filhos do Príncipe de Gales (um o futuro Rei George V) as 4 horas da madrugada do dia 11 de junho avistam estranho objeto celeste, semelhante a navio inteiramente iluminado, entre Melburne e Sidney. No verão de 1883, em Segeberg, professora e crianças avistam duas esferas luminosas no céu, diâmetro da lua cheia, movendo-se de Norte para Sul, não ràpidamente. 1883 — México, José Bonilla, astrônomo de Zacatecas vê e fotografa formações de objetos circulares cruzando o disco do Sol. Separados por intervalos regulares; conta 283 objetos. Em 1883 estranho objeto voador aparece em Marselha; em 1885 em Saigon, na forma de magnificente objeto vermelho maior que Vênus, e no mesmo ano atravessa os céus da Turquia. 1887, o cenário é o oceano Atlântico, enorme bola de fogo sai lentamente do oceano, chegando a altura de uns vinte metros. Movendo contra o vento, para bruscamente perto do navio, aumenta de luminosidade e desaparece ràpidamente. Duração cinco minutos mais ou menos.

1893 — Mar entre Japão e a China, apareceram discos e rodas em quantidade. No mesmo ano uma enorme roda com ruido, causou grande reboliço nos Estados Unidos. Ficou imóvel no céu, durante 15 minutos, partindo em seguida. Em 1895 o disco foi visto subindo sôbre árvores, na cidade de Oxford na Inglaterra. Em 1897, apareceu sôbre Chicago na forma de enorme objeto voador com "nadadeiras" em cada extremidade e com farol luminoso. No mesmo ano de 1897, o estranho objeto chegou a aterrisar em Illinois. Tinha a forma de um cilindro com dômo, e que partiu logo ao chegarem testemunhas. Este ano de 1897 foi também de grande movimentação nos Estados Unidos, causado pela passagem dos estranhos objetos: no Texas sua aparição levou o nome de "cigar" pela forma cilíndrica. Para terminar êsse ano, eis o fato que causou admiração em Kansas: várias pessoas viram um enorme cilindro, como um navio aéreo, descendo lentamente na direção de uma vaca que estava pastando. O estranho objeto de uns cem metros, possuia "carruagem" ou "equipagem" na parte de baixo; era iluminado por dentro onde apareciam seis sêres estranhos.

Século XX (até 1945) — 1902 — Alto-mar, a bordo do navio Fort Salisbury, tripulantes e passageiros vêem objeto imenso, iluminado; submerge e desaparece no mar. 1905 — Cardif, tubo vertical é avistado; vermelho-laranja como um bastão de ferro rubro. No mesmo ano nas proximidades da mesma cidade: Llangollen, objeto negro, asas curtas, parecendo ter quatro pernas. 1909 — Caerphilly, também em Wales, aterrisagem de grande cilindro, de dentro saem dois sêres humanos com roupa felpuda, falando com excitação. 1909 — Estreito de Malaca, a bordo do navio Bintang, roda brilhante é vista sair da superfície do mar, toda iluminada. Mesmo ano, em Dong Hoi, Annan, quatro pescadores avistam bolido alongado, projetando grande luminosidade; duração 8 a 10 minutos; acaba entrando no mar a seis quilômetros da costa.

1910 — Mar da China, navio holandes Valentijn, passageiros assistem espantados manobras de uma roda brilhante perto da superfície do mar. 1912 — Porto Principal, Peru, navio aéreo à altura das árvores. 1913 — Entre Canadá e Bermudas, frota de 32 objetos voadores são observados; comparáveis a esquadra aérea em manobras. 1917, dia 13 de outubro ao meio dia, em Fátima, Portugal. Fato presenciado por 70.000 pessoas, inclusive pelo professor Almeida Garrett, da Universidade de Coimbra. Era um disco de contorno definido, brilho variável, como uma roda polida; súbito começa a girar com velocidade crescente; cai em direção à terra, vermelho sanguineo, ameaçando "esmagar" a multidão.

1921 — Mongólia, imenso objeto alongado no céu; brilhante; refletindo luz; visto com binóculos; oval com superfície cintilante. Marselha, mesmo ano, primeiro relatório de rapto feito por estranhos objetos voadores. 1922 — Nebrasca, um caçador chamado Willian Lamb vê objeto circular voando acima de sua cabeça. Aterrisa; depois uma criatura voadora magnificente, deixando rastros na neve, segue-o por oito quilômetros e desiste. Em 1931 no Mar da Tasmânia (entre Nova Gales do Sul e Nova Zelândia) um solitário aviador avista objeto como pérola prateada, cintilante como farol, que perde velocidade e acelera. No ano de 1935 é em Adis Abeba (Etiópia) que um disco imóvel no céu assusta muita gente.

1941 — Alpes da Suiça, palco do segundo caso de rapto. Traço na neve mostra que três alpinistas desaparecidos tinham sido raptados por objeto voador que aterrisara. Três orifícios dentro de um triângulo de treze metros, na neve, pegadas morriam ali. 1942 — Alto-mar, a bordo do navio holandes Tromp, cenas de grande correria quando enorme disco côr de alumínio veio em direção ao navio, a velocidade muito elevada, mostrando ser inteligentemente guiado, circulou-o e foi-se.

Ainda no ano de 1942, em Ouallem, deserto do Saara. Pequeno destacamento de meteorologistas observa objeto côr de alumínio, pequeno, imóvel no céu, na vertical. Ao teodolito parece pequena lua de brilho metálico pálido. 1944 — meses invernais, bolas e discos prateados sôbre a Europa em guerra. Tripulantes de bombardeiros B29 avistam no Japão os mesmos fenômenos. Bolas de fogo são chamadas "Foo-fighters" ou "Kraut-fireballs". Tripulantes de B29 vêem quinze bolas de fogo em formação precisa, com brilho faiscante. Tenente Meiers, de Chicago é seguido em seu avião sôbre o Vale do Reno, por bola de fogo à velocidade de 480 quilômetros por hora.

Continua o ano de 1944 com inúmeras aparições de objetos estranhos. Os aliados pensando tratar-se de arma secreta alemã, e os alemães certos de que eram novas experiências dos aliados. Na França o tenente E. Schluter, do Esquadrão de caça dos Estados Unidos, presencia oito a dez bolas de fogo vermelho voando a alta velocidade; trinta e dois quilômetros ao Norte de Strasburgo. Êste foi um dos anos mais importantes da Grande Guerra Mundial, ano de acirrados combates aéreos e quase sempre presenciados por estranhos objetos voadores. Na Alemanha o tenente Henry Giblin e o tenente Walter Cleary avistam gigantesto objeto brilhante acima do avião em Epeyer. Também em 1944, disco segue as manobras do avião do major Leet, em Klagenfurt, na Áustria. E no mesmo ano em Haguenau, na França o tenente David Mac-Falls e Edward Baker assustam-se com duas luzes muito brilhantes que se aproximam do seu avião, permanecem atrás do bombardeiro; "pareciam sob contrôle perfeito".

Finalmente 1945, em Kinsport, no Tennessee, Charles Hanlet e Edward Cate vêem objeto no formato de chaminé, maravilhosa côr, cruzando o céu a alta velocidade...

É o mesmo círculo; as mesmas coisas que foram vistas na Pré-história, Antiguidade, Depois de Cristo, Idade Média e nos séculos seguintes... como a mostrar que não há nada de novo no mundo, ou que há muita coisa entre o céu e a terra que a nossa filosofia desconhece...

É o mistério que faz o homem lutar, pesquisar. Êle tem sede de saber; como uma criança curiosa ante as coisas do mundo. Por que o homem vai ao Espaço tendo tanta coisa para consertar na Terra? Êle não vai ao Cosmo por exibicionismo. É a necessidade de partir em busca de suas origens. Da pedra lascada ao módulo lunar, é incalculável o número de conhecimentos que o ser humano adquiriu através de pesquisas. O esforço tecnológico da era espacial embora ainda no início, pois somente conseguimos por os pés na Lua, já trouxe alguns benefícios para a Humanidade.

A conquista do Espaço pelo homem é o grande desafio que a ciência aceitou e que está procurando levar a bom têrmo através de surpreendente série de experiências, que até há alguns anos poderiam parecer simplesmente irrealizáveis. É interessante, por isso mesmo, saber quais as descobertas até agora feitas nesse setor.

Diversas experiências estão sendo realizadas no campo da física, biologia, geofísica e astronomia. Pela primeira vez, obteve-se informação direta sôbre o caráter e a intensidade da radiação fora da atmosfera, bem como sôbre a circulação geral da atmosfera e a origem das tormentas.

Os satélites estão sendo usados para medir o equilíbrio energético da Terra, proporcionando assim aos cientistas dados mais seguros para os seus cálculos sôbre meteorologia e outras questões fundamentais. Daí surgiu uma nova ciência, a "exobiologia", que se ocupa dos processos vitais no espaço exterior e da adaptação dos organismos vivos a outros ambientes. Chegamos mesmo a adquirir novos conhecimentos sôbre o interior do nosso planêta através da pesquisa espacial.

Importante descoberta na física espacial é o fato de que a Terra está constantemente dentro da atmosfera "solar" e não apenas esporàdicamente, como se acreditava antigamente. A coroa do Sol, a parte externa de sua atmosfera visível durante um eclipse total, é instável, e correntes de prótons e elétrons são constantemente empurradas pelo Sol, fenômeno que veio a chamar-se "vento solar". Muito citado no IV Simpósio de Investigação Espacial celebrado na Polônia, por especialistas norte-americanos e soviéticos que se basearam nos elementos fornecidos pelas sondas espaciais "Mariner" e "Marte", cujos resultados coincidem no essencial.

Com efeito, além de sua missão de estudo dos indicados planêtas Vênus e Marte, estas duas sondas espaciais estavam munidas de detectores especiais, os quais, durante mais de três meses, transmitiram informações sôbre o plasma interplanetário e o vento solar. A pressão dêsse vento é suficiente para afetar as órbitas e o movimento giratório dos satélites. O "Explorer X" estava dotado de instrumentos especiais para capturar prótons de baixa energia da coroa do Sol. O fato de que essas partículas sejam encontradas em quantidade mais ou menos constante sugere que o Sol as emite continuamente e não apenas em fases de grandes tempestades em sua superfície.

Anos atrás, os especialistas haviam pela primeira vez, entrevisto a existência dêste nôvo e fantástico laço entre o Sol e a Terra, e isso graças aos primeiros engenhos interplanetários. Agora, tem disso a prova absoluta. Restam ainda a esclarecer numerosos pontos sôbre a gênese, o comportamento e os efeitos dêste "alento" do Sol, o qual nos chega assim de uma distância de 150 milhões de quilômetros. Não obstante, o próprio fato de sua descoberta já constitui um dos grandes marcos da era espacial.

Raios cósmicos e auroras polares

Os raios cósmicos, de alto teor energético, que são de origem solar, têm sido observados ocasionalmente na superfície da Terra; mas os raios cósmicos solares de baixa energia penetram com muito mais freqüência na superfície terrestre, concentrando-se perto dos polos magnéticos. São êsses raios cósmicos de baixo teor energético que provocam a interrupção das comunicações pelo rádio nas regiões polares, fenômeno que assume características peculiares; incidindo em outras áreas, êles são repelidos pelo campo magnético da Terra e não penetram na atmosfera.

Ao longo dos tempos, os homens têm visto fascinados o fenômeno das auroras, mas só recentemente compreenderam com alguma clareza a verdadeira natureza dessas estranhas luzes que aparecem nos hemisférios Norte e Sul. Admitiu-se, durante muito tempo, que as auroras eram o resultado da ionização a 96 quilômetros e mais, acima da Terra, mas a origem dessa ionização era incerta.

Presumia-se que as explosões solares estavam estreitamente associadas ao fenômeno das auroras, pois estas são mais intensas em períodos de contínuas tempestades magnéticas, quando são observadas também na direção do Equador. Além disso, as auroras apresentam uma periodicidade que está relacionada com o tempo de rotação de 27 dias, do Sol, e com o ciclo de manchas solares que dura onze anos. Com a descoberta durante o Ano Geofísico Internacional, dos cinturões de radiação e de outras complexidades da relação Sol-Terra, os cientistas sabem, hoje, que a aurora é apenas a manifestação de fenômenos produzidos por partículas e outros elementos altamente carregados de eletromagnetismos na atmosfera superior da Terra.

Para a astronomia, a era espacial abre possibilidades que prometem aos astrônomos livrarem-se de algumas de suas mais antigas frustrações. Suas observações foram sempre prejudicadas pelo fato de que a atmosfera é opaca, com exceção de duas "janelas" pelas quais estreitas faixas de radiação alcançam a superfície da Terra. Estas constam da região visível (luz) e da parte do espectro do rádio que pode atravessar a atmosfera. O resto é absorvido ou refletido pela atmosfera. O programa espacial dá-nos agora a oportunidade de reunir maior quantidade de informações sôbre as estrêlas pelo envio de telescópios de várias espécies acima da atmosfera para fazerem observações em comprimentos de ondas presentemente inacessíveis.

A vida em outros planêtas

O Universo e suas maravilhas foram apenas superficialmente compreendidos até agora. Nos seus aspectos mais teóricos, a pesquisa espacial deve ampliar nosso atual conhecimento da lei natural, permitindo-nos compreender fenômenos que até agora não sabemos explicar e que poderão exercer profunda influência em alguns dos nossos conceitos fundamentais. Quando o Universo se torna o nosso laboratório, o progresso não conhece limites.

Tentando predizer os efeitos das conquistas espaciais, antecipamos seus efeitos em nosso modo de viver. Visualizamos maravilhas como as comunicações por meio de telefone e televisão combinados, viagens a países distantes em mísseis balísticos e mesmo a substituição de automóveis por helicópteros. Mas estaríamos ultrapassando de muito a marca, da mesma forma que um cidadão do século XIX que procurasse predizer como seriam as condições de vida no século XX. Essas previsões não podem, evidentemente, levar em conta certas descobertas inesperadas e revoluções da tecnologia. Pode-se até pensar em excursões populares a planêtas distantes ou em movimentos de colonização, mas haverá uma formidável barreira econômica no meio — a dos custos.

O programa espacial encerra um dos grandes dilemas do nosso tempo e que consiste juntamente no que fazer com os grandes e importantes projetos que não podem ser executados senão com o desembôlso de enormes somas de dinheiro. E é quase certo que a nação que não participar da pesquisa espacial virá a sofrer de um modo ou de outro.

A resposta racional é que empreendimentos de tal magnitude devem ser realizados com a participação de vários países. A divisão das despesas suavizaria a responsabilidade financeira de cada um e evitaria o perigo de que, por mera rivalidade, uma nação ou outra usasse suas descobertas exclusiva ou primordialmente para fins militares ou para seguir um caminho prematuramente, capaz de pôr em perigo tôda a vida na Terra. As vantagens da cooperação mundial na pesquisa e exploração do Espaço não apenas estão à altura das ambições do homem, mas proporcionam um meio de unificar os povos do mundo em tôrno de uma causa comum.

Desde o alvorecer da história, os homem vêm olhando para o céu na esperança de obter uma visão melhor da Terra. Estudaram o céu como mitologistas, astrólogos, navegadores, astrônomos e, como os modernos gostam de ser chamados, cientistas espaciais. Todavia, apesar de fitarem tanto as estrêlas, só duas vêzes os homens reuniram grande número de observações novas e impressionantes em curto espaço de tempo. No século XVII, Galileu e Huygens apontaram seus telescópios para o firmamento e pela primeira vez viram montanhas na Lua, anéis ao redor de Saturno, manchas no Sol e as luas de Júpiter.

A era dos satélites

O segundo período iniciou-se espetacularmente em 4 de outubro de 1957, quando a União Soviética lançou o primeiro satélite artificial. Naturalmente, estamos ainda nesse período, terminando com o fato notável dos norte-americanos que colocaram seus homens na Lua.

Numerosos outros satélites, sondas e foguetes, combinados com progressos na astronomia óptica e na radioastronomia, estão produzindo uma enchente de fatos novos. Cientistas precisam recorrer a computadores para poder reunir, selecionar e analisar êsses fatos. Suas descobertas são tão fascinantes quanto a dos astrônomos anteriores. O cientista espacial lida com coisas que nem mesmo êle pode ver: campos magnéticos, raios cósmicos, ventos solares e luz ultravioleta. Suas descobertas, porém, têm uma relação mais estreita com o homem.

Por exemplo, satélites deram-nos uma idéia melhor da aparência de nosso planêta. Os satélites "Tiros" permitiram-nos ampliar e melhorar as previsões do tempo. Podemos agora obter ràpidamente um quadro das condições meteorológicas em tôda volta do globo. Podemos localizar furacões das Caraíbas formando-se em lugares inacessíveis do litoral africano. Sabemos mais também sôbre a estrutura de nuvens estranhas, como aquelas associadas aos tornados. Aparelhos perscrutam a atmosfera, medindo a intensidade da radiação infravermelha, que meteorologistas acreditam ser uma chave do clima.

Muitas bruscas alterações do tempo, segundo mostram novos dados, são devidas a perturbações que se iniciam nas camadas superiores da atmosfera e depois descem. Novos desenvolvimentos estão resultando também da esploração de outros sóis e estrêlas. Equipamento levado por foguete indicou que a luz ultravioleta de estrêlas muito quentes é bem mais fraca do que se pensava.

Êste segundo período de intensiva observação do céu apenas começou. A parte mais emocionante ainda está por vir.

Os cientistas americanos e soviéticos estão estudando, com atenção e interêsse, os problemas das viagens aos planêtas do sistema solar e em direção a outros sistemas planetários. Estão atualmente procurando determinar se dentro de alguns anos estarão em condição de enviar homens em uma grande viagem ao redor de Marte e Vênus, voltando em seguida à Terra.

Sôbre o assunto, está sendo feito um estudo para determinar se naquela época haverá propulsores e motores espaciais suficientemente grandes para possibilitar a viagem. Sugeriu-se que o lançamento no espaço distante seria feito de órbita, após terem sido reunidos vários veículos colocados separadamente em órbita ao redor da Terra.

Os foguetes propulsores necessários para o lançamento dêsses elementos destinados à montagem em órbita seriam da classe do "Nova", do "Saturno G-5" avançado ou de ambas, isto naturalmente do lado dos americanos e os russos por sua vez usariam seus tipos escolhidos. O conceito de espaçonave é geralmente considerado como tendo três partes essenciais: o módulo de missão, no qual viveria a tripulação; um módulo de cápsula de sobrevivência e reentrada, e um módulo de propulsão e serviço. Esse conceito modular é, essencialmente, semelhante ao tratamento dado à missão "Apolo", através da qual se enviou o homem a Lua. A viagem ao redor de Marte e Vênus, seguida de retôrno à Terra, levaria de um ano a um ano e meio.

A espaçonave montada, antes da partida orbital, pesaria provàvelmente uns 1.400.000 quilos. O combustível necessário para impulsionar a espaçonave até a órbita de transferência seria responsável pela maioria dêsse pêso, mas contribuiria também o anteparo necessário para proteger os astronautas contra a radiação das tempestades solares. Outros problemas de anteparo incluem a proteção contra batidas de meteoróides (pequenas partículas de pedra ou metal) e contra o calor nas proximidades do Sol.

As batidas de meteróides poderão ser particularmente perigosas nas proximidades de Marte, onde as partículas talvez sejam maiores e mais duras que nas proximidades da Terra. Como a ausência prolongada de pêso cria muitos problemas para os astronautas e talvez não seja bem tolerada durante longos períodos, poderá ser necessário criar alguma espécie de gravidade artificial. Isso talvez seja possível, fazendo-se a espaçonave girar sôbre seu próprio eixo. O mencionado estudo está sendo realizado para o Centro Marshall de

Vôo Espacial, em Huntsville, Estado de Alabama, cujos cientistas precisam saber se há necessidade de desenvolver sistemas especiais para essa missão e quanto tempo levarão êles para serem desenvolvidos.

A próxima proeza espacial soviética, será um laboratório espacial tripulado permanente. Êsse laboratório provàvelmente será usado para a montagem de uma espaçonave interplanetária e, mais tarde, servirá como plataforma de lançamento e recepção.

O que é o Cabo Canaveral (agora Kennedy)

O foguete "Atlas", que colocou em órbita a cápsula espacial "Mercury" na qual o astronauta John H. Glenn Jr. deu três voltas ao redor da Terra, e a "Apolo 11" que levou a nave de aspecto semelhante a uma aranha: módulo lunar, fazendo com que Armstrong e Aldrin descessem na Lua, enquanto Collins permanecia no Módulo de Comando, é bem diferente do primeiro projétil teleguiado disparado do Cabo Canaveral, agora Cabo Kennedy. O primeiro disparo feito no Cabo hoje mundialmente famoso foi de uma bomba alemã "V-2" tendo no tôpo um "WAC-Corporal" como segundo estágio. O foguete foi lançado em 24 de julho de 1950, nas condições mais primitivas. Foi abastecido diretamente por caminhões-tanques, e um velho tanque do Exército foi usado como fortim para contrôle do lançamento.

Hoje, o Cabo Kennedy, uma área de 17 mil acres de terra na Flórida, emprega cêrca de 11 mil pessoas e mantém constantemente atarefados 2 mil fornecedores. O Cabo é parte do Tiro de Mísseis do Atlântico (AMR, isto é, *Atlantic Missile Range)*, cognominado o "maior estande de tiro do mundo". É a primeira de uma série de 14 estações, incluindo estações de observação no sul da Flórida, na ilha Grande Bahama e no Atlântico Sul. O Tiro de Mísseis do Atlântico estende-se ao Cabo Kennedy para suleste numa distância de 9 mil milhas (cêrca de 14.500 quilômetros), até além do Cabo da Boa-Esperança, na extremidade sul da África, e pelo oceano Índico a dentro. O AMR, administrado pela Fôrça Aérea dos Estados Unidos, emprega cêrca de 23 mil pessoas, desde pessoal militar e de tiro até operários braçais, e vale cêrca de 1 bilhão de dólares.

Hoje, o lançamento de um foguete é um negócio complicado, que exige enormes tôrres, para erguer o míssil quando êle é levado até à plataforma de lançamento, depois de pelo menos um mês de cuidadosa inspeção de tôdas as suas peças e sistemas. A tôrre cerca o foguete erguido e é usada como plataforma de trabalho e para novas inspeções. A "Cherry Picker" ("Colhedeira de Cerejas"), estrutura com aparelho elevador, é usada como "escada" pelos astronautas, quando o foguete é tripulado. Embaixo da rampa de um andar e meio, e da área de prova de cada plataforma de lançamento existem sistemas de abastecimento do foguete, sistemas de telemetrias, sistemas elétricos e equipamento para testar o interior do foguete. Nas proximidades, ficam tanques de armazenagem de oxigênio líquido ou outro oxidante e de combustível para o foguete, trazidos de usinas localizadas nas vizinhanças do Cabo Kenendy. A área do Cabo, entre os complexos de lançamento e as usinas industriais, é um matagal em que abundam tôda as espécies de animais selvagens, inclusive as traiçoeiras cascavéis. Vistas de longe as brilhantes tôrres vermelhas projetam-se no céu azul da Flórida como minúsculos brinquedos feitos por "pequenos engenheiros" com os jogos de armar que ganharam no Natal. Quando chega mais perto, mas ainda a centenas de metros, o observador se sente pequeno diante das enormes estruturas.

Atualmente, o marco do Cabo é a tôrre de 310 pés (cêrca de 95 metros) de altura para o enorme foguete "Saturno". Essa tôrre, que se acredita ser a maior estrutura sôbre rodas existente no mundo, pode ser vista do mar a uma distância de mais de 30 quilômetros, segundo afirmam pescadores.

As 36 plataformas de lançamento já construídas no Cabo estão dispostas no que parece ser uma seqüência lógica ao longo da praia, indo geralmente das menores para as maiores. Entrando no Cabo pelo sul, o visitante vê primeiro a plataforma do "Polaris" e as instalações portuárias, onde atraca o "Observation Island", — navio empregado no lançamento experimental dos foguetes "Polaris".

No cais, submarinos da Marinha dos Estados Unidos recebem projeteis experimentais, que levam para submeter à prova em alto-mar. Ao norte do complexo do "Polaris", é lançado o míssil "Pershing", do Exército. Além dêle, fica a plataforma do foguete "Júpiter", que iniciou a era espacial para os Estados Unidos, colocando em órbita o satélite "Explorer I", em 31 de janeiro de 1958. Mais além, fica a plataforma do foguete "Blue Scout", da Fôrça Aérea. Seguem-se as instalações do "Redstone", do "Thor", do "Minuteman" e do "Centauro". Ao norte das instalações do "Centauro" ficam as quatro plataformas do "Atlas". Da plataforma 14 foi lançado o "Atlas" que levou ao espaço a cápsula em cujo interior viajou o astronauta John H. Glenn Jr. O "Atlas-D", empregado nesse lançamento, é uma versão modificada dos modelos anteriores construídos para finalidades de defesa. As modificações incluem um sistema de escape, que permite a cápsula "Mercury" separar-se do veículo de lançamento em caso de emergência. Subindo pela praia, vêem-se depois as instalações do "Titan", seguidas pela gigantesca plataforma do "Saturno". Algumas plataformas estão sendo constantemente usadas no Cabo Kennedy, enquanto outras permanecem agora inativas, por que os mísseis dela lançados já passaram da fase experimental para a fase operacional. Entre êsses se encontram os projéteis "Matador", "Mace", "Snark" e "Bomarc". Êste último está sendo ainda experimentado, porém, em outro local.

Das primeiras experiências à descida na Lua

Não se ignora que foi no século atual que se aceleraram as contribuições científicas tendo em vista a exploração e a conquista espaciais. Algumas dessas contribuições, aprofundaram os conhecimentos que o homem pôde ter do espaço cósmico, permitindo-lhe inclusive a formulação de novas teorias sobre o Universo. Outras realizaram-se no campo de estudo dos foguetes e seu aperfeiçoamento, objetivando já a possibilidade de serem remetidos, para outros planêtas, os satélites, as sondas e as espaçonaves.

Dentre as contribuições da primeira espécie, algumas merecem registro. Sabe-se que em 1913 o astrônomo norte-americano H. N. Russel construiu o diagrama Hertzprung-Russel (H.R.), agrupando as clases espectrais das estrêlas na base de suas magnitudes absolutas, estudos que tornariam possível o estabelecimento de várias teorias novas no campo da evolução das estrêlas. Que em 1923 outro astrônomo norte-americano, Edwin F. Hubble, descobriu, que muitas das chamadas nebulosas eram realmente galáxias, e interpretou o desvio para o vermelho, no espectro das galáxias, como prova de que elas estavam se afastando de nós dando assim origem à teoria do Universo em Expansão. E que em 1931 o físico Karl Jansky descobriu ondas de rádio, vindas do espaço e dessa forma iniciou a radiastronomia.

Dentre as contribuições ao problema da propulsão, deve-se recordar que se estenderam de 1912 a 1920 as pesquisas de Esnauld Peleterie sobre as velocidades da ejecção. Que o engenheiro rumeno Oberth, na mesma época, publicou um esquema completo de um foguete experimental tipo duplo apresentando, em embrião, as principais características do futuro V-2 alemão. E que o norte-americano Goddard, sob a inspiração dos estudos desenvolvidos pelo russo Tsiolcoviski, abandonou as experiências com foguetes de polvora, passando à pesquisa, de misturas líquidas, que seriam mais apropriadas para a efetivação de viagens espaciais.

Outras experiências valiosas ocorreram em seguida na época da Segunda Guerra Mundial (1939-1945), quando novas descobertas no campo da energia nuclear, da eletrônica e da metalurgia carrearam elementos novos para o amadurecimento das possibilidades astronauticas. Sabe-se que ao término dessa guerra os norte-americanos capturaram dezenas de foguetes V-2, alemães e os remeteram para os Estados Unidos. Foguetes desse tipo foram então lançados pelos Estados Unidos para pesquisar a alta atmosfera, de uma base construida em Novo México. Especialistas alemães (entre os quais Von Braun) passaram a trabalhar na América do Norte e tais experiências se prolongaram até ao ano de 1950.

Mas também os soviéticos, quando ocuparam parte do território alemão, no fim da guerra, encontraram várias dezenas de foguetes V-2 em fase de montagem, transportando-os para seu país a fim de os estudarem. Mas em 1950 abandonaram essas experiências, aplicando-se à construção de seus próprios foguetes.

Já em 1954 os norte-americanos anunciavam o lançamento de um pequeno satélite, de 1.460 quilos, que seria colocado em órbita pelo foguete Vanguard, de 18 mil quilos de impulso especifico. E a 4 de outubro de 1957 — em proeza verdadeiramente sensacional e do mais largo alcance — os russos colocavam em órbita o primeiro satélite artificial da Terra, o Sputnik I, abrindo dessa forma uma etapa nova dentro das ciências espaciais e da possibilidade de navegação interplanetária.

Resumo cronológico da conquista espacial

1957 — outubro, 4 — É colocado em órbita o Sputnik I (URSS), primeiro satélite artificial da Terra. Novembro, 3 — O Sputnik II (URSS) é colocado em órbita, conduzindo a bordo a cadelinha Laika.

1958 — janeiro, 30 — O Explorer I (EUA) é lançado ao espaço e descobre o "cinturão de radiação Van Allen". Março, 15 — É despachado para o espaço o Sputnik III (URSS) portando completo laboratório de radiações, magnetismo, partículas e temperatura. Março, 17 — É lançado o Vanguard I (EUA), primeiro satélite equipado com baterias solares. Junho, 18 — Coloca-se em órbita o Score (EUA), foguete inter-continental. Dezembro, 6 — O Pionner 3 (EUA) descobre a faixa externa do cinturão Van Allen.

1959 — Janeiro, 2 — A Luna I (URSS) entra em órbita solar depois de haver ultrapassado a Lua. Fevereiro, 17 — O Vanguard II (EUA) é lançado como primeiro satélite de observações metereológicas. Setembro, 12 — A Luna II (URSS) é a primeira sonda a atingir a superfície lunar.

1960 — Março, 11 — O Pionner V (EUA), sonda interplanetária, entra em órbita solar interior à da Terra. Abril, 1 — O Tiros I (EUA) é o primeiro satélite metereológico operacional. Abril, 30 — É lançado o Transit I-B (EUA), primeiro satélite para orientar aviões e navios. Maio, 5 — Lança-se o Midas II (EUA), primeiro satélite destinado a espionagem. Agosto, 19 — O Sputnik V (URSS), ejeta cápsula com animais, que é depois recuperada.

1961 — Março, 9 — O Sputnik IX (URSS), cápsula com a cadelinha Chernusk, é ejetada e recuperada em perfeito estado. Março, 25 — O Sputnik X (URSS), cápsula com a cadelinha Zvedochka, é ejetada e normalmente recuperada. Abril, 12 — É lançado o Vostok I (URSS), com o cosmonauta Iuri Gagarin a bordo. É o primeiro homem lançado no espaço e sua nave circunda uma vez a Terra. Maio, 5 — Alan Shepard a bordo do Mercury III (EUA) efetua um vôo suborbital de 15 minutos. Julho, 21 — A Mercury IV (EUA), com Virgil Grisson, efetua vôo suborbital. Agosto — O Vostok II (URSS), conduzindo German Titov, circula dezessete vezes o nosso planêta.

1962 — Fevereiro, 20 — No Mercury Atlas 3 (EUA) o cosmonauta John Glenn contorna a Terra tres vezes e retorna ao nosso planêta. Março, 16 — É lançado o Cosmos I (URSS), primeiro satélite da série que envolve engenhos orbitais militares de testes e pesquisas. Abril, 23 — É lançado o Ranger 4 (EUA), primeiro veiculo a cair na face oculta da Lua. Maio, 25 — No Mercury Atlas 7 (EUA) o cosmonauta Carpenter repete o feito de Glenn, contornando a Terra e regressando normalmente. Agosto, 11 — A Vostok 3 (URSS) conduzindo o cosmonauta Nicolaiev, efetua 64 voltas em torno da Terra e realiza o primeiro vôo simultâneo com a Vostok 4, que deu 48 voltas. Agosto, 25 — O Alfa PI I (URSS) é lançado com destino a Vênus mas não consegue sair da órbita da Terra. Agosto, 26 — O Mariner 2 (EUA), destinado a realizar medições em Vênus, passa perto desse planêta, faz as medições mas entra em órbita solar. Outubro, 3 — No Mercury Atlas 8 (EUA) o cosmonauta Schirra completa seis voltas em torno do nosso planêta. Outubro, 18 — O Ranger 5 (EUA) passa a 675 quilômetros da Lua, remete dados para a Terra e entra em órbita solar. Novembro, 1 — O Marte I (URSS), destinado a Marte, entra em órbita solar em consequência de defeito no sistema de transmissão.

1963 — Abril, 2 — A sonda Luna 4 (URSS) desvia-se do rumo, ultrapassa a Lua e entra em órbita terrestre. Maio, 15 — O Mercury Atlas 9 (EUA) conduz o cosmonauta Cooper, que circula a Terra vinte e duas vezes. Junho, 14 — A Vostok 5 e a Vostok 6 (URSS), tripuladas respectivamente por Bykovsk e por Valentina Terechkova (a primeira mulher no Cosmo), realizam o segundo vôo simultâneo em órbitas separadas.

1964 — Janeiro, 30 — O Ranger 6 (EUA) atinge a Lua no local previsto e envia para a Terra medições científicas, mas falha o sistema de TV. Junho, 26 — O Ranger 7 (EUA) transmite mais de 4.300 fotografias do solo lunar antes de ser destruido. Outubro, 12 — Na Voskhod 1 (URSS) Komarov, Yegorov e Feoktistov viajam durante 24 horas dando dezesseis voltas em torno de nosso planêta. Novembro , 28 — O Mariner 4 (EUA). sonda automática destinada à exploração de Marte, faz medições no espaço entre a Terra e aquele planêta e entra em órbita solar. Novembro, 30 — A Zond 2 (URSS), destinada a Marte, acusa defeito no sistema de comunicação, interrompe a ligação com a Terra e entra em órbita solar.

1965 — Fevereiro, 17 — O Ranger 8 (EUA) envia dados e mais de sete mil imagens de TV do local de descida na Lua até o ponto de impacto. Março, 18 — Na Voskhod 2 (URSS) pela primeira vez um ser humano (o comandante Leonov) abandona sua nave no espaço. Março, 21 — O Ranger 8 (EUA) remete para a Terra dados científicos sobre a Lua. Março, 23 — Na Gemini 3 (EUA) pela primeira vez os cosmonautas Grisson e Young alteram o rumo e a órbita de sua astronave. Maio, 9 — Uma sonda automática (URSS), que deveria pousar na Lua, falha e se destroi. Junho, 3 — Conduzido pela Gemini 4 (EUA) o cosmonauta White permanece 21 minutos no espaço, fora da nave. Junho,

8 — Uma sonda automática (URSS) passa a 15 quilômetros da Lua e entra em órbita solar. Agosto, 10 — A Luna Orbiter 1 (EUA) gira em torno da Lua e envia fotografias do lado invisível daquele satélite. Agosto, 21 — A Gemini 5 (EUA) bate todos os recordes de permanência no espaço, executando 128 voltas em torno da Terra. Setembro, 20 — O Surveyor 2 (EUA), acusando defeito no motor, choca-se com a superfície da Lua e explode. Outubro, 4 — A sonda lunar 7 (URSS) espatifa-se no solo lunar em consequência de defeito na ignição dos retrofoguetes. Outubro, 4 — Na Gemini 6 (EUA) os cosmonautas Lovell e Borman ficam em órbita durante duas semanas. Novembro, 6 — A Lunar Orbiter (EUA) realiza medições e remete para a Terra mais de duzentas fotografias da Lua. Novembro, 12 — A Vênus 3 (URSS), sonda automática lançada em direção ao planêta Vênus, desintegra-se na atmosfera, mas solta esfera blindada com escudo soviético, que atinge o solo daquele planêta. Dezembro, 3 — A Luna 8 (URSS) espatifa-se no solo da Lua. Dezembro, 15 — Na Gemini 7 (EUA) Schirra e Stafford circulam 17 vezes a Terra.

1966 — Janeiro, 31 — A Luna 9 (URSS) deposita no satélite da Terra uma cápsula de 110 quilos, com instrumentos e uma camera de TV, enviando para o nosso planêta dados e imagens da superfície lunar. Março, 31 — A Luna 10 (URSS) é o primeiro engenho a entrar em órbita lunar, transmitindo para a Terra dados e informações durante dois meses. Junho, 3 — A Gemini 9 (EUA) leva os cosmonautas Staford e Cernan a circundarem a Terra 47 vezes e a realizarem um acoplamento. Julho, 18 — A Gemini 10 (EUA) estabelece novo recorde de altura para naves tripuladas. Agosto, 24 — A Luna 11 (URSS) envia dados de medições científicas da Lua até 1.º de outubro do mesmo ano. Setembro, 12 — A Gemini 11 (EUA) conduz os cosmonautas Gordon e Conrad, que realizam manobras de encontro orbital e batem o recorde de altura: 1.278 quilômetros. Outubro, 22 — A Luna 12 (URSS) remete dados e fotografias da superfície lunar. Novembro, 11 — A Gemini 12 (EUA) conduzindo Lovell e Adrian, que saem da nave e executam manobras de encontro orbital dá 63 voltas em torno da Terra. Dezembro, 21 — A Luna 13 (URSS) faz descer instrumentos na superfície lunar.

1967 — janeiro, 27 — A Apolo (EUA) conduz Grisson, White e Chafee que morrem durante o teste tripulado da cápsula, que se incendeia. Fevereiro, 4 — A Lunar Orbiter (EUA) realiza 182 fotografias da superfície lunar. Abril, 17 — A Surveyor 3 (EUA) pousa suavemente na superfície lunar escava o solo da Lua para medir sua resistência e transmite para a Terra dados e imagens de TV em preto e branco. Abril, 23 — Na Soyuz (URSS) Vladimir Komarov executa dezessete voltas em torno da Terra, mas um defeito no sistema de orientação da nave o obriga a descer e ele morre nos instantes finais dessa manobra. Maio, 4 — A Luna Orbiter 4 (EUA) envia dados e 163 fotografias da Lua. Junho, 14 — A sonda automática Mariner 5 (EUA) explora a superfície de Vênus e envia informes sobre esse planeta, inclusive sua temperatura. Junho, 4 — A sonda automática Mariner 5 (EUA) faz medições nas proximidades do planêta Vênus e entra em órbita solar. Outubro, 27 — O Cosmos 186 (URSS), nave não tripulada realiza encontro orbital com o Cosmos 188, lançado em seguida. Outubro, 30 — O Cosmos 188 (URSS) encontra-se com o Cosmos 186, permanecendo os dois engatados durante tres horas e meia, através de manobra feita pelos instrumentos de bordo.

1968 — Janeiro, 6 — O laboratório lunar Suveyor 7 (EUA) pousa na superfície lunar e envia dados da Lua para nosso planêta. Abril, 10 — A Luna 14 (URSS) é colocada na orbita lunar. Setembro, 15 — É lançada a Zond 5 (URSS), que volta a Terra depois de haver contornado a Lua. Outubro, 11 — A Apolo 7 (EUA), conduzindo Eisele, Schirra e Cunningham, testa a cápsula na órbita terrestre, regressando à Terra onze dias depois. Outubro, 25 — A Soyuz 2 (URSS) serve de alvo para manobra da nave Soyuz 3. Outubro, 26 — A Soyuz 3 (URSS) e a Soyuz 2 realizam encontro orbital tripulado, executado pelo coronel Beregevoi. Dezembro, 21 — A Apolo 8 (EUA), conduzindo os cosmonautas Borman, Lovell e Anders, contorna por dez vezes a Lua e retorna à Terra.

1969 — Janeiro, 14 — A Soyuz 4 (URSS), com Vladimir Chataloff a bordo, é lançada ao espaço e se junta, no dia seguinte, à Soyuz 5. Janeiro, 15 — É lançada a Soyuz 5 (URSS), com Boris Volynof, Eugeni Khrunof e Alexis Eliessef e que forma com a Soyuz 4 a primeira estação orbital experimental. Khrunof e Eliessef efetuam uma saida para abordar a Soyuz 4. Pela primeira vez astronautas que parte em uma nave voltam em outra à Terra. Março, 3 — É lançada em orbita terrestre a Apolo 9 (EUA), conduzindo Macdivitt, Scott e Schewiokart, na antepenúltima viagem antes da tentativa de pousada na Lua. Realiza experiência em vôo do módulo de excursão lunar, que evoluciona durante seis horas no espaço, afastando-se até 175 quilômetros da cápsula-mãe. Maio, 18 — Parte para a Lua a Apolo 10 (EUA), tripulada por Stafford, Cernan e Young. Os dois primeiros passam para o módulo de excursão lunar e sobrevoam a menos de quinze quilômetros o solo lunar. Nunca um ser humano observara tão de perto a Lua. Julho, 16 — É lançado o foguete Saturno V, em cuja ogiva estava a Apolo 11 (EUA), levando os astronautas Neil Armstrong, Michael Collins e Edwin Aldrin. Teve exito e finalmente pela primeira vez na história o homem punha o pé na Lua.

O desafio no espaço

A 31 de dezembro de 1968 a Federação Internacional de Astronáutica — a que são filiados todos os países que fazem pesquisa espacial — registrava em suas tabelas um total de 569 lançamentos espaciais bem sucedidos para os Estados Unidos, e 337 disparos com exito para a União Soviética. Mas indicava também que outros países já haviam lançado satélites com sucesso. A França, por exemplo, o fêz 5 vezes. A Inglaterra, a Itália e o Canadá, 3, e a Austrália 1. Um organismo internacional, a Federação Européia de Pesquisa Espacial, tinha 3 satélites registrados em seu nome, e outro grupo internacional, a firma comercial Intelsat, possuia seis satélites de comunicações em órbita.

Atualmente a lista de foguetes não orbitais de pesquisa inclui milhares de lançamentos, registrado no nome de mais de quinze nações, entre as quais o Brasil. Tudo isso mostra como, passados poucos anos do primeiro Sputnik, o espaço já adquiriu um aspecto internacional.

Em termos numéricos os norte-americanos gastam mais ou menos seis bilhões de dólares, por ano, em Astronáutica. Quatro bilhões é a verba da NASA (Administração Nacional de Aeronáutica e Espaço), um organismo civil, criado em 1958 para coordenar os programas norte-americanos de pesquisa científica no espaço. Até então esses programas estavam divididos entre os cientistas da Marinha, do Exército e da Fôrça Aérea. A NASA executa apenas experiências científicas básicas e de aplicação pacífica. Tem sede em Washington, duas grandes bases de lançamento (Cabo Kennedy, na Flórida, e Wallops Island, na Virginia), e 15 centros de pesquisa onde trabalham quase quarenta mil pessoas, em sua maioria engenheiros e técnicos do mais alto gabarito.

Os dois bilhões restantes da verba espacial norte-americana são aplicados em projetos espaciais das Fôrças Armadas principalmente nos da Fôrça Aérea, que mantem suas próprias equipes de cientistas, laboratórios e instalações de lançamento. A base Vandeberg, no litoral da Califórnia, é ainda maior que o Cabo Kennedy. O programa espacial militar dos Estados Unidos inclui lançamentos de satélites para pesquisa básica (feitos em acôrdo com a NASA), e de satélites de aplicação prática, como os de espionagem fotográfica e eletrônica, os satélites que descobrem explosões nucleares clandestinas, os satélites militares de telecomunicações, os satélites destinados a levantar os recursos estratégicos naturais de outras nações, os satélites orientadores de misseis etc.

A União Soviética gasta no espaço entre 4 e 5 bilhões de dólares anuais, verba repartida em partes iguais entre as experiências de caráter puramente científico e os testes militares. Uma única e grande equipe de cientistas e técnicos executa as diversas experiências, sob a orientação da Academia Soviética de Ciências, diretamente subordinada ao governo.

Os russos possuem tres bases de lançamento de satélites: a maior delas é Tyuratan, próxima da cidade de Baykonur, no Kasakstão. As duas outras bases são Kapustin Yar, perto do rio Volga, e Plesetsk, uma instalação moderna recentemente inaugurada no círculo ártico e destinada quase exclusivamente aos satélites militares. Os laboratórios de pesquisa estão situados perto de Baykonur, nos subúrbios de Moscou, e em Alma Ata, próximo do Mar Negro.

Depois dos Estados Unidos e da União Soviética, a maior potência espacial é a Federação Européia de Pesquisa Espacial, um organismo multinacional criado em 1960 para coordenar e incentivar os programas de Astronáutica dos países signatários. Bélgica, França, Alemanha Federal, Itália, Holanda, Inglaterra, Dinamarca, Espanha, Suécia, Suiça e Austrália são associados dessa organização que já aplicou mais de um bilhão de dólares em programas de pesquisa.

A Federação concentra seus trabalhos em dois objetivos principais: 1) projetar, executar e analisar experimentos espaciais, treinar o pessoal necessário para esses programas e construir as instalações de apoio em terra. 2) Construir foguetes lançadores de grande poder. Esta segunda atividade é coordenada pelo ELDO, European Launcher Development Organization (Organização para o Desenvolvimento de Lançadores de Foguetes Europeus).

A sede da Federação Européia fica em Paris. Cada país associado colabora com técnicos, laboratórios e dinheiro dentro da sua cota de responsabilidade. A Federação tem duas grandes bases de lançamento: Woomera, na Austrália (onde também funcionam as instalações do programa espacial inglês), e Kourou, na Guiana Francesa (onde a França também executa seu programa espacial independente). Nestas duas bases há recursos para colocar satélites pesados em órbita e até, mais tarde, lançar veículos tripulados. Outras bases de lançamento, exclusivamente para foguetes pequenos, foram construidas na Ilha de Sardenha, no Mediterrâneo, e em Kiruna, na Suécia, no círculo polar ártico. Através de acordos a Federação ainda pode disparar, ocasionalmente, foguetes das bases de Wallops, Cabo Kennedy ou Vandeberg, nos Estados Unidos.

A Espanha começou em 1966 e por enquanto dispara apenas foguetes adquiridos nos Estados Unidos e na Europa, mas conta com o valioso apoio da Federação Européia, de que faz parte. O Egito vem testando versões de pesquisa de alguns modelos de foguetes militares que construiu com a ajuda de engenheiros alemães. Paquistão e Índia desenvolvem programas de lançamentos em área equatorial. A Índia tem uma base em Thumba, mas tanto ela como o Paquistão usam foguetes e técnicos estrangeiros.

Resta o Brasil, que ocupa uma posição toda especial. O nosso programa espacial surgiu em 1962, quando foi criada a Comissão Nacional de Atividades Espaciais (CNAE), subordinada ao Conselho Nacional de Pesquisas. Desde então, o programa brasileiro tem crescido sempre, em pessoal, instalações e resultados. Hoje existem pelo menos 150 engenheiros trabalhando no Brasil em foguetes e outros projetos espaciais. A maioria pertence à CNAE e alguns outros ao GETEPE, orgão da Fôrça Aérea Brasileira que apoia as operações. Os laboratórios encontram-se em São José dos Campos, São Paulo, onde estão a sede da CNAE e as instalações do GETEPE e do IPD (Instituto de Pesquisa e Desenvolvimento, do Centro Técnico de Aeronáutica).

A base de lançamentos foi construida perto de Natal, no Rio Grande do Norte, numa posição privilegiada. É a única base de foguetes do mundo situada exatamente sob o equador magnético, e muito próxima do equador geográfico da Terra, em área desempedida, de fácil acesso por mar (porto de Natal), terra (rodovia pavimentada ligando a São Paulo) e ar (base aérea de Parnamirim), desfrutando de excelentes condições metereológicas quase todo o ano. A Barreira do Inferno é mantida e operada pelo GETEPE e desde que ficou pronta em dezembro de 1965, já lançou 170 foguetes com apenas dois fracassos. Ali se desenvolvem projetos conjuntos com norte-americanos, alemães, argentinos, canadenses e programas inteiramente brasileiros. O Brasil desenvolveu e está produzindo em série um foguete metereológico de dois estágios, e tem tres outros modelos maiores em testes. Os projetos futuros incluem satélites nacionais que serão lançados por foguetes norte-americanos, e um grande satélite de telecomunicações o "Saci", a ser estacionado sobre o Brasil central para melhorar o sistema nacional de telecomunicações. O maior foguete já lançado no Brasil, o Javelin, subiu a 1300 quilômetros e é classificado como "foguete de sondagem médio" pelos padrões internacionais.

Além desses países, há a INTELSAT, firma internacional de telecomunicações que encomenda à NASA, nos Estados Unidos o disparo de seus satélites e os aluga depois para os países associados, como o Brasil, retransmitirem programas de televisão, mensagens telefônicas e de telex, e para a comunicação em fonia comum. O espaço poucos anos depois do Sputnik, já não é mais exclusivo de norte-americanos e russos. E fica mais internacional a cada dia que passa.

Diferentes os projetos espaciais russos e norte-americanos

Não pode deixar de impressionar o fato de o programa astronáutico dos soviéticos fixar-se principalmente na navegação espacial. Apesar de ser relativamente restrito o número de seus lançamentos, êsse programa visava desde o início, provàvelmente, a enviar um homem ao espaço: primeiramente numa órbita e, mais tarde, a um planêta. Parece mesmo que êles sacrificaram outros programas para atingir essa meta. Torna-se evidente, assim, que soviéticos e norte-americanos seguiram caminhos opostos, por que êstes se preocuparam mais com a experimentação de numerosos tipos de satélites.

Os EUA e Russia começaram com pequenos satélites; depois, aumentaram o tamanho e o pêso de seus engenhos. Hoje já chegaram mais ou menos a cabinas ou cargas úteis de toneladas.

Os soviéticos parece que sacrificaram a seus fins ambiciosos os satélites artificiais. Um de seus sábios, aliás, reconheceu que a URSS não possuia a mesma variedade dêsses engenhos de apoio à Terra. Entretanto, estudos feitos por uma organização norte-americana sôbre a imprensa científica e especializada da URSS mostraram que os sábios e técnicos russos estão perfeitamente a par de tôdas as funções militares que os satélites artificiais poderiam desempenhar.

Dessa maneira, admite-se que os estudos soviéticos nesse setor são apenas teóricos ou subordinados a um progresso ulterior, pois a URSS julga que, no momento, é muito mais importante aumentar seu prestígio através da conquista espacial. Apesar de seus escassos lançamentos, os russos nem por isso deixam de tratar, em suas revistas, dos problemas relacionados com satélites. E adquiriram conhecimento profundo sobre êles. A predileção dos russos parece dirigir-se àquilo que êles chamam de "satelóide", engenho intermediário entre foguete intercontinental balístico e satélite, cujo último estágio permanece prêso a uma ogiva ou cabina, que transporta um homem. Em outras palavras, a ogiva compreende um foguete com combustível. Como no vácuo a necessidade de combustível é ínfima, o engenho poderá transpor distâncias de milhares de quilômetros. Nessas condições, o combustível será usado para retificar a posição da nave, livrá-la da atração ou afastá-la. Será realmente uma nave espacial pilotada por um homem. Os soviéticos emprestam-lhe grande importância militar, pois será um bombardeiro estratégico, cuja altitude média não ultrapassará 100 km. Será essa uma razão suplementar para a solução do problema do homem no espaço.

As estações espaciais

Além disso, de acôrdo com um especialista russo, tais engenhos apressarão o estabelecimento da aviação de grande raio de ação a qual justificaria cada vez mais a defesa antiaérea. Segundo o mesmo especialista, a enorme sobrecarga de pêso representada pela cabina e pelo combustível, se não apresenta dificuldade para o vôo pròpriamente dito, constitui o grande problema para o lançamento De acôrdo com o que escrevem vários sábios, parece que os lançamentos de foguetes intercontinentais são o prelúdio na navegação espacial. E o desenvolvimento desta deverá comportar engenhos capazes de efetuar a ligação Terra — "estações", no cosmos. A importância de fotografar a Terra através de satélite também não escapou aos soviéticos. Êles descrevem as aplicações dessas fotos no setor militar: tomadas de vista efetuadas a 800 km de altura podem fixar objetos no solo que tenham pelo menos 550 m de comprimento: com um tubo de prismas que aumenta 15 vêzes a dimensão dos objetos poderá reduzir-se a 4 m apenas, mas a 200 km de altura. Foram inventados processos de detecção pelo radar, para operar através das nuvens. De um modo geral, poderão ser detectados os deslocamentos de uma esquadra, os movimentos de concentração de fôrças terrestres, numerosas instalações no solo, campos de aviação, bases de lançamento de foguetes etc.

O satélite de relêvo cartográfico também é citado nos estudos soviéticos. Êsse satélite poderia fixar, a uma altura de milhares de quilômetros, todo o globo terrestre num dia. A vantagem do processo consiste em poder operar imediatamente o ajustamento das diversas partes do globo o que ainda não foi realizado. Há também satélite meteorológico, que prevê a formação de massas de nuvens e o tempo, com muita antecedência. Deve-se notar que os ianques já possuem êsses satélites. No que se refere ao futuro, os projetos soviéticos acentuam um caráter de expansão ilimitada. As experiências dirigem-se para os meios a empregar na luta do espaço. A tendência é para os processos de propulsão cuja velocidade se aproxima à da luz. Isso só poderá ser feito por radiação, por exemplo pela concentração de fluxos eletrônicos. A dificuldade consistiria principalmente em poder refletí-los, a fim de que atinjam um objetivo afastado. Mas também com isso se poderia chegar à domesticação de fôrças que servirão para alimentar um motor. Tanto na URSS como em outros países realizam-se trabalhos sobre as partículas mais reduzidas da luz, os fotons, cuja velocidade é inimaginável. A energia atômica também poderia fornecer propulsão para grandes velocidades. Agora que parece quase provado estar o organismo humano em condições espaciais, poderão tomar corpo projetos fabulosos. Mas ainda serão necessárias muitas dezenas de anos.

Sua primeira meta

O "decênio lunar" inaugurado com o lançamento do primeiro estágio do foguete que conduziu a cápsula "Apolo" vazia em tôrno do satélite, e posteriormente, a descida do homem na Lua, não nos fará assistir sòmente a uma mudança de itinerário e de objetivo dos reluzentes mísseis. Da base lunar do antigo *Cabo Canaveral* partirão homens, ogivas, plataformas para o lançamento com escalas no espaço, inteiras bases lunares destinadas a oferecer abrigo aos astronautas e refúgio contra a solidão augustiante do espaço. O vôo lunar permitirá colhêr valiosas informações, dados precisos sobre radiações existentes no espaço interplanetário e sobre as possibilidades de sobrevivência do homem em condições totalmente diversas das que está habituado. A Lua, imenso "museu" do Universo sobre a qual se acumularam durante milhões de anos detritos do cosmos que na Terra se confundiram com uma matéria em constante evolução, permitirá aos futuros exploradores encontrarem organismos vivos de outros mundos e terem a prova que o homem não é a única criatura inteligente do Universo.

A resistência dos primeiros astronautas na Lua, antecâmara, dos planêtas, e a sua capacidade de trabalhar e produzir num ambiente não terrestre revelarão a importância da revolução que projetará o homem no Universo.

Viajando além de Marte

Mas para as futuras viagens até Marte ou Vênus já se cogita de um novo tipo de motor e íons. Os átomos aquecidos libertam-se dos elétrons e assim passam a ter carga elétrica positiva. A superfície que produz os íons é colocada a curta distância do polo negativo de uma bateria e se na superfície do polo negativo vem aberta uma passagem, um pequeno orifício as partículas positivas da superfície ionizada aí se precipitam formanto um jato potentíssimo. Será êste que impulsionará as grandes astronaves até os planêtas. Enquanto os cientistas atômicos trabalham nos foguetes em Los Álamos os técnicos em fisiologia e dietética espacial trabalham em Dênver preocupados com os homens e as habitações que ocuparão na Lua e nos planêtas. Está sendo estudado um tipo de habitação lunar "Lunar Housing Simulator Laboratory" que se compõe de duas esferas de aço e cristal colocada uma sobre a outra, que é maior. A pequena esfera interior é uma espécie de mundo das maravilhas com dormitórios e lugares para recreação, não faltando estábulos, galinheiros e campos de algas, maçãs e tomates.

Os homens do nosso tempo portanto, embora ligados a um passado romântico, devem aceitar desde já uma realidade da qual teremos no próximo decênio sensacionais antecipações. O homem está para atravessar as fronteiras do ambiente que lhe é próprio desde centenas de séculos e realizar uma grande e desconcertante conquista. Essa se chama quinta dimensão: o infinito.

A cosmonáutica ainda está na idade da cabotagem, e não é diminuir o valor das façanhas realizadas pelos cosmonautas russos e norte-americanos constatar que os vôos, aos quais o homem chegou, estão mais próximos do salto da "pulga" do que do salto do "anjo".

Os marcianos, que tantos rios de tinta fizeram correr em romances de antecipação de ficção científica, voltaram à moda. Dos 9 planêtas que gravitam ao redor do Sol, somente a Terra é habitada? Marte, sabe-se hoje, é apenas um deserto de óxido de ferro desprovido de toda umidade. A temperatura varia de 100 graus abaixo a 30 graus acima de zero. A atmosfera do "planêta vermelho" é viciada pelo gás carbonico. E, seu solo ingrato, subsistem apenas alguns liquens. Animais superiores e sêres dotados de inteligência não poderiam acomodar-se em tais condições de vida, pelo menos, formas de vida que conhecemos.

Vênus? Envolvida por nuvens opacas, o termômetro atinge ali uma temperatura inimaginável de 300 graus... Quanto aos demais "vizinhos", tributários do astro que nos ilumina, ou não tem atmosfera, ou ali se respira metana ou amoníaco... Todavia, sóis semelhantes ao nosso existem às centenas de milhares no Universo. Não há, pois, nenhuma razão para que esses sistemas solares não possuam seus próprios planêtas.

600 milhões de planêtas habitados

Impõe-se um primeiro "recenseamento": é necessário eliminar os planêtas que tem muito mais ou muito menos de 3 bilhões de anos, ou seja, o tempo em que o homem apareceu em sua superfície: essa é a opinião dos biólogos, ao observarem que as leis que regem mutações e seleções naturais são comuns a todo o Cosmos. Convém, além disso, afastar os planêtas que gravitam ao redor de estrêlas múltiplas: seus climas seriam ou muito gelados ou demasiado quentes, de acôrdo com sua órbita. O homem ou os animais superiores não podem acomodar-se senão a uma atmosfera moderada quase constante.

Também não podem ser considerados os planêtas desprovidos de atmosfera, como a nossa Lua (muito leve) e o enorme Júpiter (muito pesado). Os especialistas reconstituiram em laboratório o fabuloso fenômeno da vida nascente na Terra, tal como ocorreu há bilhões de anos. Sob o efeito das radiações, moléculas orgânicas simples se formaram...

Após essas sucessivas eliminações, os cientistas, que não podemo tachar de joguetes de uma imaginação delirante, estimaram que existiam, pelo menos, 600 sociedades comparáveis com as dos terrícolas em nossa galáxia... A vida inteligente pode ser atribuida a um sistema solar em cada 300... De acordo com seus cálculos que nada tem de fantasiosos, chegaríamos assim ao número esmagador de 600 milhões de planêtas habitados!

Uma linguagem para nossos irmãos do espaço

Mas como entrar em contato com esses homens, nossos irmãos dos outros mundos? Os foguetes são insuficientes. Os planêtas — se assim podemos dizer — "próximos" situam-se a uma dezena de anos-luz de nossa curiosidade unanime, isto é, a 100 mil bilhões de quilômetros. Uma simples ida (sem volta) exigiria 2 milhões de anos! É verdade que em virtude das teorias da relatividade, essa incrível viagem permitiria, aos problemáticos astronautas não envelhecer mais do que 6 anos ao aterrar. Assim, essa viagem é "possível". Portanto, "será"... mas não para amanhã.

Enquanto esperamos, restam os sinais das mensagens através do Cosmo. Sonho que já não é sonho, graças à extraordinária invenção do "laser": um rubi de alguns centímetros, rodeado por uma lâmpada fluorescente que produz uma radiação de 10 mil volts. Será possível projetar sobre a Lua uma mancha luminosa de 5 quilômetros de diâmetro. Os norte-americanos acreditam que estamos próximos do dia em que o "laser" expedirá ao Cosmos mensagens televisadas.

Sua linguagem será utilizada para a correspondência com o além? O matemático alemão Hanz Freudenthal, da Universidade de Utrecht, já resolveu esse fascinante problema. Compôs uma linguagem cósmica, chamada Lincos, a qual utiliza apenas símbolos matemáticos ou científicos. Melhor do que o esperanto, acaba de nascer a língua universal, agora não limitada à Terra...

Códigos universais

Outros estudiosos do assunto, também procuram solucionar o problema, como os cientistas russos. Há anos, os soviéticos estão conduzindo a "semântica cósmica" (a ciência que deveria permitir a interpretação do modo de se exprimir próprio de inteligencias extraterrestres) a um plano que no Ocidente parece ainda reservado a estudiosos um pouco excentricos.

Depois de compilar pequenos e pormenorizados elencos descritivos dos "termos" em uso junto a vários animais, estabelecer um rudimentar sistema de comunicações com macacos, cães, cavalos, elefantes, golfinhos e focas, e elaborar uma dezena de "códigos universais" tão simples quão racionais, que fundando-se em conceitos matemáticos, geométricos, astronômicos e físicos, permitiriam entrar em contato com raças suscetíveis de manifestar o seu pensamento mediante sons, sinais ou telepatia, os russos foram além.

Na Terra (disseram) a variedade das formas de expressão do mundo animal também é grande: ela poderia oferecer um termo útil de referência aos futuros embaixadores espaciais. E tendo-se em mira esta consideração, tentaram e ainda tentam captar e decifrar as confidências dos pássaros, dos peixes e dos insetos. Antes que o zoopsicólogo francês Remy Chauvin anunciasse, ter conseguido decifrar a linguagem das abelhas e entender-se sumariamente com elas, alguns "experts" russos já haviam ao que parece ter descoberto parte do segredo do vocabulário dêstes utilíssimos insetos.

Ouvindo e viajando para as estrêlas

Quando Guglielmo Marconi, criador da telemecânica, inventor da telegrafia sem fio, comunicou à imprensa, em 1924, que recebia estranhas mensagens de "um outro mundo", pensou-se que ele enlouquecera. Seu secretário tentara pôr em guarda o sábio:

— "Nem pense nisso, mestre. Anunciar que Marconi fala com os marcianos, com os habitantes das estrelas, é destruir sua fama..."

Entretanto, outra pessoa, tal como Marconi, captara sinais idênticos: o norte-americano Charles Francis Jenkins, engenheiro eletrônico e inventor. Esses sinais tinham chegado até ele por meio de uma antena orientável que compensava a rotação da Terra. Quando o pesquisador afirmou que as mensagens emanavam de outros planêtas foi levado ao ridículo.

Pouco mais tarde, um perito da companhia de telefones Bell, o engenheiro Karl Jansky, apanhou por sua vez ondas vindas da Via Láctea. Segundo Jansky, não se tratava pròpriamente de sinais, mas desta vez estava feita a prova de que o rádio transpunha os espaços interplanetários e interestelares.

Numerosos sábios ocupam-se com a "escuta do céu". Um deles, o holandes Van Der Hulst, fez descoberta importante: em 21 centímetros de comprimento de onda, 1420 megaciclos de freqüencia, recebeu ondas emitidas por nuvens de átomos de hidrogênio que flutuam nos espaços interestelares. Depois de ter transposto bilhões de anos-luz, essas ondas tinham atravessado as camadas elétricas da atmosfera terrestre, as quais, como de costume, refletiam o rádio em direção de nosso planêta, como se fossem um espelho.

As antenas de radar foram substituidas pelos radiotelescópios. Alguns desses aparelhos permitiram a recepção de emissões espaciais e, entre estas, puderam ser dicernidas algumas que não poderiam ser atribuidas unicamente ao acaso. O professor John D. Kraus, da Universidade de Iowa, captou algumas na direção de Vênus. Essas emissões lhe pareceram tão singulares que as comparou às mensagens cifradas em uso no Exército norte-americano.

Outro cientista norte-americano, o matemático Claude F. Shannon, estabeleceu as equações de uma nova ciência: "a teoria das comunicações". John R. Pierce demonstrava na mesma ocasião, que um kw de energia sobre o comprimento de onda de 3,2 cm bastava para enviar uma mensagem que poderia ser recebida sob forma intelígivel nas proximidades da estrêla mais proxima, a Alfa do Centauro.

Em 1957, enfim, os russos lançaram os "sputniks" e seus laboratórios automáticos do espaço. O Lunik III permitiu constatar a exatidão dos cálculos de Shannon e de Pierce... Estava próximo o momento em que Guglielmo Marconi, tachado de louco por seus conterrâneos, tiraria uma desforra retumbante. Infelizmente essa desforra ele não a pôde gozar, pois falecera em 1937.

Mas onde a vida, tal como nós, terrenos, a podemos imaginar, poderá situar-se aproximadamente? Onde estão esses homens semelhantes a nós, que como nós interrogam o espaço? Os sábios do mundo inteiro — russos, norte-americanos, britânicos, franceses — afirmam, hoje, que em longínquos planêtas estão instaladas sociedades comparáveis com a nossa e que esses planetas devem contar-se por centenas, ou milhares...

Ao que parece, mediante comunicações pelo rádio com outras partes do Sistema Solar, os terrestres têm bastante probabilidades de colocar-se em contacto com sêres inteligentes ou semi-inteligentes existentes talvez em alguma parte do sistema solar. De tôdas as formas, o grupo de investigadores autor dêsses informes não opina que tal descobrimento se realize num futuro imediato, embora também poderia ocorrer quando menos se espera. Os cientistas estão orientando um gigantesco receptor de rádio para o infinito sideral, em busca de indícios de vida racional nos planêtas dos sóis de outros sistemas.

Êste grande aparelho é o radiotelescópio de 25 metros do observatório nacional de radioastronomia de *Green Bank*, no Estado de Virgínia. O dr. Frank Drake e seus colaboradores de *Green Bank* estão provando equipamento destinado a receber quaisquer mensagens que outros sêres extraterrestres possam haver lançado no espaço. Muitos astrônomos acreditam agora que deve haver milhões de planêtas na Via Láctea, e, quiçá milhares de milhões em outras galáxias tão adequadas a vida racional como o é a Terra. Consideram inclusive concebíveis que os habitantes de alguns planêtas, pelo menos, possam ser superiores aos sêres humanos terrestres, quanto à inteligência, e haver desenvolvido civilizações mais avançadas que a nossa. Baseado, pois, na possibilidade de que tais criaturas vêm tentando comunicar-se com outras através dos vastos âmbitos do espaço. Drake vai tentar a sintonização de corpos celestes escolhidos como possíveis emissoras, por seis horas diàriamente durante um mês, a partir de agora. As estrelas escolhidas são Tau Ceti e Episilon Eridani.

Escolheu-as por que, quanto ao tamanho, emissão de energia e velocidade de rotação, parecem ser "gêmeas do Sol". Estão localizadas aproximadamente a 106 milhões de quilômetros de distância. Um sinal de rádio levaria 11 anos para percorrer a distância entre a Terra e um planêta de um possível sistema de Tau Ceti ou Episilon Eridani. Um dos problemas mais difíceis que Drake enfrentará, supondo que cheguem aqui sinais produzidos artificialmente, consiste em diferenciá-los dos ruídos electromagnéticos naturais que percebem constantemente os radiotelescópicos.

Mensagens Flutuam nos espaços interestelares

Os habitantes da Terra, especialmente os radioamadores, deveriam aguçar mais o ouvido para ouvir as mensagens que as populações inteligentes de outros mundos estão seguramente enviando a êste planêta, segundo disse um prestigioso professor da Universidade de Stanford. O sr. Ronald N. Bvacewell, professor de engenharia elétrica e uma autoridade internacionalmente reconhecida em radioastronomia, declarou que a opinião de muitos astrônomos e a sua própria era que "há outras comunidades de sêres inteligentes em nossa Via Láctea" que inclusive já devem haver estabelecido contato entre elas e que agora tentam, coletivamente, de estabelecer contacto com a Terra e outros corpos celestes.

Os meios científicos crêem de boa vontade que existiria um ou mais vestígios de vida, em diferentes planetas do sistema solar.

Cientistas, cada vez em número maior, estão inclinados a crer que outras civilizações se organizaram alhures e atingiram um alto nível, nas condições favoráveis que podem, puderam ou poderão ser reunidas em planêtas de diversos sistemas estrelares.

Recorda-se que em 1960 cientistas norte-americanos haviam construido a primeira estação espacial de radiastronomia em Green Bank, no Estado de Virgínia. Essa estação emitia sinais radielétricos compostos de pontos e traços, como os caracteres Morse, e que deviam ter alcance de 80.000 bilhões de quilômetros.

Os dirigentes de Green-Bank esperavam que sêres pensantes, se êles existissem num raio de 80.000 bilhões de quilômetros, anotariam essas mensagens aritméticas compostas de somas que denotariam o sinal de uma inteligência desejosa de manifestar-se. O radiotelescópio funcionou durante quase um ano. Decidiu-se, porém, que um aparelho muito mais poderoso iría substituí-lo, na tentativa de conversação cósmica.

Uma conferência internacional preparou o ambicioso programa da nova estação de Virgínia. Antes de mais nada, o alcance do radiotelescópio não será mais de 80.000 bilhões de km, mas além de 10 milhões de bilhões de km. Nessas condições, pensa o dr. Von Hoener, do Instituto Astronômico de Heidelberg, na Alemanha Ocidental, que as mensagens em código de Green-Bank atingirão tres milhões de estrêlas que oferecem chances de ser rodeadas por planetas suscetíveis de ter vida.

Isso não significa que as mensagens serão entendidas, admitindo-se a existência de civilizações pensantes nesses planêtas, por que elas não estarão forçosamente em condições de detectar mensagens. Ora, nós, até poucos anos atrás, seríamos incapazes de perceber tais comunicações, por que não tínhamos inventado os instrumentos necessários.

Os radiotelescópios atuais "auscultam" das remotas profundezas do espaço, das regiões que por ora podemos inexatamente denominar os confins ou os limites do universo, os fraquíssimos sinais de rádio de estrêlas distantes oito e mais bilhões de anos-luz. O tempo e o espaço dos astrônomos possuem tais dimensões, que qualquer unidade de medida extraída da experiência comum é tão inadequada, que parece realmente ridícula. A astronomia moderna está tôda construída sobre êstes formidáveis números, tão formidáveis a ponto de se afigurarem de todo abstratos e, paradoxalmente, quase destituídos de significado para a maior parte dos homens. Mas os cultores da astronáutica sempre anteciparam os tempos. Sonhadores mas não visionários, segundo demonstram suficientemente as conquistas dêstes últimos anos, não aguardaram os vôos de Gagarin e de Shepard para pensar na realização da sua máxima aspiração: o vôo interestelar.

O vôo interestelar, pelas colossais dimensões do universo, segundo a moderna cosmogonia, apresenta problemas de inimaginável dificuldade. Antes de mais nada, quando se mede o tempo em anos-luz, isto é, tomando-se como unidade de medida a velocidade da luz que, no dizer da física atual, é um máximo insuperável, a velocidade da astronave soviética "Vostok" tornar-se-ia irrisória. A vida de um homem não bastaria sequer para deixar o último planêta do Sol, Plutão. A vista disto, querendo imaginar com certo fundamento a possibilidade de uma viagem rumo as estrêlas, os estudiosos de astronáutica cogitaram de novos meios de propulsão que permitam, senão atingir, aproximar-se pelo menos da velocidade da luz. Desde há muito fala-se, em "Nuclear rockets", ou seja, raios constituidos de um reator nuclear que age sobre os fluidos inertes tais como o hidrogênio, o metano ou água, em "Ion-rockets" ou em "Ionplasma-jets", foguetes a íons acelerados em determinada direção por um campo eletrotástico, e sobretudo em "Photon-rockets", foguetes dotados de velocidades fantásticas graças à pressão de ondas eletromagnéticas ou luminosas.

Tôdas estas possibilidades existem evidentemente, ainda em grande parte no papel, e envolvem problemas científicos e técnicos de incalculável alcance. Mas não sòmente problemas científicos e técnicos. Mesmo que se dispusesse, num futuro não previsível, de meios capazes de atingir a velocidade da luz, que é ainda trinta e seis mil vêzes maior que a dos satélites artificiais, seria suficiente a duração limitada da vida humana para superar as imensas distâncias cósmicas? Conseguindo o homem tudo isso, inclusive ampliar o tempo de vida para chegar a outros mundos, depois de muito estudo e viagens intermináveis, chegaria à conclusão que está só? Não, a Terra não passa de grão de areia, no Universo. Entre os milhões de planêtas semelhantes ao nosso, existirão outros habitados.

Assim como entre milhares de sistemas estelares na Via Láctea, uma ou mais espécies poderiam ter descoberto métodos de viagem espacial que poderíamos considerar fantásticos à luz dos nossos padrões tecnológicos. A probabilidade de existirem sêres austronàuticamente superiores, localizados em planêtas de estrêlas vizinhas é muito maior do que a probabilidade de existirem sêres vivos em Marte, astronàuticamente evoluídos. Nas vizinhanças do Sol, 22 estrêlas podem ser consideradas como tendo planêtas pontencialmente habitáveis, numa amostragem esférica de 16 anos-luz de raio. Supondo-se se êsse volume estatisticamente representativo, computa-se o conteúdo de qualquer outro volume cósmico de raio superior a 5 parsecs. (Um parsec vale 3,26 anos-luz, ou 210.000 vêzes a distância média entre Sol e Terra). Na amostra de 16 anos-luz de raio. há 11 espécies de sêres superiores que já possuem tecnologia astronáutica.

Como o homem suporta a viagem espacial

Para poder lançar um homem à Lua, foi resolvido uma série de problemas, mas alguns deles ainda hoje requerem um estudo mais profundo. Falaremos agora dos problemas biológicos que os vôos espaciais a grande distância apresentam. Convenientemente equipado, o cosmonauta suporta, não sem sofrer, as formidáveis acelerações necessárias para que possa atingir a velocidade de libertação de 8 km por segundo. Essa velocidade permite a satelização, mas não a possibilidade de escapar inteiramente à atração terrestre. Para se tornar um verdadeiro veículo intersideral, o engenho deverá atingir 11.180 km por segundo.

A experiência confirmou que a aceleração de 8 g, mantida durante 6 minutos e meio, aceleração que permite a satelização, é suportada por um cosmonauta treinado. Mas a partida nunca será uma partida de prazer. A 8 g, o corpo pesa 8 vêzes seu pêso terrestre. Tornando-se muito pesados para seus ligamentos os órgãos são crispados e tornam-se atrozmente doloridos. A respiração torácica é muito difícil. Qualquer movimento é impossível. Mas é apenas um momento a passar. Satelizado ou em vôo intersideral, o cosmonauta sempre estará em estado de agravidade. Graças ao poder de adaptação de seu sistema nervoso, o homem suporta bem os curtos períodos de agravitação. Acontecerá a mesma coisa durante as longas viagens intersiderais? As experiências não permitem responder absolutamente, e algumas experiências de diminuição prolongada da gravidade por imersão num líquido provocam inquietação. Perturbações cardiovasculares aparecem após 5 dias de subgravidade. Foram tão marcantes que as tentativas tiveram de ser interrompidas. É que o sangue venoso já não é auxiliado pela gravidade e volta menos fàcilmente. Com o passar do tempo, isso acaba por determinar um desequilíbrio vascular grave.

Para evitar isso, foram propostas roupas de agravidade, munidas de molas que comprimem o corpo a fim de facilitar a volta do sangue venoso. Pode-se imaginar também conservar na cabina espacial uma fração de gravidade, sendo o mais simples fazer o satélite girar sôbre si próprio. O homem se aborrece quando não tem nada que fazer. É preciso imaginar para os passageiros uma série de ocupações imperiosas. Mesmo que tudo seja automatizado, será preciso que o cosmonauta esteja ocupado. Esperemos, entretanto, que não se proponha a "caixa de bobo", imaginada pelos norte-americanos. Essa caixa é munida de mostradores, botões, alavancas, que é preciso vigiar e manipular de acôrdo com um plano rigidamente estabelecido. Mas todo êsse complicado mecanismo tem apenas a finalidade de distrair o cosmonauta.

Um homem só, no espaço, durante semanas, meses, morreria de solidão. Os psicólogos terão de selecionar os indivíduos que poderão suportar o tempo de viagem sem chegar a se odiarem. Essas são dificuldades menores, que os métodos de condicionamento psicológico, auxiliados talvez por algumas drogas, poderão resolver. Duas dificuldades maiores esperam o biólogo do espaço: os problemas de respiração e dos raios cósmicos. Para viagens de alguma duração não se pode pensar em equipar a cabina com garrafas de oxigênio e material próprio para absorver o gás carbônico exalado pelos cosmonautas. A tonelagem necessária seria excessiva. Mas é necessário renovar a atmosfera e, para isso, propôs-se aproveitar a aptidão dos vegetais em assimilar o gás carbônico e redistribuir o oxigênio.

Como alimentar o astronauta

Propõe-se reconstituir no navio espacial um meio biològicamente complementar do organismo humano. As dificuldades são grandes. É preciso encontrar um vegetal cujas características biológicas sejam de algum modo exatamente inversas das do homem, um vegetal que assimile "todo" o gás carbônico que o homem produz e lhe forneça "todo" o oxigênio de que êle necessita, Algumas algas correspondem a essa característica. Mas, para mantê-las vivas, é preciso dar-lhes uma alimentação azotada. O mais simples seria utilizar os próprios excrementos dos viajantes. Conhecem-se algas capazes de viver num meio composto quase unicamente de excrementos humanos secos e pulverizados. Assim, teòricamente o problema está quase resolvido. Na prática, as dificuldades a vencer são consideráveis. É um verdadeiro pequeno universo no qual o cosmonauta viverá em equilíbrio com um meio complexo, que terá de ser enviado ao espaço.

Como chegar às estrêlas a milhões de anos-luz

O cosmonauta estaria em "anabiose", ou seja em condições semelhante às de um relógio parado ao qual, entretanto, pode dar-se novamente corda. Parecerá morto, mas estará apenas em estado de total inércia biológica, para renascer ao voltar à Terra.

Junto com os problemas estritamente técnicos, que se traduzem na busca de projéteis cada vez mais poderosos e de um sistema de controle das astronaves cada vez mais seguro, continua sempre e em primeiro plano a realidade biológica do homem, ou seja o fato indiscutível de que não haverá verdadeira conquista do espaço se o homem mesmo não participar materialmente, cruzando as colunas de Hércules do seu ambiente milenário.

É por isto que o homem aparece como o centro do interesse nesta corrida pela conquista do éter. E é ainda por ele que hoje se pede à biologia tudo da resistência física e psiquica nas mais diversas condições de calor, aceleração etc., ou na falta de outras condições normalmente presentes, como a gravidade.

Atualmente depois dos vôos espaciais russos e norte-americanos, pode-se afirmar que a técnica está em condições de assegurar ao homem a sobrevivência no espaço, e que nosso organismo possui a resistência necessária. Mas a questão se complica, quando já não mais se pensa em atingir algum dos planêtas, mas sim alcançar corpos siderais situados à distâncias enormes da Terra.

Mesmo supondo que o homem chegasse a construir astronaves capazes de alcançar a velocidade da luz (300.000 quilômetros por segundo), o raio de ação humana não poderia ser maior que a metade da vida útil, dado que a outra metade seria necessária para a viagem de regresso. Em tal hipótese, o homem só poderia chegar até astrêlas situadas a quinze ou vinte anos de navegação estelar.

Mas há estrêlas situadas à distância de milhões de anos-luz, que em princípio não poderiam ser jamais pisadas por pés humanos. Entretanto, esta possibilidade está sendo agora motivo de aprofundado estudo da ciência que já teria encontrado, ao menos em teoria, uma solução: a "hipotermia profunda" controlada.

Já há algum tempo se havia observado que alguns sêres de constituição muito mais simples que a nossa (por exemplo, certos insetos) podiam ser congelados a temperaturas próximas ao zero absoluto, para serem depois "ressucitados" aquecendo-os de novo de forma gradual e cuidadosa. Este fenômeno, antes impròpriamente chamado "ressurreição" (não se trata, com efeito, de ressurgir da morte à vida, mas sim de um retorno, de condições de vida atenuada ou morte aparente, à plena atividade), é agora denominado "anabiose" (do grego ana — de novo, e bios — vida). A "anabiose" é possível não apenas em animais inferiores e de volume muito pequeno, como também, em muitas células do corpo humano. É bem conhecida por exemplo, se bem que em forma puramente teórica a possibilidade que possuem as células germinadoras masculinas de sobreviver a temperaturas baixissimas por tempo ilimitado (calcula-se que durante anos) sem perder seu poder fecundador durante este extraordinário "sono", que não é a morte.

Como quer que se considere, o fenômeno da "anabiose" constitui como afirmam os cientistas, uma terceira alternativa entre a vida e a morte, uma condição completamente particular, em que as principais manifestações da vida como o movimento, o consumo de oxigênio, a produção de calor etc., estão suspensos e esperam apenas o retorno à temperatura normal para recomeçar, ainda que à distância de anos, como se nada houvesse ocorrido. Durante a "anabiose", o "tempo biológico" se detém, como um relógio sem corda; o organismo ou as células não envelhecem mas esperam, imóveis e imutáveis o despertar mais ou menos distante.

As experiências iniciais dos cientistas estão, agora, dirigindo-se para os sêres superiores, inclusive o homem. Nos cães conseguiu-se suspender inteiramente a vida com uma circulação extracorporea de sangue esfriado durante dez longas horas. O animal parece morto, e nem sequer com os instrumentos mais delicados, reconhece-se vida nele. O coração não bate, não emite potencial elétrico algum e o cérebro permanece totalmente inativo. Talvez análises químicas especiais permitiriam descobrir nas células deste animal aparentemente morto, uma diminuta chispa de vida. Chispa que é, entretanto, suficiente para devolver ao animal toda sua primitiva vivacidade, quando reintegrado, com as devidas precauções, a sua temperatura normal.

O homem, pelas crescentes necessidades da cirurgia, não tem se mostrado refratário à hipotermia profunda, que chega quase a uma verdadeira "anabiose". A trinta graus de temperatura seu coração deixa de bater. A quinze graus, o cerebro, sensibilissimo à falta de oxigênio em caso normal de temperatura (sabe-se que o tempo de sobrevivência das células cerebrais mais delicadas não passa de tres minutos após a suspensão da circulação sanguinea), torna-se extraordinàriamente resistente à asfixia. Um grupo de cem operários no Westminster Hospital de Londres resistiu sem dano algum para o sistema nervoso, a uma hora de profunda "anabiose".

Não obstante estas extraordinárias possibilidades, importantes sobretudo para a cirurgia do coração e do sistema nervoso, os resultados atuais estão muito longe de poderem ser considerados decisivos para uma vitória sobre a barreira do tempo nos futuros demorados reconhecimentos espaciais. Mas esta prudência razoável não impede considerar a "anabiose" como um dos mais prometedores êxitos da biologia, em que a astronáutica já baseia suas esperanças para poder viajar livremente por todos os rincões do Universo.

Existem outros estudos com referência a problemas biológicos apresentados pela permanência, das tripulações e dos passageiros, no decorrer de meses e de anos, no vácuo cósmico. Uma das técnicas que provoca estudos mais cuidadosos é a da hibernação usada como meio para subtrair o homem às necessidades físicas da prolongada estada no espaço e, principalmente, às emoções e aos traumas psíquicos da solidão infinita do "deserto cósmico".

A hibernação humana

Os problemas mecânicos e dinâmicos do vôo interplanetário não apresentam muitas preocupações — de acôrdo com as mesmas fontes — uma vez que a evolução tecnológica garantiria, no número de anos necessários para a realização dos grandes projetos, a vitória sôbre os obstáculos existentes. Na expectativa de que o progresso técnico alcance espontâneamente seus objetivos, os cientistas de dois países estão debatendo os problemas biológicos da permanência do homem no espaço. Documentos científicos, americanos e soviéticos, relatam, há meses, os resultados dessas análises, que foram confrontadas, numa discussão comum durante os trabalhos do Comitê Internacional acêrca da pesquisa espacial, que se reuniu em Washington.

A técnica da hibernação encontra-se em fase de estudo e de experimentos. Ela consiste em pôr os homens em estado de catalepsia com o objetivo de diminuir suas funções vitais e, com elas, o consumo do ar e da comida. Naturalmente, a tripulação não poderá ser submetida a esta técnica. O tratamento seria limitado aos passageiros, isto é, aos cientistas e aos técnicos que, quando no planêta de seu destino, ocupar-se-ão da construção de instalações e de pesquisas científicas.

Além do fato de isolar os passageiros com relação ao ambiente cósmico, a hibernação, diminuindo as exigências de alimento do organismo, contribuiria a resolver o problema do transporte dos alimentos necessários para a duração da viagem. Os passageiros submetidos à técnica da hibernação seriam "reanimados" pouco antes do desembarque. No tocante à alimentação dos pilôtos, por outro lado, está sendo estudada a concentração em pílulas de substâncias alimentares, que guardariam intactos o sabor e os podêres de nutrição.

Para alternar à dieta sintética também a subministração de alimentos naturais, considera-se a possibilidade de colocar nos navios cósmicos, bem como nas bases planetárias cultivações de algas e de outros vegetais ricos em vitaminas, que contribuiram, inclusive, para a oxigenação de ar. Outros estudos se referem à utilização das escórias. De grande interêsse é um projeto de pesquisa para transformação, dêstes materiais, em combustível para os reservatórios dos foguetes. E estuda-se também, como reagirá o homem, após a viagem espacial, pois precisará de algum tempo para ajustar-se às novas condições, o astronauta que voltar de uma longa jornada interplanetária. Após um período prolongado de ausência de pêso, sentir-se-ia muito pesado e preguiçoso ao chegar à Terra.

O homem pode afastar-se da Terra, mas tem que levar alguns elementos primordiais e necessários: ar, alimentos, água e roupas. Todo um ambiente acondicionado numa cápsula blindada de metal.

A medicina do espaço

Quais as pequenas coisas da Terra que devem ir com êle? Como se arranjará com essas coisas na selvagem solidão do espaço? Até que distância poderá viajar agora que já alcançou a Lua? Até o fim do sistema solar, até as estrelas vizinhas? Estará em condições de executar qualquer coisa quando chegar ao seu longínquo destino?

Êstes são os assuntos de que deve tratar o novo especialista dentro da medicina, o doutor do espaço, que é um pouco mais do que um simples físico. Física, Química e Engenharia são partes do seu campo de atividade.

Em relação às astronômicas distâncias no espaço, podemos afirmar que o homem não progrediu muito. "O que nós sabemos com absoluta certeza é que o homem viajará através dêle". — informou o dr. Paul R. Leberman, de Filadélfia, presidente da Seção de Medicina Militar da Associação Americana de Médicos. — "Êle viajará pelo espaço afora, numa distância tão grande quanto o possa permitir a sua condição mental e física."

"Nós sabemos — continuou — que podemos ultrapassar com uma máquina a Lua. E as mesmas leis da física que tornaram isto possível nos asseguram que as máquinas podem atingir os planêtas e, talvez algum dia, passar adiante das estrêlas".

"O que não podemos assegurar com certeza, é que, se fôr colocado um homem dentro de uma máquina por muito tempo, possamos fazer com que retorne vivo e com boa saúde. Pode-se dizer que as leis da medicina, por enquanto, não estão muito claras a respeito dêsse particular".

As declarações dos cosmonautas afastaram alguns mistérios que pairavam quanto à capacidade de o homem viver vários meses num lugar em que a gravidade inexiste. No entanto, muitas questões permanecem sem respostas e a falta de gravidade é o mais completo dos problemas relacionados com viagem espacial.

O fato é que a gravidade é tão essencial ao ser humano como a água, o ar e os alimentos. Sem ela, a forma humana nunca poderia ter sido desenvolvida.

Todo ser humano é desenvolvido harmônicamente com a gravidade. Eliminando a gravidade por um período dilatado, urge saber até que ponto poderá o homem se ajustar a estas mudanças.

Ausência de gravidade

Um físico da Fôrça Aérea norte-americana, cap. Duane E. Graveline, afirmou que achava normal um homem se sentir indisposto em relação à falta de gravidade. Depois de passar sete dias boiando (ato que se aproxima bastante da falta de gravidade), o cap. Graveline afirmou que sentiu fraqueza geral e perda de fôrça muscular, juntamente com mudanças na química do sangue.

Outras experiências, feitas com a "flutuação" revelaram que a falta de pêso, se bem que agradável no início, pode tornar-se extremamente irritante, conduzindo à confusão e pressão mental, que podem levar a um êrro fatal no espaço.

Estas experiências também indicam que, sem o estímulo da gravidade, o sistema circulatório parece perder algumas de suas adaptabilidades. Isto quer dizer que, a despeito das roupas de pressão e dos leitos especiais, o efeito produzido ao reentrar na atmosfera, de volta de longa viagem, poderia fazer com que o sistema de fornecimento de sangue do organismo ficasse sobrecarregado. O astronauta poderia ficar atordoado e desmaiar precisamente no momento mais crítico, quando vai necessitar de tôdas as suas faculdades, na preparação da aterragem.

A alimentação proporciona outros possíveis transes. O alimento é movido através do sistema digestivo por contrações musculares ondulatórias conhecidas pelo nome de peristalse. Sem os efeitos da gravidade é possível que tais contrações possam tornar-se lentas ou mesmo parar. Desta maneira, um astronauta que permanecesse por muito tempo no espaço poderia morrer de fome, embora tenha ingerido alimentos.

O dr. Charles F. Gell, especialista em medicina espacial informou que é possível que sem a gravidade, as células do corpo não venham a se reproduzir, crescer ou funcionar, como o fazem normalmente. Da mesma maneira que o corpo consome milhões de células, diàriamente, êle poderá simplesmente deteriorá-las se não houver reposições em tempo hábil.

É possível que os ossos dos astronautas possam tender à decomposição. Sem a fôrça de gravidade que serve como estímulo, o corpo começa a rejeitar o cálcio e outros minerais. Os ossos tornam-se macios e quebradiços.

Êstes processos de desmineralização podem ter outras conseqüências, porque se os ossos não podem mais absorver cálcio, êste é impelido para os rins, onde poderá transformar-se em cálculo. Efeitos como êstes já foram notados em pacientes que permaneceram durante muito tempo acamados.

Estudava-se a adaptação de um sistema de rotação na cápsula espacial, para solucionar o problema da falta de pêso. A fôrça centrífuga poderia originar uma gravidade artificial; experiências recentes mostraram que essa idéia não é muito prática, porque um astronauta pode não ser capaz de orientar-se enquanto sua cápsula gira no espaço.

O dr. James G. Gaume, de Denver, chefe do Life Support, Systems, da Martin Company, acha que muitos perigos da perda de pêso possam ser superados com exercícios em órbita, para compensar o resistente trabalho impôsto ao corpo humano pela gravidade.

Um astronauta trabalhador, entretanto, necessitaria de grande suprimento de oxigênio, um sistema absorvente de dióxido de carbôno, um eficiente aparelho de desumedecimento, comida adicional etc.

A frágil mente humana no vôo espacial

Por outro lado, poucos homens experimentaram os efeitos de duas viagens espaciais; portanto, não há ainda indicação segura a respeito de quanta resistência mental é necessária para suportar os ruídos, vibrações e a angústia, numa longa viagem de ida e volta ao espaço.

Não há um meio certo de determinar como a combinação da falta de pêso, tensão e posição às radiações podem afetar o cérebro humano e o sistema nervoso. Uma equipe espacial de três homens, mesmo formada pelos melhores amigos, retornaria de uma viagem a Marte com instinto homicida no coração.

— Compatibilidade — pensa o dr. Leberman — será certamente um fator bastante importante, pois oferece melhores possibilidades de sucesso. Deve-se ter fêmeas a bordo das espaçonaves? A possibilidade de se ter equipes formadas por marido e mulher merece ser estudada.

A medicina espacial está dedicada, exclusivamente, aos problemas que se têm apresentado a exploradores espaciais. Quando o homem tenta alcançar o vazio não alcançado ainda pelos nossos satélites, um novo conjunto de circunstâncias deve ser considerado.

Com as atuais velocidades dos foguetes o homem poderá levar cêrca de 40 anos até alcançar alguns planêtas externos. Além do sistema solar, as distâncias são tão vastas, que desafiam a compreensão. A estrêla mais próxima de nós a "Alpha Centauri", está distante cêrca de quatro anos-luz (quarenta trilhões de quilômetros). Para descer em um dos seus planêtas (se houver planêtas) e voltar, levaria cêrca de nove anos, isto para um foguete que pudesse viajar na velocidade da luz, que é de cêrca de 300.000 km por segundo. A mais alta velocidade alcançada por nossos foguetes, em viagens espaciais, está ao redor de alguns quilômetros por segundo.

Chegar até Alpha do Centauro é uma empreitada que só existe na imaginação muito avançada. Basta dizer que se navegassemos pelo espaço com velocidade dez vezes superior à da Apolo-11 (nave que levou os homens a primeira descida na Lua) levaríamos mil anos de viagem para entrar em seus domínios. Para isso gerações e gerações teriam de se suceder no interior de uma nave espacial. E quando os tataranetos dos bisnetos dos primeiros pilotos lá chegassem, o progresso cá embaixo teria sido tanto — decorrido um milênio — que possivelmente vários astronautas teriam ido e vindo diversas vezes não só até Alpha, como também à Beta do Centauro...

A Constelação do Centauro (conjunto que apresenta melhores possibilidades para a vida, e fica dentro de um raio de cem anos-luz, distância pequena nas tabelas cósmicas) está "tão próximo" de nós, que pode ser visto a olho nu, bem ali ao lado do Cruzeiro do Sul. As demais estrêlas próximas com condições favoráveis à existência de planêtas iguais à Terra seriam Epsilon, Delta do Pavão e Cassiopéia.

Porém, baseando-nos na Teoria da Relatividade, podemos supor que astronautas de nossa planêta farão viagens, no futuro, perdurando milhares de anos, retornando à Terra sem que tenham envelhecido correspondentemente. Viagens próximas da velocidade da luz serão possíveis usando-se a fôrça da própria luz como propulsão das cosmonáveis. Esses tipos de veículos permitirão que o homem alcance um sistema solar distante de mil anos-luz de nós. A viagem duraria dois mil anos de acôrdo com a contagem cronológica dos que ficarem na Terra, mas para os viajantes interestelares a duração será relativamente muito menor.

Ao lado da impossibilidade de o corpo humano sustentar uma aceleração em tais velocidades, é também impossível, lembrando as teorias de Einstein, para qualquer objeto material competir com a velocidade da luz. Portanto, muita coisa ainda terá que ser descoberta, novas teorias aparecerão, pois sem se aproximar da velocidade da luz, um vôo espacial entre estrêlas seria impraticável. E o homem não pode restringir-se ao seu sistema solar.

Hoje, parece certo que nenhum corpo material possa deslocar-se com velocidade superior à da luz. Mas estaremos absolutamente seguros de que a velocidade da luz não será jamais ultrapassada? A Teoria da Relatividade é afinal de contas, apenas uma teoria. Não poderá ela um dia ser modificada, como ela própria modificou a lei de gravitação de Newton que se manteve inviolada durante séculos e que era tida como absolutamente correta?

Como se vê, a grande partida ainda não é para amanhã. Mas de uma coisa podemos estar certos: é de que tôdas as dificuldades que hoje parecem insolúveis, um dia, estarão resolvidas. Se a grande partida não é para amanhã, será para depois de amanhã! Resolvidos os problemas: mecânico e biológico, significa que a porta se abriu para o espaço extra-terrestre, depois da

Lua: Vênus, Marte e demais planêtas do nosso Sistema Solar. E em seguida rumo a outros Sistemas Solares.

Não existe "impossível" no futuro

Novas descobertas, novas teorias poderão, mesmo na próxima década, modificar nossas idéias de hoje. Quem ousaria estabelecer quaisquer limites aos avanços da ciência daqui a anos? Devemos lembrar-nos, que no passado muitas coisas que vemos hoje, seriam impossíveis. Assim como Lavoisier, pai da Química moderna, negava a existência dos meteoritos, (no seu tempo, pedras não podiam cair do céu, porque no céu não tinha pedras) os membros da Academia de Ciências Francesa negaram durante muito tempo a existência dos micróbios. E foi preciso muito esfôrço para Newton provar aos céticos, eternos inimigos da ciência e da verdade, que a gravitação da Lua e do Sol causam as marés nos oceanos da Terra!

A mais fantástica descoberta do século

No mundo fantástico do futuro, o homem dominará a força da gravidade e habitará o espaço. Há já alguns anos que dezenas de pesquisadores se matam de trabalhar para verificar se Enstein tinha ou não razão de crer que o "graviton" pode existir.

A Física moderna considera que em toda parte em que houver uma fôrça existe um suporte dessa fôrça. Assim é que a eletricidade e o magnetismo são veiculados pelo eletron, isto é, por um grão de eletricidade. Desde 1905, Einstein demonstrou que a iluminação com uma lâmpada elétrica não é mais do que a transformação de eletrons, grãos de eletricidade, em fotons, que são grãos de luz. Viveríamos, pois, num universo de grãos que se juntariam e se combinariam para produzir corrente elétrica, ou feixes luminosos, ou campos magnéticos.

Mas a cada instante está presente uma força em nossa existência e não lhe descobrimos suportes, nem plataformas que a sutentem: é a gravidade, ou por outras palavras, a gravitação. Enstein, antes de morrer, resolvera provar que não havia em nosso mundo senão um único campo de forças e que, por consequência, a eletricidade, a luz, o magnetismo, a gravidade são no fundo aspectos diferentes de uma única fôrça.

Aviões maiores com motores mil vezes menos potentes

Se a razão está com Eisntein, isso significa que não se poderá transformar os grãos de eletricidade em grãos de luz e reciprocamente, mas que também se poderão transformar os grãos de eletricidade e os grãos de luz em grãos de gravitação e vice-versa. À medida que a ciência nos dotasse com essa varinha mágica, seria possível, ou suprimir a gravidade, ou utilizá-la como fonte de energia.

Suprimir a gravidade quer dizer que aviões do tamanho de navios transatlânticos transportariam 3 mil pessoas com motores mil vezes menos potentes do que os de hoje, e que motores de motocicleta equipariam carros de 200 passageiros. Utilizar a gravidade como fonte de energia é pôr à disposição da humanidade uma formidável mina de kilowatts-hora. Imaginem-se bilhões de bilhões de toneladas que pesam todas as casas e todas as montanhas do planêta. Coloquen-se embaixo de cada casa e de cada montanha aparelhos que por pressão em seus flancos produzissem torrentes de eletrons, isto é, de eletricidade, ou de fontons, quer dizer, de luz. Teríamos assim o famoso transformador gravitação-eletricidade, ou gravitação-luz.

Esse milagre é realizável? Sim, se a gravitação também fôr uma fôrça que seja suportada por um pequeno grão de qualquer coisa. Esse grão nunca foi visto; mas cientistas como o norte-americano Oppenheimer e o soviético Ivanenco supõem que existe. Já lhe deram até um nome: "graviton". O fato de nunca ter sido visto um "graviton" não basta para que seja permitido duvidar de sua existência. O meson, partícula nuclear, não tinha sido vista nem produzido em laboratório antes de 1948; no entanto, o japonês Yukawa afirmava que tinha certeza da existência do meson desde 1936. Seria errado rir do professor Yukawa quando ele profetizava a descoberta do meson algum dia.

O "passa-muralha"

Ao termo de cálculos muito complexos e que requerem muitos anos o soviético Ivanenko avançou a hipótese de que ao fim de um tempo muito longo o "graviton" deve desintegrar-se e produzir radiação eletromagnética. Em 1959, o britânico Dirac foi ainda mais categórico, pois pretendeu que o "graviton" é impalpável porque é constituido de partículas que nossos aparelhos são impotentes para "perceber": os "neutrinos". A caça aos "neutrinos" durou vários anos, sem que se pudesse apontar esse estranho objeto. Mas o cientista norte-americano L. Clyde Cawan demonstrou a existência do "neutrino".

O "neutrino" possuiria a propriedade inverossimil de atravessar a matéria, qualquer que seja: o aço mais compacto, granito em fusão ou folha de papel de cigarro. Um raio de "neutrino" constituiria autenticamente a "faca passa-muralha" dos romances de ficção científica. Essa concepção explicaria assim porque todos os corpos pesam, isto é, porque possuem uma gravitação e porque essas gravitações se atraem mutuamente.

Perspectivas absolutamente extraordinárias, inimagináveis, seriam então abertas ao homem, se este conseguisse um dia domesticar os "neutrinos", como domesticou os átomos, os eletrons, os neutrons e os protons. Suprimiríamos à vontade o peso dos objetos. Nossas casas flutuariam como brinquedos que flutuam numa tina de água. O problema dramático das construções urbanas estaria resolvido, pois nossas habitações se localizariam no céu, onde tivessemos escolhido e com a liberdade do ninho de passarinho. Os astrônomos não precisariam mais esperar que o Sol estivesse visível para observá-lo. Seus telescópios de "neutrinos" atravessariam fàcilmente a massa da Terra. Talvez seja nesta pista que iremos encontrar a mais formidável revolução científica de todos os tempos.

Baseados em teorias da época, cento e cinqüenta anos atrás renomados matemáticos demonstraram que os navios a vapor jamais poderiam atravessar o Atlântico, o consumo de combustível, diziam, seria enorme etc. Em 1903, o professor Simon Newcomb, famoso astrônomo norte-americano, escrevia que o avião nunca poderia transportar o pêso de um aviador etc. (ainda bem que Santos Dumont não leu isso!) Nos faz lembrar o caso do besouro, que teòricamente não pode voar, é um vagão com asa de papel, mas êle não sabe disso... e voa!

Há pouco mais de 25 anos podiam-se ler no recém-editado livro "A Observação dos Céus", de Forest Ray Moulton, estas palavras sôbre as viagens interplanetárias:

"Pode-se afirmar que não existe possibilidade alguma de uma tal viagem nem a possibilidade de qualquer tipo de energia necessária para desprender-nos das garras da gravitação terrestre. Não há nenhuma teoria que nos guie através dos espaços interplanetários na direção de outros mundos".

Isso vinha dito em um livro de divulgação científica bastante sério, mas é explicável. Naquela época a astronáutica era assunto limitado a estreitos círculos, a um tal ponto que, quando em 1929 se procurou conseguir personalidade jurídica para a Sociedade de Astronáutica alemã, as autoridades objetaram que a palavra astronáutica não figurava em nenhum dicionário do idioma alemão e que o público não entenderia os propósitos da sociedade. Foi mister uma pequena batalha legal para que a côrte decidisse que eram necessários neologismos para as novas invenções. Eram os tempos em que Tsiolkovski — o "pai da astronáutica", que estabeleceu os princípios básicos da teoria dos foguetes, Zander, Oberth, Tijonravov, Hohmann e outros precursores trabalhavam de olhos postos em um futuro mais ou menos longínquo. As palavras de Ray Moulton, que hoje nos parecem estúpidas, explicam-se também por que desconhecia a existência de um folheto, editado 5 anos atrás por um arquiteto alemão, o doutor Walter Hohmann, sob o título *"Die Erreichbarkeit der Himmel korper"* (traduzindo-se literalmente: "A alcançabilidade dos corpos celestes") em que não sòmente se examinava de maneira rigorosamente científica a possibilidade de viajar da Terra para outros planêtas, como inclusive se calculavam as trajetórias da nave cósmica. O folheto, escrito em linguagem excessivamente técnica, passara despercebido do público.

Objetivo russo: Lua, Vênus, Marte

Mas em fevereiro de 1961, um foguete soviético é lançado no espaço com direção à Vênus, seguindo uma das trajetórias previstas por Hohmann quando a astronáutica não passava de quimera e movendo-se de acôrdo com os princípios estabelecidos pelo genial Tsiolkovski há mais de meio século atrás.

Logo a seguir, tres lançamentos sucessivos de satélites artificiais; depois, tres disparos de foguetes à Lua, um que passou bem perto dela, outro que a atingiu em cheio e o último que fês a volta completa em seu redor; em seguida, outra série de lançamentos destinados a estudar as possibilidades do vôo do homem ao espaço extraterrestre; o disparo a Vênus, ("Venusik", que perdeu o contato com a Terra), e nova série de lançamentos de "Vostok" tripulados. Quando se passa em revista os experimentos espaciais soviéticos, percebe-se uma seqüência lógica nêles. Certamente os experimentos obedecem a um plano, era comum verem-se na imprensa soviética referências a certo "Projeto LVM". As tres letras correspondem às iniciais de Lua, Vênus, Marte. O projeto se referia à exploração dêsses corpos celestes na ordem indicada. Com ajuda de computadores eletrônicos, a seção competente da Academia de Ciências da URSS estava calculando as diversas trajetórias possíveis, o consumo de energia requerido em cada caso, a carga útil dos foguetes as razões de massas e muitos outros detalhes técnicos que exigiam uma cuidadosa preparação prévia. Muito antes de se ter escutado o *bip-bip* do primeiro *sputinik*, já tinham sido feitos os cálculos, por exemplo, de mais de mil trajetórias possíveis em um vôo a Marte.

Cabe, por conseguinte, aguardar novos lançamentos a Vênus. Depois, de acôrdo com o plano estabelecido, começará a exploração de Marte.

Objetivo americano: Lua, Marte, Vênus

Os Estados Unidos depois de sucessivos êxitos em seus lançamentos (inúmeros foguetes colocaram satélites, girando em redor da Terra, do Sol e foguetes em direção a Vênus e Marte) empenharam-se num programa de vários bilhões de dólares, com vistas a que tripulantes norte-americanos fossem os primeiros a chegar à Lua. O próximo objetivo espacial será a exploração de Marte, segundo afirmaram os cientistas. Depois da Lua, Marte constitui a escolha mais evidente, por ser o planêta da família solar em que mais se crê possa haver vida humana.

Dos globos que fazem parte do nosso sistema solar, no dizer dos astrofísicos, dois deles — além da Terra — poderiam hospedar formas de vida mais ou menos semelhantes às que conhecemos: Vênus e Marte. Não que nos seja dado encontrar neles cópias do homem, naturalmente. Mesmo admitindo-se que a evolução houvesse percorrido o mesmo caminho que percorreu a Terra, a diversa gravidade daqueles corpos, a diversa composição da sua atmosfera e a distância do Sol levam a duvidar que ali exista uma raça muito próxima da nossa.

Remontando ao passado remoto da Terra, veremos que criaturas muito mais dotadas do que nós surgiram na ribalta. Monstros poderosos, aparentemente irresistíveis, insetos como a abelha e a formiga, já tinham desenvolvido uma admirável forma de vida social, bem antes que o homem saisse das cavernas. Mas, com a mudança das condições ambientais, os primeiros desapareceram, vítimas de seu próprio tamanho, enquanto os segundos não conseguiram afirmar-se justamente devido às suas minúsculas dimensões.

Pela sua estatura e constituição, o homem logrou todavia sobreviver a todas as difíceis provas a que a natureza o submeteu e conseguiu agir com êxito em todos os climas e em todas as regiões do seu globo. "Nenhuma outra criatura — escreve Desiderius Papp — conseguiu até hoje adaptar-se de forma tão precisa a perfeita às condições de existência do nosso planêta. E sendo o homem a criatura mais apta tornou-se o senhor da Terra. Este fato fornece-nos, uma base para julgar das possíveis formas de vida em outros corpos celestes. Isso porque a adaptação não é uma lei da Terra, mas da vida, e deve portanto ter condicionado, também em outros planêtas, e evolução das criaturas orgânicas; deve ser válida tanto em Marte e Vênus quanto em nosso mundo. Em outros planêtas a raça dominante pode também ser a mais adequada. Entre mil formas de existência orgânica também a natureza de Marte ou de Vênus pode ter elevado ao grau de "homens" tão só os animais superiores mais estreitamente apropriados ao ambente vital".

Bastar-nos-ia levar um pinguim à África ou um tigre ao Alasca para ter uma confirmação do que declara o astrofísico germânico. Se quisermos uma prova disso, em escala planetária, será suficiente voltar o pensamento para a projetada conquista espacial. Há alguns globos onde jamais poderíamos pôr os pés, os que possuem um volume maior do que o terrestre massa maior e força de atração consequentemente superior. Com efeito, um homem de 65 quilos pesaria 163 em Júpiter e seu esqueleto, com todos os seus orgãos, seria submetido a fadigas inimagináveis, a torturas infernais, que o condenariam a uma morte atroz.

Mudança de populações

Muito humoristicamente se afiguraria, ao contrário, a possibilidade de existência em corpos celestes dotados de uma gravidade inferior à do nosso (na Lua, por exemplo, onde 65 quilos "terrestres" se reduzem a 10, e onde assistimos pela televisão os pulos de alegria dos primeiros astronautas que ali desceram). Mas ainda não está dito que tais condições não provoquem, pouco a pouco, graves distúrbios físicos e psicológicos. Parece, até, ser exato o contrário, uma vez que nem todos suportam bem a ausência de gravidade, como astronautas russos e norte-americanos, ainda que por breves períodos.

Somente nos mais infantis romances de ficção científica os astronautas desembarcam com extrema desenvoltura em planêtas bem diferentes do seu mundo de origem, ali se estabelecem e iniciam a sua conquista. Na realdade, uma "mudança de populações" entre os globos do sistema solar constituirá problema árduo, problema que se tornará certamente quase insolúvel se o considerarmos em relação aos corpos extra-solares: diferenças embora mínimas de massa, de atmosfera e de condições ambientais, em geral, poderiam tornar a permanencia em outros globos absolutamente impossível.

As nossas extraordinárias faculdades de adaptação poderão talvez assegurar-nos, em troca de longas lutas e de grandes sacrifícios a cidadania honorária marciana ou venusiana. Todavia, só incalculáveis milênios de evolução nos dois planêtas próximos permitirão que os dominemos plenamente, fazendo com que renunciemos a muitas das nossas características físicas e psíquicas, adaptando o nosso aspecto, os nossos sentidos e as nossas faculdades às exigências do mundo estranho, aproximando-nos dos seus eventuais habitantes.

Não se nos afigura muito afastada da realidade futura uma cena descrita pelo escritor norte-americano de Ficção Centífica F. Young: Estamos no quinto milênio depois de Cristo. Desde muito a Terra, após as primeiras experiências de colonização planetária, renunciou aos vôos espaciais, conciderando-os inúteis e preferindo apelar para outros recursos, com o objetivo de assegurar uma vida longa e feliz a seus habitantes.

Criaturas incapazes de falar e ouvir

Certo dia para surpresa geral pousa bem no meio do imenso aeroporto de Atlântida (capital do continente homônimo desaparecido, e trazido novamente à luz, na estória) uma grande astronave, da qual descem sêres gigantescos, peludos, sem orelhas, um respiradouro no lugar do nariz, e boca semelhante à dos peixes. Estas criaturas são incapazes de falar e ouvir, e entendem-se entre si graças à telepatia.

O mundo todo fica em polvorosa com esse extraordinário acontecimento. Contudo os que se mostram mais surpreendidos são os recém-chegados, que perguntam se a Terra foi sobrepujada por outra raça. Cruzam-se as perguntas. As tentativas no sentido de uma compreensão mútua são muito árduas, mas finalmente vem à tona a incrível verdade: os astronautas são descendentes de uma colonia terrestre que, cêrca de tres mil anos antes, se recusara a abandonar Marte. No curso dos séculos, os homens no planêta vermelho adaptaram-se à sua natureza!

Deixando de lado agora a ficção de Young, a verdade é que só poderemos conquistar os globos cujas condições nos são adversas se estivermos dispostos a pagar um preço muito elevado, renunciando a boa parte de humanidade e transformando-nos em "monstros". Porque assim nos parecerão sem dúvida alguma, os eventuais habitantes de Marte e Vênus: sêres muito afastados de nós, que só possuem, com as criaturas terrestres, um ponto de contato — os olhos.

Observemos por um instante as formas de vida existentes em nosso globo. Existe um insuperável sulco entre espécie e espécie, amiude um abismo. Entre todas as diferenças anatômicas e sensitivas, somente o orgão visual nos une. Mamíferos, pássaros, peixes, répteis e anfíbios possuem olhos quase iguais, embora de gamas diferentes. Ainda que diversos peixes possam captar os raios infravermelhos, que os insetos dominem a esfera dos raios ultravioletas, e que o homem seja cego para uns e outros, a base do aparelho visual é igual para todos, da córnea à lente, à retina, existente até em muitas plantas.

Enxergamos, portanto, com os mesmos olhos dos marcianos dos venusianos, dos outros prováveis habitantes do sistema solar, porque os nossos orgãos visuais podem captar as radiações do astro que a todos ilumina.

Quando Daguerre inventou a máquina fotográfica, contruiu, sem saber, uma cópia do olho humano. Mas Edison, com o microfone, criou algo completamente diferente dos nossos ouvidos. E o orgão da audição já se apresenta, na Terra, bem diferente de espécie para espécie. Os mamiferos possuem um pavilhão, os pássaros uma simples passagem que conduz a um aparelho auditivo interno, os répteis e os anfíbios dispõe de um orgão rudimentar, os peixes "ouvem" com a cabeça.

Os olhos de todos os sêres existentes em nosso sistema devem, muito pelo contrário, ser fundamentalmente semelhantes, uma vez que foram criados, segundo dissemos, sob a mesma luz. Talvez pudessemos encontrar pupilas que, como as de algumas criaturas terrestres, estivessem em condições de perscrutar o fascinante mundo dos raios infravermelhos e ultravioletas, mas não órgãos visuais abertos para horizontes mais fantásticos.

"Sêres que fitam o mundo com olhos Roentgen, capazes de ver através das rochas ou de placas de ferro — simplifica Papp — ou criaturas que enxergam com os olhos do corpo os raios elétricos com que nós, homens radiotelegrafamos, não existem por certo em nosso sistema solar. Não podem existir pela simples razão de que o nosso Sol não emana tais raios. Os olhos de todos os sêres vivos, tanto em Marte quanto na Terra, numa lua de Urânio como numa de Netuno, estão adaptados à luz solar e devem ser cegos em relação a raios que não estão contidos nessa luz, pois a natureza não faz nada sem um sentido e um objetivo. Naturalmente, segundo veremos nas nossas migrações através dos campos do Universo, existem também no espaço cósmico sêres dotados de olhos Roentgen: não no nosso mas em outros sistemas solares".

A atmosfera marciana não permite propagação de sons

Prosseguindo na sua tentativa de traçar um paralelo entre o gênero humano e os habitantes de outros planêtas, lembra o estudioso germânico que o sangue quente permitiu que nos tornassemos os senhores da Terra, capacitando-nos a sobreviver até às estações mais frias, embora não seja necessário aos habitantes de globos que não conhecem os rigores invernais.

Quanto ao coração, é necessário para a circulação, para fazer com que o fluído vital circule de baixo para cima. Dada a estatura erecta que nos é própria, necessitamos de um aparelho complicado, de quatro compartimentos (o coração dos anfíbios só possui tres, o dos peixes dois e o dos invertebrados não passa de uma bomba elementar). Será muito mais simples, todavia, o orgão correspondente das criaturas de planêtas dotados de menor gravidade; incrivelmente complexo o dos eventuais habitantes de gigantescos corpos celestes. E quanto ao sangue? Talvez flua nas veias dos habitantes de outros "mundos do oxigênio". Não esqueçamos porém que as plantas resolveram de outra forma, e não menos brilhantemente, o problema da respiração.

Para se comunicarem entre si, os "marcianos" do ficcionista Young recorrem à telepatia, pois a atmosfera rarefeita do seu planêta não permite a propagação de sons. Na Terra existem também numerosos indivíduos dotados de faculdades telepáticas. Em matéria de sistemas de comunicação, o nosso globo oferece-nos um mostruário vastíssimo, desde a linguagem eletromagnética das formigas à das abelhas, baseada nos movimentos e nos sinais; desde a forma de se entenderem por meio do tato e dos aromas, própria de muitos insetos, às comunicações luminosas dos peixes abissais.

"O órgão auditivo do homem — observa com exatidão Papp — continua sendo uma criação terrestre, e a compreensão por meio de ondas sonoras, a linguagem, é somente uma das cem possibilidades de troca de pensamentos entre dois sêres da mesma espécie". E concluindo: "É inútil buscar reproduções exatas do homem fora da esfera da nossa Terra. Inúmeras são as formas com que a vida, sempre renovada e criadora, se veste em outros mundos. O traje que se tece em outros corpos celestes não pode ser idêntico ao que melhor se adapta à Terra e, portanto, a mais terrestre de todas as criaturas: o homem".

Como seriam afinal os sêres de outros planêtas?

Algo como nós próprios? Ou alguma coisa deficiente e pequena, oprimida e fraca? Ou sêres de formas superiores às nossas, que farão os homens, parecerem ridiculamente primitivos?

Um ente pensante ou um que esteja além do pensamento?

Quais são as possibilidades biológicas?

Formas superiores poderão ser diferentes das nossas, ao menos tanto quanto as formas elevadas de vida na Terra se diferenciam entre si, acredita o Dr. Hermann J. Muller, especialista em genética e detentor do Prêmio Nobel.

Mas qualquer inteligência de alto nível, em qualquer lugar, precisaria, conforme pensa Krafft Ehrick, da *Convair Astronáutics:* 1) orgãos de visão, audição e olfato situados perto do cérebro (o conjunto formando uma cabeça); 2) uma armação de ossos para contrabalançar a gravitação; 3) um sistema de conversão química correspondente ao nosso coração e pulmões(presumindo-se a vida baseada na aspiração de oxigênio ou outro gás).

Tudo isso não significaria que uma determinada forma de vida se pareceria conosco, mas que poderia parecer, ou mesmo ser como nós. No tocante a reprodução sexual, pode ser que não sejam dois, os sexos, e sim mais. E que as relações reprodutoras não envolvam contato sexual íntimo — o que aliás, caracteriza muitas plantas e animais terrestres.

O professor de Astronomia de Harvard, Harlow Shapley, disse um dia que se pode aceitar razoàvelmente a existência de cem milhões de mundos onde a evolução natural pode criar formas de vida mais altas do que a nossa. Por seu lado, outro professor de Harvard e ex-presidente da Associação Americana de Antropólogos, William Howells, afirma no seu livro "Mankind in the Making" (Espécie Humana em Formação) que tudo parece indicar que a forma do corpo em outros lugares do universo variará segundo as circunstâncias encontradas no processo da evolução e é provável que os sêres humanos dos outros mundos tenham (probabilidade sensacional) mais duas pernas para andar e não caminhem verticais como nós.

Homens verticais ou horizontais?

Atualmente, sabe-se que a verticalidade do homem foi um acidente fortuito e nem sequer um acidente magnífico, visto que tem inconvenientes — o mais sério dos quais é sofrido pelas mulheres durante a gravidez: o perigo do abôrto, o que não ocorre com as fêmeas das outras espécies. Por outro lado, a verticalidade foi propícia ao cérebro (a esta circunstância devemos seu prodigioso desenvolvimento). Ao que parece, para as restantes funções é melhor a horizontalidade.

Sabe-se que há milhares de milhões de mundos como o nosso e, portanto, milhões de milhões de sêres inteligentes, muito mais avançados do que nós — segundo Harlow Shapley. O antropólogo, professor — Howells, pergunta: "Serão êsses sêres verticais e terão duas pernas e dois braços como nós ou quatro pernas e dois braços? Terão talvez vários pares de patas como os insetos?"

A conclusão de todas estas reflexões é que em muitos dêsses mundos o homem tem, provàvelmente, a aparência de centauro. Nesse caso sua vida deve ser muito diferente. Não devem ter cadeiras e mesas para comer, nem camas, nem automóveis, nem trens. Perguntamos a nós próprios que espécie de superioridade sobre nós pode haver na vida prática dêsses possíveis centauros. A primeira pessoa que o revelar terá feito algo de notável, por que aquilo de que mais precisa a humanidade da Terra, por ora, é outro tipo de humanidade com a qual se possa comparar para chegar a conhecer a si própria. A comparação com os macacos, os ratos e as aves não basta.

O papel das mãos

O homem deve seu triunfo, na ordem das hierarquias animais, à sua fraqueza. Não podendo nas longínquas origens correr como o gamo, nem morder como o lôbo ou tigre, nem voar como a águia e nem sequer matar com uma unha venenosa como o escorpião, teve de usar a mão para agarrar um pau ou uma pedra, depois as duas para os polir a seu gôsto e com êste fim teve que pôr-se em pé. Uma vez começada a tarefa de fabricar defesas, veio a de torná-las mais eficazes e melhores. Fabricou ferramentas, mantendo-se a maior parte do tempo com a espinha dorsal erguida.

A verticalidade alterou as vértebras cervicais e a forma do cérebro, que na nova posição foi aumentando de volume. A caixa craniana também aumentou, até ter a forma que apresenta hoje. Agora não somos necessàriamente sêres verticais, mas sim sentados ou sedentários. Não caminhamos apenas, mas usamos carro, trem, avião ou bicicleta. Algumas diferenças e mudanças virão se continuarmos assim no correr dos séculos. Pernas mais curtas e braços mais longos? Nesse caso iríamos voltando a tomar a aparência dos grandes macacos selvagens.

Ao sair do mar, há centenas de milhões de anos, tínhamos só quatro remos ou apêndices, que tinham começado a se manifestar milhares de séculos antes, em forma de asas natatórias. Fizemos delas, ao correr dos tempos, duas mãos e dois pés, mas os outros grandes vertebrados mamíferos não se levantaram sôbre suas patas traseiras. Alguns cresceram como o cavalo e o elefante. Outros, como os ratos, diminuíram.

Se nós proviéssemos de alguma espécie de peixes primitivos, que tivessem mais de quatro apêndices natatórios, teríamos agora, talvez, a aparência do centauro. Howells diz: "Apostaria, com a certeza de ganhar, que os primeiros homens que encontraremos em outros mundos não serão bípedes. Tampouco serão quadrúpedes, mas sim bimanos-quadrúpedes-hexapodes. Isto é, sêres com duas mãos e quatro patas. Os homens dos outros mundos, se não são bípedes, não terão tamanho diferente do nosso. Mas se são centauros, serão tão grandes ou maiores do que um cavalo vulgar e, ao mesmo tempo, inteligentes ágeis e de reflexos rápidos".

Continua Howells: "Êles devem "ver" coisas que nós apenas "sentimos", como o comprimento das ondas de calor, ou "sentir" coisas que nós "ouvimos". Os seus "ossos" ou o que sejam devem estar diferentemente dispostos. Mas êles deverão ter tôdas essas coisas".

E ainda mais: "êles" têm de possuir meios de locomoção, um sistema nervoso e um sistema de circulação. Há grande possibilidade de que tenham também uma crista e uma cauda".

"Êles" andarão, deslizarão, rastejarão, nadarão ou voarão? O dr. Howells pensa que provàvelmente "êles" se moverão sobre o solo com auxílio de alguma espécie de membros. As criaturas voadoras, quando em terra, se tornam lindas, mas estúpidas, pois têm de desenvolver os seus cérebros em função de vôo. O oceano não é um tão bom lugar quanto a terra para que nêle se desenvolva uma vida inteligente, "embora isso não seja impossível".

Criaturas que têm membros devem possuir mãos e provàvelmente dedos (não importa quantos) para poderem realizar trabalhos complexos. Provàvelmente terão dois braços. O dr. Howells pensa que, por simetria, tanto poderão ter quatro pernas quanto duas.

Serão gigantes? Ou simples miniaturas? Quem será um brinquedo de quem, quando nós finalmente nos encontrarmos?

O dr. Howells acredita que, provàvelmente, "êles" serão mais ao menos do nosso tamanho, embora mais toscos e fortes. Fracas e delgadas criaturas tendem a possuir cérebro simples e não sobrevivem muito tempo. Por outro lado, criaturas enormes precisam de grossas e tôscas pernas e, além de certo ponto, tornam-se impossivelmente pesadas. "Êles" podem ser maiores do que nós, entretanto, sem desvantagem, especialmente se tiverem quatro pernas.

Homens "postes" ou "lagartos"?

Outras autoridades têm conjeturado acêrca de atmosferas diferentes da nossa. E dizem que em um planêta de menor gravidade e atmosfera mais rarefeita, como é o caso de Marte, poderemos encontrar sêres delgados e altos como postes de telefone, que precisam de uma grande bôca, enormes narinas e vastos pulmões para respirar. Anatômicamente e fisiològicamente um ser marciano deverá diferenciar profundamente do homem da Terra, devido as condições climáticas vigentes naquele planêta. Já em outro planêta de grande gravidade e atmosfera densa, deveremos deparar com "coisas" parecidas com lagartos, achatadas, de pele grossa.

Poderemos encontrar criaturas que têm olhos extra (na parte de trás da cabeça ou na cauda) e um cérebro auxiliar.

"Dois braços, não três" — diz Howells, porque as criaturas deverão ser simétricas como nós; e não quatro, porque a coordenação seria provàvelmente muito difícil para proporcionar eficiência. Cinco dedos parecem um bom número, talvez o mínimo.

Se tiver duas mãos com cinco dedos cada uma é possível esperar que tenha desenvolvido um sistema decimal de números como nós. Poderemos sem dúvida esperar mãos e dedos em qualquer ser inteligente que venha do espaço.

"Se alguma coisa podemos aprender de nossa evolução observa Howells — é que precisamos ter sido capazes de fazer coisas para tornar-nos humanos. E tôda nossa luta foi criar e libertar mãos para fazer coisas com elas. Sem dúvida, sem elas não teríamos tido cérebros grandes".

Depois de especular sôbre como seria o ser inteligente criado pela evolução em um mundo distante, Howells considerou se a cadeia de evolução que produziu o homem poderia ser repetida.

"Supondo-se que num momento de progresso idiota nós realmente nos exterminássemos? O Homo surgiria de nôvo?"

Todos os antigos ancestrais do homem desaparecem, levados à sepultura pela competição humana. Existem ainda os grandes símios, mas êles provàvelmente são especializados demais para dedicar-se ao uso mais livre das mãos. Os macacos menores talvez servissem se alguma coisa tornasse isso compensador para sua espécie. Nesse caso o novo homem talvez tivesse cauda. Na realidade, porém, os macacos não fizeram movimento algum no sentido de imitar os ancestrais humanos durante cêrca de 35.000.000 de anos. Nenhum outro dos grandes mamíferos desta terra serviria para dar início à linha evolucionária do homem.

"Cavalos, cães, elefantes, todos estão profundamente comprometidos em ser o que são".

A próxima tentativa — conclui Howells — teria de partir de um mamífero bem inferior, repetindo trabalhosamente toda a história primitiva. Todavia, antes que o pequeno mamífero pudesse agora iniciar a linha evolucionária, o mundo precisaria ficar limpo da espécie de competição capaz de esmagar os descendentes daquele mamífero. Para isso seria preciso eliminar a maioria dos mamíferos maiores.

Agora veremos que aspecto poderiam ter, os habitantes dos outros mundos, segundo os estudiosos russos: alguns biólogos, antropólogos e zoologos pendem para teorias que se aproximam muito das sustentadas pelo alemão Rensch e pelo norte-americano Howells, segundo os quais a evolução de sêres superiores só poderia ter-se verificado num caminho muito estreito.

Aves de quatro pés

Se o aspecto das origens inteligentes da Via Láctea não nos apresentar surpresas, teremos em compensação, no dizer do professor S. Turaniev, uma infinita, inimaginável variedade de animais e de plantas. A Terra já nos oferece, a propósito, uma série impressionante; a natureza dos outros mundos com características diferentes, poderia ter desenvolvido o tema com variações para nós absurdas: veríamos, assim estranhos animais sob forma de peixes "nadar" na terra firme, numa atmosfera densa, conchas e polvos aquecer-se aos raios de um sol que nada tem em comum com o nosso, aves de quatro pés, répteis com asas de morcêgo, mamíferos empenados e outros sêres que fogem a toda classificação.

Uma destas tres suposições deveria prevalecer para os russos:

1 — Existem, em outros mundos, sêres inteligentes, cujo aspecto não difere substancialmente do nosso.

2 — A raça humana não teve origem na Terra, mas aqui chegou de outro corpo celeste.

3 — A história do nosso gênero é comparável a um volume do qual só conhecemos os últimos capítulos; num passado remotíssimo, os homens já haviam chegado à astronáutica e estiveram em outros planêtas, realizando a seguir diversas viagens ao seu globo de origem, que voltou a mergulhar na barbárie.

A chave do enigma

Alguns estudiosos soviéticos levam em consideração também estas duas últimas possibilidades, convencidos de que em algum ponto da Terra se esconde a chave do enigma e seguem o seu fantástico sonho em todas as partes do mundo, da América centro-meridional à Europa, da África setentrional à Ásia central. Os arqueólogos vem trabalhando há anos nesta imensa região, seguindo sobretudo os vestígios apontados pelo seu ilustre patrício Ossendovsk, após uma viagem de estudos realizada em 1920 e 1921, da Rússia à China.

O professor Ossendovski foi um dos primeiros pesquisadores que atrairam a atenção da ciência para o gigantesco conjunto de galerias nas proximidades do rio Amu Darja (Turkmemenistan e fronteira russo-afgani). Afirma-se que tais tuneis se estenderiam sob toda a Ásia Central; só alguns trechos foram explorados até hoje, sem resultados dignos de destaque: mas ligam-se-lhes lendas que têm muitos traços em comum.

Ossendovski fala no fabuloso reino subterrâneo de Agharti, cujo mito data de 60 mil anos atrás, pelo menos; outros pensam na obra de exploradores espaciais que chegaram, em tempos imemoriais, numa ilha do extinto Mar de Gobi; outros, ainda (entre os quais o célebre orientalista Nichola Roerick), acreditam que as galerias sejam as artérias do misterioso império de Shambhala, cujo sonho, Maitreya, estaria dormindo há milênios, com seus acompanhantes e os seus fascinantes segredos, à espera de que os habitantes da Terra evoluissem extraordináriamente, mostrando-se dignos herdeiros de uma grande civilização estelar.

Com muita probabilidade todas as lendas tem a mesma origem, e fato — pelo menos estranho — difundiram-se de um extremo a outro do grande continente, com variantes que se reduzem aos nomes e a poucos pormenores. Existe, mesmo quem afirme ter visto Maitreya em plena hibernação artificial: alguns mongóis cairam num poço, e enquanto procuravam a saida através de intrincadas passagens, teriam deparado com o que a seguir se revelaria uma espessa parede de cristal; e além do obstáculo teriam visto o "gigante de cabelos de ouro" vindo do espaço, que aguarda o despertar num salão guardado por "feras de ferro que nunca dormem".

O diálogo dos mundos

Com relação aos sêres existentes em outros mundos, uma pergunta está sempre no ar: Por que não procuram se comunicar agora, com a Terra, os habitantes de outros planêtas? Talvez êles tenham, nos observado bastante e chegaram à conclusão que não estamos ainda preparados para um encontro. Talvez sejam sêres de uma inteligência muito mais desenvolvida e nos considerem primitivos a ponto de não merecer atenção. (O homem terráqueo procurou fazer-se entender pelas espécies animais considerados inferiores?) Talvez fôsse impossível a comunicação sobre os dois mundos, pela diferença física.

Essas raças poderiam encontrar dificuldade em se expressar. Talvez não produzissem som algum, ou pelo contrário, produziriam sons mais altos que a nossa escala sonora, de modo que não poderíamos escutá-los. Tais sons existem, os cachorros escutam alguns, que para nós passam despercebidos. Também poderá ser que os sons de suas vozes, sejam tão diferentes que não podem pronunciar nossas palavras, ainda que entendam nossa língua, pois nos estudaram muito tempo.

Como fará o homem para se comunicar com sêres de outros mundos? E se esses indivíduos estiverem em outros planos? Explicarei melhor: aqui mesmo na Terra os animais vivem em níveis psíquicos não coincidentes: nível humano, nível macaco, nível peixe, nível bactéria. É possível que o terráqueo vá encontrar sêres cujos níveis psíquicos não estejam no mesmo plano que o nosso. A lei geral da Psicologia Animal, segundo Jacques Laconte, diz o seguinte: "o homem pode estabelecer relações com todos os sêres vivos, contanto que estes pertençam a um nível inferior, ou melhor, que o nosso nível o possa abranger ou abarcar". No caso terrestre, todos os níveis animais guardam uns com os outros uma mesma origem evolutiva. No caso de sêres extraterrestres, ligados a outras linhas evolutivas, ignora-se se a Lei da Psicologia Animal ainda possa ser aplicada. Talvez o homem não possa penetrar no nível intelectual dos habitantes de outros mundos, porque estes situam-se muito acima do nosso nível, tanto quanto as abelhas não podem se comunicar conosco.

No caso de nos igualarem em níveis psíquicos, o que parece pouco provável, mesmo assim as comunicações poderiam ser diferentes. Mas se tiverem cordas vocais, estatura ereta e outras características humanóides, o contato seria muito mais fácil. Suscitaria para nós terrestres, sérios problemas psicológicos, ou seria benéfico para a humanidade, esse contato? Por essa razão, os sêres de outros mundos evitariam assustar-nos, assumindo um comportamento inicial através do qual os homens se acostumassem à sua presença, de maneira a nos preparar para o passo seguinte, que seria a inter-comunicação? Mas por que demoram tanto? Devem existir muitas razões pelas quais sêres extraterrestres, evitam contato conosco.

"Superioridade tecnológica não implica obrigatòriamente em superioridade intelectual. Sêres de mesma identidade intelectual podem ser tecnològicamente díspares, se pertencerem a épocas ou etapas históricas diferentes" diz o professor Flávio Pereira em seu "O Livro Vermelho dos Discos Voadores". O homem do século XX não é superior ao homem medieval. Pode ser até que os sêres que pilotam ou comandam naves espaciais de outros planêtas sejam menos dotados intelectualmente do que a espécie humana, porém mais velhos.

Inclusive o comportamento do ser que pilota nave espacial e evita entrar em contato com o terrestre, pode também não ser condizente com o grau intelectual dos construtores das mesmas naves espaciais. Seria o mesmo que afirmar que pelo fato de um sapateiro viajar de Boing, êle possui os atributos intelectuais pertinentes ao nível de cultura condizente com a tecnologia aeronáutica dos aviões a jato.

Sêres de outros mundos poderão ser mais antigos, porém menos inteligentes do que nós. Ou poderão ter trilhado um caminho diferente do nosso, mesmo usando tecnologia conhecida, ou através de meios totalmente inéditos e desconhecidos para nós.

Quanto à analogia anatômica entre o homem e os sêres extraterrestres, seria imprudente restringir a vida orgânica em geral, e a vida inteligente em especial, a padrões e formas que conhecemos na Terra. Devemos admitir que, dentre as espécies universais, algumas se parecerão conosco, enquanto outras serão muito diferentes de nós, por causa dos mecanismos químicos, físico-químicos e bioquímicos de seus organismos. Embora quimicamente estruturadas em outras substâncias que as que conhecemos, através da Bioquímica, poderiam aquelas espécies conservar o nosso esquema geométrico corporal, inclusive mecânicamente semelhante ao nosso próprio organismo.

Dentro da Cosmogonia, isto é da formação de estrêlas e planêtas há tantas teorias quanto são os autores especializados. O tipo mais comum de planêtas habitáveis deve ser o da Terra, embora esta seja excepcional por ter um satélite natural relativamente grande, a Lua. O planêta habitável típico deveria ter a mesma massa que a Terra, atmosfera semelhante, ciclo de rotação (sequência noite e dia), Sol de tamanho e aparência semelhante ao nosso etc. A maioria dos fenômenos físicos e metereológicos deverá repetir-se nesses planêtas, embora sempre com diferenças suficientes para tornar cada planêta um corpo distinto dos demais da mesma categoria.

Quanto aos sêres naturais desses planêtas, poderiam diferir amplamente, dependendo do curso preciso pelo qual a evolução biológica terá passado ali. Apesar das diferenças de detalhe; certos tipos básicos de formas vivas poderiam apresentar algumas características comuns. Exemplo: formas marinhas dotadas de capacidade de natação rápida deverão ter o corpo alongado, formas animais de ambientes secos deverão ter pernas locomotoras, e assim por diante. Em nenhum outro planêta, talvez, podemos esperar encontrar plantas ou animais que nos são familiares na Terra. Isso porque desde o menor vírus até a maior baleia, formas vivas que conhecemos são produtos únicos da Terra. Cada planêtas em que terão surgido e evoluido seus sêres vivos deverão possuir sua própria classificação natural dos organismos.

A respeito da ignorância em que estamos no tocante à biologia extraterrestre (ou Astrobiologia), o dr. J.

H. Rush, autor do livro "L'Origine de la Vie", diz: "sabemos tão pouco dos planêtas que podem existir em torno das longíquas estrêlas, que sôbre a vida ali só podemos conjeturar. Existirão, quem sabe, homens pequeninos, dotados de grandes cérebros e que estejam pilotando seus discos voadores através dos espaços — ou então estranhíssimos sêres exalando hálito de poeira de sílica, e se refrescando no vapor escaldante!"

Outra pergunta que se ouve sempre é: Só em Marte poderá existir vida mais ou menos semelhante à nossa? Marte é o planêta que mais se parece com o nosso, daí a conclusão que deverão existir tipos de vida semelhantes, mas é possível também, que sêres pertencentes a outros sistemas solares usem Marte como base de operação. Quanto à vinda de criaturas de outros sistemas solares, para cá, existem os que duvidam sempre: como podem fazer essa viagem se a estrêla mais próxima está a mais de quatro anos-luz? Ora, algumas raças poderiam ter suas vidas mais longas que as nossas, poderiam ter eliminado todas as doenças, poderiam viver centenas de anos (nossos cientistas afirmar que nós alcançaremos essa meta algum dia). Portanto uma raça que pudesse viver digamos 400 ou 500 anos, empregar vários dêles para uma viagem não seria muito. Além disso, nós conhecemos um máximo de velocidade êles conhecerão outras velocidades!

Os astrônomos dizem que planêtas de outros sistemas solares, estão formados pelos mesmos elementos da Terra, talvez em diferentes proporções. Alguns devem ser semelhantes à terra, com a mesma atmosfera, nesse caso não se pareceriam com nenhum monstro, seus habitantes. A evolução produziria a mesma classe de pessoas, animais ou aproximadamente parecida. Talvez a única diferença entre nós e a gente de outros mundos seja, que êles estão muito mais adiantados por que sua civilização começou antes. A humanidade terráquea não pode ser uma exceção, um privilégio único. Outros planêtas habitados existirão, portanto, no espaço não estamos sós...

LUA, VELHO ALVO DOS SONHOS HUMANOS, NOSSO SATÉLITE ESTÁ SENDO MOTIVO DE NOVAS EXPLICAÇÕES COM AS ÚLTIMAS EXPERIÊNCIAS CIENTÍFICAS. O FAMOSO ASTRÔNOMO DR. V. A. FIRSOFF, SUSTENTA QUE SINAIS DE VIDA SERÃO COM CERTEZA ENCONTRADOS NA LUA.

FORMAS DE VIDA SERÃO ENCONTRADAS NA LUA!

Trampolim de sonho, já transposto: fomos à Lua; primeira etapa. Amanhã, conquistaremos o sistema solar, Marte e Vênus.
Levantamentos feitos na Lua darão respostas para muitas questões científicas sobre a origem da vida.
Estudos mais apurados confirmarão, que alguma forma de vida se tenha adaptado às difíceis condições reinantes na Lua.
Fomos à Lua também para aprender a nos vermos um pouco mais seriamente e humanamente do que estávamos habituados.
O sêr criado pela evolução em um mundo distante, poderia ter células diferentes da nossa e viver em temperaturas, que tipo nenhum de vida terrestre suportaria.

Desde as eras mais remotas, ou seja, desde que o homem começou a estudar o céu e as estrelas, era crença generalizada que na Lua existiam sêres vivos mais ou menos semelhantes às criaturas da Terra. Cêrca de quinhentos anos antes de Cristo, predominava a opinião de que em Selene se desenvolvera uma intensa vida orgânica, com animais e plantas muito maiores que os do nosso planêta. Os partidários das chamadas ciências esotericas acreditam que ainda hoje existam na Lua cogumelos gigantescos, que crescem onde outroras árvores ávidas de sangue estendiam os seus monstruosos tentáculos para insetos de dimensões incríveis. Há naturalmente, os que acreditam que os selenitas, ou seja, os habitantes da Lua, ainda vivem escondidos em cavernas profundas.

A Lua, um paraíso, um jardim encantado, um mundo feliz. Era essa a idéia que os antigos gregos tinham do nosso satélite. Nas épocas seguintes, os cientistas e o filósofos mostraram-se menos otimistas, mas não renunciaram às utopias lunares, e passaram a considerar Selene "uma segunda Terra". Nada disso, pois o nosso satélite, além de não ter nada em comum com a Terra, é o que de mais diferente e contrastante se poderia imaginar.

A nossa pátria terrestre é um mundo verdejante, palpitante de vida, um maravilhoso oásis no espaço. O outro é um mundo morto, um espantoso deserto fustigado incessantemente pelos raios cósmicos e ultravioletas e bombardeado pelos meteoros. Não existe na Lua uma atmosfera como a nossa, para defender o globo contra as terríveis radiações, para desintegrar num fogaréu as pedras do infinito; não existe ar que possa gerar as nuvens e o vento, a chuva e a neve; não existe azul que possa ser percorrido por um arco-iris, iluminado pela aurora, matizado por um sugestivo ocaso.

O Sol ali aparece de improviso, fulgura em toda a sua potencia, qual ofuscante esfera branco-azulada, lançando no satélite sombras muito negras, não suavizadas pela atmosfera. A temperatura aumenta de chofre, atingindo e superando o ponto de ebulição da água. Decorridos catorze dias, ela baixa com a mesma subitaneidade; à noite o termometro desce a menos de 200 graus e o céu torna-se escuro como jamais o foi a Terra. A Lua é agora uma alucinante extensão negra onde as estrêlas resplandecem como globos de metal incandescentes.

Esqualidas planícies cobertas de pó caido do cosmos e acumulado no curso dos milênios, montanhas gigantescas, sinistras colinas, crateras, fendas, sulcos abertos pelas enormes mudanças bruscas de temperatura. Pó, pó por toda parte, sempre pó: eis o que é, na realidade, o "doce astro da noite", decantado por tantos poetas, a "pálida senhora do céu", a "rainha do silêncio". Nada de doçura e palidez! Tudo é tão cru nesse "calcinado cadáver cósmico" (como bem definiu von Braun), que o rincão mais desolado, em cotejo com ela, parece um lugar idílico. Contudo, nem mesmo depois que a ciência lançou um facho de luz sobre a natureza do satélite, sôbre essa bola rochosa, quarenta e nove vezes menor que a Terra (da qual dista 394 mil quilômetros, aproximadamente), os sonhadores desanimaram.

A conquista de uma nova visão

O homem desceu no primeiro, e o mais próximo, dos "corpos celestes": a Lua! Duas coisas parecem dominar o acontecimento. A primeira é a qualidade do sucesso técnico e humano. A segunda, a força simbólica da ação realizada.

Foi uma proeza verdadeiramente extraordinária, fazer funcionar absolutamente sem falhas, durante a viagem, e ficando em contato com a Terra, um dos sistemas mais complicados que o homem já construiu. Um dispositivo técnico que não traiu, com defeito de funcionamento ou avaria, as intenções humanas. Isso é possível presentemente, mas ninguém acreditaria vinte anos atrás.

Isto prova a que ponto de poder e segurança chegou a dominação e possessão humana — que Descartes chamava de a vocação da técnica científica moderna. Lefevre des Noettes, meditando sobre o progresso das técnicas medievais, notou que sem a invenção do leme de cadaste os navios de Colombo não poderiam ter enfrentado o alto mar, e a descoberta européia do Novo Mundo teria sido impossível.

Hoje, é a nossa recente cibernética, e muitas outras técnicas de uma virtuosidade quase vertiginosa, que tornam possíveis as naves espaciais e a viagem através do éter até o nosso satélite natural. Mais uma vez é a arte de pilotagem, agora formada rigorosamente à base de uma matemática imensa, que permite aos homens uma das suas mais essenciais vitórias sobre a condição natural: vencer o confinamento nativo de seu ser. Mesmo a própria Terra não é mais o lugar exclusivo da espécie; já se vai ao espaço e ao céu.

Eis-no ante o feito, em todo o seu valor simbólico. Não temos que escondê-lo: é por este valor simbólico que nossa geração o quis, assim que lhe pareceu possível; e que o povo norte-americano, econômicamente o mais poderoso da Terra, gastou dezenas de bilhões de dólares. Isto representa bem o preço que o homem está disposto a pagar para transformar em realidade alguns dos seus sonhos.

Para o Ocidente — até a época de Cristovam Colombo e mesmo até um século depois — os céus eram Deus, e os astros, inclusive a Lua, desde há muito reconhecido como o mais próximo de nós, eram de uma natureza completamente diferente da da Terra. Não se concebia que o homem pretendesse visitar esse mundo. No fim do século XVI, as idéias mudaram. Uma geração mais tarde, Cirano de Bergerac, espírito revolucionário para seu século, já imaginava os Estados do Sol e da Lua, assim como as fantasias que permitiam aos viajantes ali passear, para grande alegria da veia crítica dos terrestres. Mas, no fim tudo não passava de sonhos. Na realidade, continuava-se agarrado, por causa do peso da matéria, ao planêta natal.

O que existe de novo hoje, é o que fez sonhar e escrever durante dois ou tres séculos, de Swift a Julio Verne e a Wells.

Uma nova medida

Trampolim de sonho, já transposto: fomos à Lua; primeira etapa. Amanhã, conquistaremos o sistema solar, Marte e Vênus. Quem sabe o que faremos uma vez alcançados todos estes astros? Povoação, ou talvez evolução astrofísica provocada intencionalmente... E depois, a Galáxia, porque não? Quem encontraremos ai? Talvez localidades habitadas, os povos de guerra e amigos futuros... Mais longe, as nuvens de Fernão de Magalhães, Andromedas ou os cem bilhões de galáxias, de que a astronomia diz ser composto o nosso universo. Porque a inteligencia humana não conseguiria levar a espécie para um destino universal? Com a ciência executando os projetos de nossa vontade, livre e aventureira, nenhuma barreira poderá ser levantada.

Realidade que exige reflexão e que permite ao sonho renascer: já fomos à Lua. É a partir dela que os homens terão que estudar uma nova medida da Terra. Nosso planêta, temos, completamente sob o nosso olhar, maravilhoso, ternamente envolto pelas nuvens, como uma criança por seus cobertores. Para os astronautas norte-americano lá embaixo, três bilhões de sêres como eles, lado a lado no conjunto dos continentes, com seus indivíduos, povos, níveis de vida, culturas e convicções diferentes. E agora por intermédio de seus olhos, se preciso ajudados por um aparelho de televisão, é o nosso planêta que passa. A nossa Terra, ei-la; bela e desconcertante, sábia e infantil, capaz de tanta paciência admirável e de tanta violência vergonhosa. A consciência adquirida através dos séculos, está no olhar destes astronautas que contemplam o que foi até agora seu lar, agora também uma grande esfera no espaço.

A Terra do século XXI

Talvez seja isto o mais importante da viagem norte-americana à Lua: uma espécie de consagração do que deve haver de planetário em nossa consciência humana da Terra. Neste último terço do século XX, estamos todos destinados a uma grande revisão e, sob o risco de perecer no caos, a iniciativas ainda maiores.

Por que fomos à Lua? Para começarmos a fugir no infinito de um espaço imensamente deserto? Para nos aproximar-mos um pouco mais da Galáxia a bordo dos foguetes de que dispomos agora, seriam necessário quase cem mil anos de viagem. Pode-se então dizer que ter ido à Lua de nada serviu e que a aventura não tem prolongamento?

Não. Nos fomos à Lua também para aprender a nos vermos um pouco mais seriamente e humanamente do que estávamos habituados até aqui. Collins, Aldrin e Armstrong voltaram não para nos falar das Índias celestes e de seus Eldorados, mas para nos ajudar a compreender que a partir de agora começou a formação da Terra do século XXI.

O trabalho será superior aos dos antigos impérios que desapareceram. Ver-nos mais humanamente. Com mais coração, apesar do pesado escafandro científico que, simbòlicamente, o cosmonauta precisa vestir se quiser caminhar sem perigo no astro das noites. Não há dúvidas de que mesmo hoje, entre os homens, alguns serão capazes de reagir mais humanamente. Mas muitos deles pensarão que o êxito da Apolo-11 encerra uma era e proibe ao homem misturar qualquer vibração religiosa com esta reação humana. De nossa parte, parece que este acontecimento pode mais que ninguém ajudar o crente de hoje a olhar fraternalmente, com um olhar de filho de Deus, a Terra.

O primeiro homem a chegar à Lua encontrou um ambiente gélido e hostil, teve de usar trajes especiais de proteção contra a radiação solar que lá é muito mais intensa, em virtude da ausência de atmosfera. Por isso mesmo, o satélite, da Terra é um lugar ideal para observações científicas. Não há oxigênio, nem água, nem vento, nem nuvens, nem chuvas, nem atmosfera para deter a radiação solar e meteoros. Os espaçonautas precizaram usar trajes especiais dotados de tanques de oxigênio, rádios transmissores-receptores e linhas vitais ligadas constantemente à espaçonave. Contudo, essa ausência de atmosfera é precisamente o que torna a Lua tão atraente para os cientistas, pois assim a superfície primitiva do satélite permaneceu intacta e talvez ajude a reconstruir o aparecimento e os primeiros tempos da vida no sistema solar. Além disso, da Lua, será possível estudar o Universo com clareza extraordinária, livre do véu atmosférico que prejudica os telescópios da Terra. Com êsses objetivos em mente, os outros espaçonautas que seguirem para lá passarão os primeiros dias e noites recolhendo amostras da superfície da Lua, fazendo levantamento dos perfis sísmicos e fotografando acidentes lunares e aspectos astronômicos. Tantas vantagens apresenta a Lua como observatório que as futuras gerações se admirarão como pôde o homem descobrir qualquer coisa no céu enquanto permaneceu prêso à Terra.

Estudando o solo na Lua

A história do sistema solar está registrada na Lua e os levantamentos que lá foram realizados proporcionarão a resposta para muitas questões científicas sobre a origem da vida. Na Terra, a erosão, os ventos e as águas, assim como as erupções vulcânicas, exterminaram as camadas da superfície das primeiras eras do planêta. Mas a Lua conserva a mesma estrutura desde a época de sua formação. Os primeiros astronáutas que atingiram o nosso satélite fizeram suas primeiras observações como geólogos, colhendo amostras do solo e registrando reações sísmicas. Pela primeira vez, foi possível ao homem examinar sua própria fisiologia, fora do ambiente terreno. Outras observações interessantes foram as relacionadas com o comportamento do corpo humano na Lua, já que a gravidade nequele satélite é de apenas um sexto da da Terra. Fora da ação da gravidade, o homem realizará, certamente, uma série de observações que abrirão novas perspectivas ao conhecimento do corpo humano. A lua pode estar funcionando como depósito refrigerado, onde moléculas orgânicas nela depositadas talvez ofereçam indícios valiosos sobre a existência de vida em outros pontos do Universo. Esta é a teoria do Prêmio Nobel Melvin Calvin, que é diretor do setor biorgânico do Laboratório de Radiação Lawrence, da Universidade da Califórnia. Ao expor a tese, o dr. Melvin Calvin disse que experiências realizadas em laboratórios confirmam a possibilidade da existência de vida em outros locais do espaço talvez em forma superior à que conhecemos na Terra. O cientista disse que as pesquisas que se realizarem eventualmente na Lua prometem apresentar informes que de outra maneira não poderíamos obter a respeito. Explicou que a Lua, em sua trajetória pelo espaço durante milhares de milhões de anos, poderá ter servido de depósito para moléculas e fragmentos de matéria que talvez sejam reveladores.

Em discurso preparado para o Instituto de Ciências Biológicas dos Estados Unidos, que realiza reuniões em Corvallis, Calvin concebeu, novas idéias sobre a origem e desenvolvimento da vida, demonstrando que a energia emanada de partículas nucleares, em uma "atmosfera primitiva", pode originar a formação de moléculas orgânicas, que constituem o material básico para a criação de vida. Durante os dez últimos anos — segundo Calvin — outras experiências provaram que uma variedade de fontes de energia pode produzir as mesmas moléculas orgânicas e até algumas mais complexas. Essas experiências fortalecem a teoria de que há dois ou três bilhões de anos fontes naturais de energia criaram moléculas de crescente complexidade, que paulatinamente deram origem a uma forma molecular capaz de reproduzir-se, seguindo um padrão hereditário. Como as condições que imperavam então na Terra eram semelhantes às que prevaleciam em outros pontos do universo, Calvin acredita que certas formas de vida podem existir fora do nosso planêta.

Acredita também que estas formas podem ser superiores ou inferiores às que existem na Terra. Assinalou que há indícios de que no planêta Marte há vegetação, embora sobre Vênus nada de definitivo se possa dizer. Acrescentou que dentro dos próximos dez anos ou talvez antes teremos resposta às perguntas que se formularam em tôrno de Marte e Vênus, devido à exploração do espaço que se está levando a cabo. Essa viagem será o auge da fantasia? Absolutamente não. Trata-se de uma simples projeção das informações espaciais já bem conhecidas. A maioria dos cientistas concorda em que a chave dessa viagem ao espaço está na conquista completa e total da Lua. "Agora pela primeira vez, o homem pode, não apenas observar o espaço como fazia antes, mas com o emprego de foguetes, ir até lá e lá fazer experiências. Existe um tremendo anseio de pioneirismo científico no sentido de descobrir realmente o que faz funcionar o Universo. Sempre achamos que a satisfação dêsse anseio resulta também em um valor prático — ou, melhor, em muitos valores práticos", afirmava James E. Webb chefe da Administração Nacional de Aeronáutica e Espaço, diretor-geral do programa espacial americano antes do homem descer na Lua. "Os cientistas estão convencidos de que o próximo progresso, importante do conhecimento sobre o universo virá de um exame da Lua. Lá não há atmosfera. Lá há condições particularmente favoráveis para um exame de como o universo chegou a ter existência, de como evoluiu-se se quiser usar essa palavra. Planejamos colhêr e analisar amostras, medir abalos sísmicos na Lua, se houver, procurar possíveis fôrças de vida e obter uma ampla escala de dados científicos. Êsse é realmente o objetivo — principal. Não se trata apenas de fazer um homem pôr os pés na Lua. Há trabalho a realizar na Lua".

Que farão os homens depois de pousar na Lua?

A essa pergunta, o sr. Webb respondeu: "Vamos colocar na Lua alguns aparelhos que, segundo esperamos, serão capazes de transmitir-nos quantidades limitadas de informação sismográfica. Esperamos, fazer pousar aparelhos na Lua em velocidade suficientemente pequena para permitir a colheita de amostras do material da Lua e o envio de certa quantidade de informações — talvez algum tipo espectrográfico de análise. Ainda mais, teremos imagens de televisão quando êsse veículo aproximar-se da Lua. Teremos nêle câmaras de televisão para fixar imagens enquanto lá estiver. Teremos aparelhos que determinarão se lá há terremotos — ou, digamos, luamotos. Podemos aprender muita coisa sobre o interior da Lua pelo exame das perturbações sísmicas, se houver. Desejamos saber qual a quantidade de radiação e qual a temperatura lá. Teremos assim um sólido programa de obtenção de dados, através de instrumentos, entre agora e a época em que houver uma expedição lunar tripulada."

Astronautas buscam água na Lua

Realmente esses estudos sismográficos foram feitos quando da descida de astronautas na Lua. E os futuros astronautas pretendem realizar muito mais, como a experiência que poderá fornecer provas da presença de água presa nas rochas situadas a grande profundidade da superfície lunar. Os astronautas provocarão pequenas explosões na superfície da Lua. As vibrações sísmicas resultantes proporcionarão aos cientistas novos dados a respeito desse corpo celeste, bem como ajudarão na busca da água. Até agora não existe a menor prova de que haja água ali. As pedras e amostras lunares retiradas de pouca profundidade, trazidas pelos astronautas das naves norte-americanas Apolo-11 e Apolo-12, não apresentavam o menor indício de água.

Se se chegasse a encontrar água na Lua, issc seria uma dádiva para a exploração lunar. Os futuros astronautas, cientistas e colonos lunares poderiam extrair a água para beber e para outras finalidades, em lugar de levá-la da Terra. Alguns cientistas acreditam que existem concentrações de gelo depositadas a pouca profundidade da superfície lunar. A busca de gelo que será levada a cabo pelos astronautas que utilizará uma técnica bastante parecida com a empregada pelos pesquisadores de petróleo em nosso planêta. O astronauta provocará uma série de pequenas explosões, cujas ondas de choque, que penetrarão nas profundezas da Lua e ecoarão na superfície, serão captadas por geofones. As características do sinal captado constituirão uma chave indicadora da presença ou ausencia de água. A pesquisa de água será uma experiência secundária em relação ao principal objetivo das explosões, que é obter novas informações a respeito da forma, estrutura e espessura da crosta exterior lunar.

Explosões na Fra Mauro para saber como se formou a Lua

O futuro astronauta realizará as explosões na região montanhosa de Fra Mauro, durante a primeira das duas excursões de cinco horas sobre a superfície da Lua. Ele estenderá cêrca de 95 metros de cabo, que estará ligado a tres geofones que captarão as vibrações. Caminhará em seguida ao longo do cabo e, com um dispositivo denominado "Thumper", detonará 21 cartuchos (que terão a força de um tiro de revólver) contra a superfície lunar, cada um a uma distância de 5 metros. O "Thumper" é um tubo curto, dotado de um mecanismo detonador na parte de cima e um cilindro ôco na extremidade inferior. No cilindro há uma placa que o astronauta comprimirá contra o solo lunar, quando disparar o projetil, transmitindo desta forma a força da explosão à superfície lunar. Isto criará ondas sísmicas, cujas repercussões serão recolhidas pelos geofones. Será também instalado um morteiro contendo quatro granadas, a ser disparado da Terra, por contrôle remoto, e que explodirão à distância de 150, 300, 900 e 1.500 metros, depois que os astronautas deixarem a superfície lunar. As vibrações que ecoarem no interior da Lua serão registradas pelos geofones e transmitidas à Terra pelo rádio, para análise. O morteiro será apontado para a área onde os dois astronautas houverem recolhido amostras.

A fôrça, a velocidade e outras características dos sinais sísmicos, procedentes de uma profundidade de 500 metros, serão estudados para determinar se a Lua tem camadas da mesma forma que a Terra, ou se é de estrutura homogenea desde o centro. Esta informação, por sua vez, servirá para determinar se a Lua teve um núcleo de elementos quentes derretidos, desde o seu início (da mesma forma da Terra), ou se ela se esfriou ràpidamente pouco depois de sua formação. A resposta a essa questão é essencial para compreender a genese e a história da Terra e de outros planêtas do Sistema Solar. O problema de saber se a Lua foi, em alguma época, parte da Terra, e no caso positivo, de que modo chegou a separar-se dela e entrar em órbita no espaço, é uma questão que volta a empolgar os sêres humanos. Alguns sustentam que o Oceano Pacífico é a enorme cicatriz deixada na Terra pela Lua ao se desprender do nosso planêta. Mas o valor das teorias só pode ser determinada por meios científicos.

Oberth, um dos pioneiros alemães da ciência dos foguetes, atualmente nos Estados Unidos, propôs, com muita seriedade, explorar a superfície lunar com automóveis saltadores, capazes de transpor crateras.

A princípio, houve sorrisos bem-humorados. Aquilo que nenhum alpinista calejado ousaria tentar numa geleira terrestre, Oberth pretendia fazer executar por veículos espaciais, movendo-se em terreno evidentemente desprovido de qualquer aviso de "perigo" ou de terreno amortecedor. Mas Oberth não ficou só. Os "engenheiros da Lua", retomando seus cálculos, perceberam que Oberth tinha razão... simplesmente pelo fato da fraca gravidade lunar. Na Lua, a gravidade é 6 vezes menor do que na Terra: um homem médio pesa 12 kg e a maquinaria mais pesada se locomove — ou se locomoverá — como um carro de esporte. Na verdade a única máquina capaz de enfrentar a extraordinária variedade dos terrenos lunares, que vai da cratera à planície azulada coberta de cinzas vulcânicas, é a lagarta saltadora, capaz de se estabilizar onde o pedestre seria ràpidamente engolido. Imaginemos, sob o arco de aço de um hangar antimeteoritos, um veículo análogo a um grande trenó motorizado polar. Naturalmente, não há hélice aérea, mas duas lagartas de 4,50m de comprimento por 2,30m de largura. O trenó lunar é propelido por um motor sem escapamento movido a peridrol (água oxigenada de 400 volumes), hoje em uso corrente nos grandes foguetes. Saltando sôbre aludes, o veículo-lagarta retoma velocidade e desliza como um barco na imensidão cinza-azulada do mar lunar, projetando uma nuvem de pó vulcânico que recai como grãos de chumbo, dada a ausência de atmosfera.

"Mares" de poeira

Sabe-se que os "mares" lunares são, na realidade, vastas extensões cobertas de pó, sobre as quais nosso engenho deve flutuar literalmente como um esqui aquático, enquanto o pilôto procura evitar as pontas perigosas, que são os escolhos dêsse mar de poeira. Suponhamos, agora, que se aborda uma zona de falésias abruptas, de crateras, onde o veículo, apesar de fraca gravidade lunar, desapareceria irremediàvelmente. Êsses obstáculos certamente são muito numerosos e difíceis de contornar: tôda a gente conhece o "paredão reto", bem visível nas fotografias lunares e que mede várias centenas de quilômetros. Agora é o momento de atacar de frente a fenda, graças ao dispositivo de autoprojeção. Para essa manobra, o pilôto recua suficientemente e depois volta para a fenda, tomando velocidade. No momento de mergulhar nela, por meio de uma alavanca, solta um longo pistão pneumático, análogo à coluna dos ascensores hidráulicos. Êsse pistão apoia-se no solo e projeta o veículo por cima da fenda, seguindo uma curva alongada que o deixa na margem oposta.

Formas de vida desconhecida para nós

Certos cientistas acreditam que não há razão para pensar que a vida não possa existir por longo tempo sem água ou a temperatura muito elevada ou muito baixa. Ora temos que admitir a possibilidade de vida diferente, em diferentes condições. Temos aqui na Terra exemplos das mais variadas formas de vidas adaptadas: no deserto, lagarto; no gêlo, pingüim; nas alturas, falcão; no subsolo, minhoca; nas águas, peixe, etc. Portanto se encontrarmos um dia "alguém" de outro planêta, tenha o aspecto que tiver, não devemos estranhar, pois aqui mesmo temos as mais pasmosas formas de vida, que não estranhamos por estarmos acostumados, mas analisem a brutal diferença existente entre algumas vidas nossas: Ostra, elefante, abelha, baleia, formiga, águia, micróbio, homem, etc. O dr. H. Spencer Jones, laureado astrônomo inglês em seu livro "Life on Other Worlds" ("A vida em outros mundos") diz: "É concebível a existência de sêres cujas células contenham silicatos em lugar de carbono que é o constituinte essencial de nossas células e de tôdas as criaturas viventes da Terra. Devido a essa diferença essencial entre a constituição dessas células e aquelas com que está formada a vida vegetal e animal da Terra, êsses sêres estariam habilitados para viver em temperaturas tão elevadas que nenhum tipo terrestre de vida poderia suportar".

Como viveriam os terráqueos na Lua?

Segundo o dr. Kevitt (diretor do planetário Fels de Filadélfia) o necessário na Lua é sòmente nergia, enormes quantidades de energia. Quando tiver isso, um homem poderá estabelecer na Lua uma civilização capaz de perpetuar-se por si própria. Seremos capazes de aproveitar as próprias rochas lunares — silicatos de magnésio — esmagá-las e cozinhá-las, extraindo delas a água de cristalização, que poderá ser separada em hidrogênio e oxigênio. Assim, produziremos, com as rochas lunares, água para beber, uma atmosfera para respirar e hidrogênio para queimar ou transformar em *helium*. Cientistas dos Laboratórios de Pesquisa e Desenvolvimento do Instituto Franklin demonstraram como os elementos básicos — nitrogênio, hidrogênio, carbono, oxigênio etc. podem ser empregados na produção sintética de toda espécie de materiais-plásticos, tintas, resinas, ácidos e até mesmo cosméticos para as mulheres que habitarão a colônia lunar.

Todavia, precisaremos também de alimentos. Com toda probabilidade, a escuma verde — algas — que vemos nos tanques estagnados da Terra será a fonte de nosso suprimento alimentar. Não estou sugerindo que passaremos a comer sanduíches de algas, mas em 1990 nossos tecnologistas alimentares utilizar-se-ão dessas algas como base para criar alimentos saborosos e exóticos. Assim, estabeleceremos uma civilização na Lua — como primeiro passo em direção às estrêlas. Os planos elaborados pelos Estados Unidos para a realização de estudos em profundidades da Lua e dos planêtas com instrumentos transportados por foguetes poderá levar o homem a "determinar a origem e a evolução histórica do sistema solar", segundo revelou recentemente a Academia Nacional de Ciências dos Estados Unidos num minucioso relatório.

Há muitas razões, além da mera curiosidade científica, para o estudo e exploração dos planêtas. Essas razões compreendem não só medições específicas no campo da física e da química perfeitamente ao alcance do equipamento científico espacial que os Estados Unidos possuem, como a possibilidade de esclarecer diversos e palpitantes assuntos.

Como nasceu e evoluiu o sistema solar?

A Lua pode oferecer grande ajuda para o esclarecimento desta questão científica fundamental. Como a Lua, a Terra, o Sol e os planêtas originaram-se da mesma nebulosa cósmica inicial, a superfície da Lua poderia abrir caminho para o conhecimento das origens do sistema solar.

Os meios de o homem alcançar a Lua toda a vez que quiser já estão ao alcance de sua mão. Mas será essa, apenas a primeira etapa de uma grande aventura. Para além da Lua estão os planêtas do nosso Sistema Solar e, mais além, outros Sistemas Solares!

NÃO ESTÁ LONGE O DIA, EM QUE O ASTRONAUTA TERRESTRE VISITARÁ VÊNUS, PARA VER SE EXISTE VIDA NAQUELE PLANÊTA. PORÉM, SE ENCONTRAR RAÇAS SUPER-INTELIGENTES, DALI OU DE OUTROS MUNDOS POSSUIDORAS DE NAVES ESPACIAIS E ARMAS PODEROSÍSSIMAS CUJA FÔRÇA TORNARIA OBSOLETO NOSSO CONHECIMENTO NUCLEAR, QUE ATITUDE TOMARIAM OS CIENTISTAS DA TERRA?
rigsil

É POSSÍVEL A EXISTÊNCIA DE VIDA EM VÊNUS!

Contatos com Vênus, abrirão novas perspectivas não sòmente para a astronomia e astronáutica como também para a geofísica, geologia e geoquímica.

Vênus não pertenceria ao nosso sistema solar e seria a causa do dilúvio universal?

O sistema solar há cinco milênios, era um sistema de quatro planêta?

Há milhares de anos atrás, já teriam os Incas estudos sôbre êsse misterioso planêta?

Insetos, principalmente aranhas, os primeiros escorpiões, as primeiras libélulas... ou teriam que ser revistas as noções atribuídas a êsse planêta?

Através de 4 milênios chegou até nós uma afirmação que levou alguns especialistas a rever as noções estabelecidas pela ciência clássica: "Um planêta errante provocou o abrasamento do globo e o dilúvio universal. Esse planêta era Vênus". Nessas condições, Vênus não pertenceria ao nosso sistema solar tanto como os demais planêtas. Há 5 ou 6 mil anos, a "Estrêla do Pastor", "a primeira que se ergue nos degraus de ouro do poente", era invisível aos homens.

Onde estava ela? O enigma permanece, mas pode-se imaginar que ela estava a milhões de quilômetros, em alguma galáxia afastada. Vindo instalar-se em sua órbita atual, pode-se supor que ela esbarrou na Terra e provocou o cataclisma de que falam as mais velhas tradições do nosso globo.

Deve-se reconhecer que há numerosos astrônomos que negam essa teoria, a qual só pôde ser construida levando-se em conta observações e textos antigos e, segundo eles, deduções inevitáveis. Entretanto, este raciocínio muito simples parece impor-se: em primeiro lugar fornecer a prova de que o planêta Vênus não era visível há 5 mil anos; depois, apresentar argumentos irrefutáveis que permitirão afirmar que Vênus é realmente a causa do dilúvio universal.

As "tábuas de Tirvalur"

Foi no século XVIII que Jean-Baptiste-Joseph Gentil, um orientalista, mandou buscar para a França, por meio de missionários cristãos, tábuas astronômicas provenientes da Índia, que atestavam a avançada antigüidade dos conhecimentos científicos dessa região da Terra. Entre esses documentos, figuravam as "tábuas de Tirvalur" que ficavam depositadas com a Marinha. Segundo elas, pode-se constatar que a era chamada do Caliugam começou em 16 de fevereiro de 3.102 AC. às 2h27 da madrugada. "Os indianos — nota a propósito o astrônomo Jean-Silvain Bailly — dizem que na era do Caliugam houve uma conjunção de todos os planêtas; suas tábuas indicam realmente essa conjunção, e as nossas monstram que elas, realmente, puderam ocorrer". Depois, o astrônomo do Observatório real fornece esta precisão que pôde ser controlada nas tábuas de Tirvalur: "Nessa época os indianos viram 4 planêtas desprender-se sucessivamente dos raios do Sol: primeiro, Saturno; depois, Marte, Júpiter e Mercúrio, e esses planêtas mostraram-se reunidos em um pequeno espaço..."

Onde estava Vênus?

O astrônomo Bailly não deixou de se espantar com a falta de Vênus durante essa observação. Acreditou que devia concluir que o planêta ausente podia estar atrás do Sol. Essa dedução é inadmissível: os hindus, como os caldeus, tinham um cuidado meticuloso no que se referia à astrônomia e não teriam mencionado, durante Caliugam uma conjução de "todos os planêtas" se um deles estivesse escondido pelo Sol... Aliás, a data exata pôde ser autenticada por nosso atual calendário: o dia 16 de fevereiro de 3102 AC. às 2h27", ou seja com uma aproximação de segundos, em 5071 anos, o mesmo de 1969.

Assim, se essa observação foi, como é licito pensar, estabelecida segundo cálculos rigorosos, verifica-se claramente que o planêta Vênus na época não pertencia ao sistema planetário visível. Note-se também que a tábua de Tirvalur exclui pura e simplesmente a presença de Vênus, não indicando sucessivamente senão Saturno, Marte, Júpiter e Mercúrio. Conclusão: "o sistema solar, há cinco milênios, era um sistema de quatro planêtas".

Tábuas babilônicas e outras tradições

A astronomia babilônica confirma os dados das tábuas de Tirvalur. Nelas também se constata a presença dos 4 planêtas citados pelos hindus, com exclusão de Vênus. Um calendário antigo, descoberto em Boghaz-Keui, na Ásia Menor, consigna a mesma ausência: Vênus não figura nele.

As tradições mexicanas contam que "a grande serpente de fogo de Quetzalcoalt atacou o Sol e a obscuridade se fez durante 4 dias. Depois, a grande serpente se metamorfoseou em estrêla radiosa .(Vênus)". Nas ilhas Samoa, os indigenas, baseados nas narrativas conservadas durante as eras, observam que o planêta Vênus teve uma "corrida selvagem" e que apareciam chifres em seu cimo (o touro é considerado pelos antigos como emblema desse planêta).

Demócrito, apaixonado pela ciência astronômica, sustentou obstinadamente — sem todavia dar a razão disso — que Vênus "não era planêta". Sabe-se que Demócrito, na Grécia, pode ser considerado como um grande iniciador dos conhecimentos secretos. Santo Agostinho, segundo Varrão, fez-se o intérprete de Castor o Rodiano "que deixara escrita a narrativa de um prodigio extraordinário ocorrido no planêta Vênus: essa estrêla teria mudado de côr, de tamanho, de aparência e de curso. Êsse fato que não teve semelhante nem antes, nem depois, teria ocorrido no tempo do rei Ogyés (recorde-se o dilúvio de Ogyés), como atestam Adrastus, Cyzicenus e Dion, nobres matemáticos de Nápoles".

O que pensam cientistas atuais

Essas são as observações, tradições, cálculos, que hoje estão sendo estudados e provocam coincidências numerosas entre os cientistas. O russo I. Velikovsky avançou uma hipótese que não deixará de chamar a atenção: "Vênus fôra um cometa ou então foi confundido com um cometa". Há uma observação que parece uma resposta a Velikovsky: ...mas podia-se confundir um cometa com uma estrêla? E mesmo que caisse em tal erro, com o reaparecimento de Vênus não se teria logo reconhecido o erro? Que observador, que cientista, que matemático teria ousado sustentar levianamente um tão grande acontecimento, único no mundo, nestes últimos 36 séculos?

Os chineses, os gregos, os hindus estão de acordo num ponto: todos falam de uma "cabeleira", de uma "crina de fogo" que acompanhava Vênus, deixando uma esteira... Parece formalmente que esse planêta era inexistente no céu dos antigos e que ele surgiu à maneira de um cometa ocasionando imensas perturbações. Deve-se mencionar um "misterioso satélite natural ou artificial" nas proximidades de Vênus e que foi constatado nos séculos XVII e XVIII por astrônomos famosos, tais como Cassini, Short, Montagne?

Talvez logo tenhamos, pelo menos parcialmente a chave desse enigma: os engenhos soviéticos e norte-americanos, pousados na superfície do "planêta verde" podem colher preciosos ensinamentos...

Enquanto Marte é pesquisada pelos norte-americanos Vênus pertence aos soviéticos. Isso ficou decidido agora no congresso da Federação Internacional de Astronáutica. Mas antes, os Estados Unidos já enviaram aquele planêta as sondas Mariner II, III e V. E os soviéticos as Vênus I, II, III, IV, V e VI.

Pelas informações que estas naves forneceram, é esta a conclusão: Vênus é um forno. Foram registradas temperaturas variáveis entre 280 e 450 graus centigrados. Atmosfera densa demais, composta em 90% de gás carbônico, 0,4 a 8% de oxigênio e 0,1 a 0,7% de água. Nessas condições, a vida como nós conhecemos é inconcebível.

Vênus quando se encontra mais próximo da Terra, fica acêrca de 40 milhões de quilômetros do nosso planêta, distância cem vêzes superior a existente entre a Terra e a Lua. Seu ano é de 225 dias.

Sôbre o mais próximo e ao mesmo tempo o mais misterioso dos planêtas, existem ainda as mais variadas hipóteses:

Perceptível a ôlho-nu, chamou a atenção dos primeiros observadores do céu. Seus deslocamentos na abóboda celeste foram estudados desde épocas muito remotas; o telescópio permitiu verem-se as fases de Vênus semelhantes às da Lua. Em 1761, ao registrar-se uma passagem do planêta pelo disco do Sol, o sábio russo Lozonosov observou um anel luminoso em tôrno do planêta e o atribuiu — acertadamente — à existência de atmosfera. Por muito tempo se acreditou que a atmosfera estava formada por nuvens de vapor dágua semelhantes às terrestres, mas recentes pesquisas derrubaram essa hipótese e levam a supor que na realidade trata-se de nuvens de anidrido carbônico. Na atmosfera de Vênus, até onde se sabe, não há vapor de água nem oxigenio. E é essa atmosfera, mais densa do que a terrestre, o véu que impede um maior conhecimento do planêta.

Sêres inteligentes de Vênus e seu desenvolvimento

No caso de haver sêres inteligentes em Vênus, sua história do desenvolvimento científico será inteiramente diferente da nossa, pois na Terra a astronomia foi a primeira das ciências. A observação do céu ensinou ao homem, que havia lei e ordem na menor porção da Natureza. Sendo Vênus coberta de nuvens espessas permanentes seus habitantes nunca puderam observar o espaço, então outras ciências devem ter sido desenvolvidas por êles antes da astronomia. Teriam construído máquinas voadoras capazes de transportá-los acima das nuvens ou equipamento de rádio que pudesse captar as ondas emitidas da Via-Láctea, como as que acabamos de descobrir na Terra.

Por que os norte-americanos e russos estão-se empenhando em dispendiosos lançamentos a Vênus, quando ainda têm de conquistar totalmente a Lua, que fica a menos de 400 mil quilômetros de distância? Porque sabem que a exploração espacial está progredindo de maneira tão inesperadamente rápida que em breve a viagem interplanetária ficará ao seu alcance. O "Mariner" é apenas o tôsco precursor de robôs autropropelidos muito maiores, que pousarão em planêtas, rastejarão sôbre êles, analisarão sua superfície e transmitirão à Terra, pelo rádio, o que descobrirem. Daqui uns anos, os russos e norte-americanos terão foguetes seguros, suficientemente grandes para levar a quase qualquer distância robôs do tamanho de tanques e espaçonaves tripuladas.

Alguns anos depois, o desenvolvimento de foguetes propelidos por energia atômica e outros novos meios de propulsão permitirão a exploradores fazerem viagens espaciais de ida e volta, com a duração de muitos meses. E, então, dezenas de cosmonautas já estarão treinados para suportar longas viagens espaciais. Um cosmonauta precisaria de 2 anos e 9 meses para chegar ao gigantesco planêta Júpiter. Mas, no tempo das caravelas, viagens de 3 anos eram coisas comuns para os marinheiros. Brevemente, a exploração total da Lua ter-se-á tornado velharia. Os norte-americanos, acreditam que poderão pousar três cosmonautas em Marte antes de 1980, em uma espaçonave de propulsão atômica. Seja ou não compensadora a corrida para lançar bilhões de quilos ao Espaço é agora irrefreável. Os cientistas especializados em foguetes já estão descrevendo a Lua e Marte como nossos "subúrbios do Espaço". E seus olhos estão voltados para o "campo aberto" dos planêtas mais distantes.

Um "calendário venusiano" na Terra

Os misteriosos hieróglifos gravados na "Porta do Sol", que se ergue a quatro mil metros de altura nos Andes, sôbre o lago Titicaca, não representa em realidade um "calendário Venusiano"? Existe grande semelhança entre as cifras dêste "calendário", que possui milhares de anos de idade, e cuja origem se encontra, ao que parece, no legendário povo de Kontiki, predecessor dos Incas, e os dados recentes sobre o período de rotação de Vênus obtidos por cientistas soviéticos. Localizado entre a Bolívia e o Peru, o lago Titicaca mostra em suas margens vertígios de algas marinhas, de moluscos e até ruínas de um pôrto de mar... Há dezenas, talvez centenas de milhares de anos, o lago Titicaca era um golfo marítimo. Um cataclismo gigantesco elevou-o um dia a 4 mil metros. Ali, entre essas ruínas, erguem-se solitários e gigantescos blocos de pedra, que mesmo hoje seria difícil transportar: as "Portas do Sol".

Os sábios Kiss e Ponznanski descobriram ali sinais enigmáticos parecidos com hieróglifos. Pareceu-lhes logo que se tratava do mais antigo calendário da Terra. Um grande ciclo 1 ano, ao que se supôs — compunha-se de 290 dias, em lugar dos 365 dias terrestres. Dez do que se supunha serem "meses" tinham 24 dias, e outros "meses" tinham 25 dias. Mas ninguém podia explicar êsse calendário. Há milhares de anos, nossa Terra girava em tôrno de seu eixo a uma velocidade idêntica à de hoje. Por que então a diferença? Os sábios do mundo inteiro se debruçaram sôbre o enigma. Suas pesquisas não chegavam a nenhuma hipótese plausível. Estava-se a pique de desistir, quando a Academia das Ciências da URSS publicou um comunicado sensacional sôbre a detecção radiomagnética de Vênus. Até então, tôdas as suposições referentes ao período de rotação de Vênus não convenciam: oscilavam entre menos de 24 horas terrestres até 1 ano venusiano. Os sábios russos Kotelnikov e Shklovsky estimavam que o período de rotação de Vênus sôbre seu eixo durava quase 11 dias terrestres, na hipótese de que o planêta não esteja inclinado sôbre seu eixo. Mas o astrônomo norte-americano, Cooper, por seu lado, estabelecera que o eixo de Vênus está inclinado sôbre sua órbita em tal proporção que a duração do dia venusiano seria pouco superior a 9 dias terrestres. No ano venusiano, haveria, pois 225 dias terrestres. Isto é, o ano venusiano teria quase 24 dias venusianos.

Foi então que Alexandre Kazantsev se lembrou das "Portas do Sol" e de seu absurdo calendário. E pensou: "Será justo considerar que o pequeno ciclo que êle comporta é 1 mês? Por que não 1 ano?". É difícil supor um número inteiro de dias num ano. Por isso é que, em todos os 4 anos, há 1 ano de 366 dias. O calendário terrestre se equilibra dessa maneira. E o venusiano? Kazantsev sabia que o período de rotação de Vênus sôbre si mesma é de quase 9 dias. E se 290 dias entrassem exatamente num ciclo de 12 anos? Haveria assim 10 anos venusianos de 24 dias cada um e 2 anos bissextos de 25 dias. Foi essa a hipótese de Kazantsev. Então, com grande surprêsa, percebeu que isso coincidia exatamente com o calendário das "Portas do Sol". Talvez não fôsse senão uma coincidência, mas era espantosa. Assim, se o calendário inca é realmente um calendário venusiano, o período de rotação de Vênus seria exatamente de 9 dias terrestres e 7 horas. Sem dúvida, dia virá em que os astronautas medirão com exatidão a duração dos dias venusianos. Mas, enquanto esperamos, Kazantsev continua a perguntar como êsse calendário venusiano pôde ser conhecido nesse passado longínquo. Deve-se aproximar essa descoberta e as lendas incas sôbre os estrangeiros de pele branca e de olhos azuis que organizaram o antigo Estado dos Filhos do Sol? Talvez existissem entre as ruínas, outras portas que não foram conservadas e que eram dedicadas a outros corpos celestes?

Mistério indecifrável, como indecifrável é a superfície de Vênus, pois tantas são as teorias, senão vejamos. A Junta Científica da Academia Nacional de Ciências nos Estados Unidos afirma, que há diferentes teorias acêrca da superfície de Vênus:

"Trata-se de um deserto iluminado, difusa, porém,

brilhantemente, e tão quente como o chumbo derretido; ou de um lugar igualmente quente, mas incrivelmente inanimado, sem luz solar, sòmente com calor, vento e partículas de pó em suspensões tão finas como pó de talco; ou uma superfície muito mais uniforme, talvez completamente coberta pelo oceano". Baseando-se em teorias, os cientistas supõem que Vênus é circundada por vastas zonas de radiação como os "cinturões Van Allen" que rodeiam a Terra. Os cientistas russos e dos EUA colheram informações contraditórias. Por exemplo, os russos dizem que Vênus gira como a Terra, porém, fazendo a rotação em duas semanas em vez de em vinte e quatro horas. Os cientistas dos Estados Unidos acreditam que as experiências com o radar indicam que Vênus talvez apresente à Terra a mesma face constantemente, como ocorre com a Lua. Talvez haja algum vapor de água na atmosfera de Vênus. Os russos afirmam ter encontrado indícios de oxigênio molecular, mas o principal constituinte parece ser o bióxido de carbono.

A superfície de Vênus

Aquilo que se sabia, ou melhor, o que se acreditava saber a respeito de Vênus era, na verdade muito pouco. Parecia estabelecido que êsse planeta, o mais próximo vizinho da Terra, era uma imagem daquilo que fôra justamente o nosso planêta há algumas centenas de milhões de anos, no momento em que a vida aqui aparecera, da mesma forma que Marte seria uma imagem daquilo que a Terra será dentro de algumas centenas de milhões de anos. Sob uma camada espessa de nuvens tempestuosas, oceanos imensos deviam cobrir a maior parte de Vênus. No seio das águas mornas vegetava uma fauna pobre: políperos coralíferos em vias de construir, com sua carapaça calcárea, a base das ilhas futuras; moluscos primitivos, trilobitas de carapaça articulada; peixes sem esqueleto, mas providos de uma couraça óssea. Algumas terras baixas emergindo dos oceanos imensos, manchas verdes no ocre do solo-vegetação. Uma vegetação pouco exigente, musgos, licópodos, alguns fetos de boa cultura, cujas espécies, crescendo poderão fornecer filões de hulha. Sob essa vegetação espessa, no calor sufocante, alguns animais, insetos, principalmente aranhas, os primeiros escorpiões, as primeiras libélulas. Vênus, em suma, teria sido a réplica do que outrora fôra a Terra: um planêta rodeado por uma atmosfera muito carregada de gás carbônico e cujas plantas, graças à clorofila, vão extrair o oxigênio que permitirá a uma vida, semelhante à vida terrestre, evoluir, diversificar-se, tornar-se sempre mais complexa até dar essas obras-primas que são os mamíferos e os humanos em particular.

Novas pesquisas, permitiram constatar que a proporção de gás carbônico contido na atmosfera venusiana é 100 vezes mais forte que a contida na atmosfera terrestre. Cabe, entretanto, uma dúvida: Vênus está cercada por uma camada extremamente densa de nuvens. Ora, o espectrômetro permite a análise dos corpos que emitem ou que refletem a luz. No caso de Vênus, é a luz solar refletida pelo planêta que é analizada. Pode-se, portanto, perguntar se não foi unicamente a luz refletida pela parte superior das nuvens que pôde ser observada; isto quer dizer que não há certeza de que o conjunto de nuvens tenha sido analisado, pôsto que não se veja como nem por que o interior das nuvens deveria diferir de sua superfície. Mas, enfim, essa constatação obriga a uma atitude de reserva a respeito dos resultados da análise do espectrômetro. Como quer que seja, a existência da camada de nuvens que cerca Vênus foi confirmada.

Mas aqui cabe uma questão: sendo essas nuvens, extremamente espêssas, é provável que a luz solar não chegue à superfície sólida do planêta. Então, mesmo admitindo-se que hajam aparecido vegetais com clorofila, como poderia exercer-se a função clorofiliana, desde que ela não se opere senão sob a influência dos raios solares? Assim, o processo que, na Terra, deu nascimento ao oxigênio atmosférico, não se poderá produzir ou, se se produzisse, só o seria muito lentamente, muito mais lentamente do que se produziu na Terra. Outras observações, levam os especialistas a elaborar outras perguntas.

Graças às emissões de radar pode-se medir, com boa aproximação, a temperatura reinante num corpo celeste. Ora, recentemente tais medidas foram efetuadas no que se refere a Vênus e o resultado foi surpreendente: a temperatura média do planêta seria da ordem de 200° centígrados. A 20°, a pressão de uma atmosfera, há muito tempo a água se terá transformado em vapor. Para que ela permaneça líquida, a essa temperatura, seria necessário que a pressão atmosférica venusiana fôsse consideràvelmente maior que a pressão atmosférica terrestre. Não se pode portanto, dizer com certeza que não existe água no estado líquido em Vênus, mas há fortes probabilidades de que isso aconteça. Então, não haverá oceanos venusianos, nem chuvas. O solo de Vênus seria sêco, deserto. Vênus não seria uma terra rejuvenecida de algumas centenas de milhões de anos. Tôdas as noções geralmente admitidas a respeito dêsse planêta teriam que ser revistas... As últimas observações não teriam feito mais que confundir tudo o que nós acreditamos, ser "nossos conhecimentos". Em matéria de ciência, acontece isso muitas vezes: uma concepção substitui outra à medida que os meios de experimentação se aperfeiçoam.

Não seria então em Vênus que encontraríamos formas de vida? Deverão existir, tipos de vida de acôrdo com as condições reinantes no planêta! O que nós conhecemos, não conhecemos bem, e para que saibamos exatamente o que é o nosso vizinho Vênus, será necessário que os homens tenham ido até lá para ver, ou que pelo menos tenham enviado para lá os mais aperfeiçoados escravos eletrônicos!

Sonda espacial envia relatório

Vejamos agora o relatório enviado por sonda espacial "Mariner", conduzido por um foguete "Atlas Agena B", lançado do Cabo Kennedy em direção a Vênus. O engenho semelhante a uma gigantesca borboleta, voou meses em direção a Vênus. Do espaço interplanetário enviou para a Terra as seguintes comunicações: "Aqui o "Mariner", estamos nos céus de Vênus, o planêta do mistério" "5 de setembro: tudo vai bem. A antena radiocomando funciona normalmente. Recebidas as ordens de correção de rota. O foguete suplementar foi pôsto em ação e funciona." "10 de setembro: 4.078.000 quilômetros da Terra. Velocidade 10.419 quilômetros horários: Tudo OK." "18 de setembro: fuga do campo de gravidade terrestre". "20 de setembro capturado pelo Sol. Como o previsto, entrou-se no campo solar e a velocidade aumenta." "10 de outubro: Cálculos corretos; a passagem será a 33.000 quilômetros de Vênus e não a 16.000." "1 de novembro: desarranjo no sistema elétrico. A voltagem de energia fornecida pelas células solares foi reduzida. Circuito interrompido." "9 de novembro: Tudo volta ao normal. Eis os novos dados. . ." "24 de novembro: novas dificuldades na alimentação elétrica. Uma bateria cessou de funcionar. A temperatura está aumentando e faz um calor infernal. Distância: 33.750.000 quilômetros da Terra."

Não, não se trata de fantasia. Basta substituir as palavras dessas mensagens pelas cifras em código. E se o leitor imaginou que as mensagens foram transmitidas por um cosmonauta, basta substituí-lo por um cérebro mecânico. No relatório do prof. Paul J. Coleman, da Universidade de Califórnia, em Los Angeles, que se apresentou no Congresso Anual da Associação Norte-Americana para o Progresso da Ciência, em Filadélfia, indica-se que a superfície de Vênus é tão "ardente" como se acreditava antes que o "Mariner" "acariciasse" o planêta, a uns 30.000 km de distância. O dr. Coleman declarou no Simpósio de Filadélfia que "o magnetômetro do "Mariner", não registrou nenhuma prova da existência de um campo magnético durante tôda a sua trajetória".

O engenho dourado norte-americano de 201 kg de peso, ao "roçar Vênus" depois de ter percorrido 289.682.000 km, transmitiu mais:

"Vênus é intoleràvelmente quente, arenoso, cheio de "lagos" de material derretido, perpetuamente encoberto por nuvens, é não-magnético e gira imperceptível e vagarosamente sôbre seu eixo."

Vários meses para estudar os dados colhidos

Depois de examinarem os dados colhidos, o consenso possibilitado pelos instrumentos do "Mariner" levou o dr. Homer Newell, diretor do Bureau de Ciências Espaciais da NASA, declarar que "com essas temperaturas extremas, é improvável a existência em Vênus do tipo de vida a que estamos acostumados. Há, entretanto, uma forma de vida baixa que os biólogos acreditam ser possível sobreviver na atmosfera superior de Vênus", acrescentou. Os cientistas já gastaram meses em estudos dos dados enviados pelos aparelhos eletrônicos do "Mariner" que mediram a temperatura do planêta e procuraram encontrar indícios de água para manutenção de organismos vivos. Segundo ainda, o sr. Homer Newell, a sonda espacial americana transmitiu para a Terra 65 milhões de dados científicos colhidos por seis instrumentos que vasculharam o espaço interplanetário durante a viagem a Vênus.

As informações transmitidas pelo "Mariner" indicam a presença de uma "mancha fria" nas nuvens venusianas, onde a temperatura inferior é de uma montanha que se encontra por cima da superfície de Vênus, e que pode ter lagos de matéria em fusão. A atmosfera de Vênus é dez vezes mais densa que a da Terra. A concentração de água é mil vezes menor que na Terra, e a espessura das nuvens é tal que um sêr humano que estivesse perto da superfície de Vênus veria uma claridade comparável à que existe na Terra num céu obscurecido pelas nuvens.

Os cientistas norte-americanos acreditam que, em todos os pontos de Vênus, há uma temperatura virtualmente constante, tanto no lado onde dá o Sol como no que está obscurecido devido à densidade da atmosfera. "Mariner" revelou igualmente que não existe qualquer faixa de radiações do tipo "Van Allen", e que a temperatura na superfície dêsse planêta é superior à do chumbo fundido. Revelou que Vênus é um planêta muito quente privado de água, o que elimina a possibilidade de vida em sua superfície como a conhecemos. Segundo se revela, o "Mariner" registrou temperatura da ordem de 422 graus centígrados na superfície venusiana, enquanto que seus detectores não conseguiram encontrar qualquer traço de água.

"O "Mariner" comprovou que a temperatura nas camadas superiores da cobertura de nuvens de Vênus é frígida, da ordem de 15 graus abaixo de zero centígrado. Segundo revelou o dr. Lewis Kaplan, o Laboratório de Propulsão a Jato da Califórnia, entidade que construiu o "Mariner" para a NASA. O dr. Kaplan calculou que a cobertura de nuvens de Vênus começa acêrca de 70 quilômetros de altitude e se estende até 100 quilômetros da superfície do planeta. Essas nuvens são espêssas, sempre presentes na atmosfera, e é provável que sejam constituídas como um "smog" de hidrocarbonetos condensados. O "Mariner", declarou, não revelou nenhum traço de água ou bióxido de carbono nelas: os estudos realizados na Terra haviam indicado que as nuvens se compõem de bióxido de carbono e nitrogênio. Prosseguindo em suas declarações, o dr. Kaplan acrescentou ter sido detectada pelo "Mariner" uma zona fria nas nuvens de Vênus, que poderia indicar uma "montanha ou qualquer outra característica geográfica" de Vênus.

Vida em Vênus, objeto de discussão

Realmente, com esta temperatura de 422 graus na superfície é impossível que haja vida pelo menos na forma que se reveste a vida na Terra. Mas, deve existir vida em Vênus, embora na sua forma mais primária, e os homens chegarão a êsse planeta provàvelmente antes que termine o século, depreende-se do primeiro documento publicado sôbre as informações transmitidas pelo observatório espacial norte-americano "Mariner".

Por enquanto aguardaremos os Estados Unidos enviarem outro satélite em direção de Vênus, o mais cedo possível, se tratará de um planetóide muito mais aperfeiçoado que os "Mariners", pois estes resolveram inúmeros problemas mas não todos, veremos então da possibilidade ou não de existir vida desconhecida para nós, e de acôrdo com as terríveis condições reinantes naquele planêta.

Alguns astrofísicos russos acreditam, que a temperatura registrada pelos aparelhos da sonda espacial norte-americana, não seja a da superfície de Vênus, e sim da ionosfera excessivamente quente que circunda aquêle planêta.

Portanto quanto a existência ou inexistência de vida ali, continua sendo objeto de discussão pois o "Mariner" passou a muitos quilômetros dêsse planêta...

O ASPECTO DO HOMEM DE MARTE, PODERÁ SER COMPLETAMENTE DIFERENTE DE QUALQUER COISA QUE POSSAMOS IMAGINAR. OS SÊRES INTELIGENTES DÊSSE PLANÊTA TERÃO SENTIDOS COMO O HOMEM TERRESTRE, MAS PODERÃO DIFERIR DÊSTE EM ASPECTO, TANTO QUANTO UM CRUSTÁCEO DIFERE DE UM MAMÍFERO.

SÊRES INTELIGENTES DE MARTE PODERÃO TER SENTIDOS COMO O HOMEM TERRESTRE!

Provas de que Deimos e Phobos são satélites artificiais, construídos e colocados na órbita de Marte, por sêres super-inteligentes. Precedendo de quase um século o primeiro Sputnik!
Misteriosa explosão vista em Marte, seria nuclear. Provocada por marcianos altamente adiantados ou raças procedentes do exterior do nosso Sistema Solar, estabelecidos recentemente naquele planêta.
Famoso professor russo sustenta, a Terra foi visitada por sêres de outros planêtas! Plataforma existente no Líbano assinala materialmente essa visita.
Os cientistas da Terra deverão tomar muito cuidado, antes de enviar máquinas para colhêr amostras na superfície de Marte. Os marcianos poderão reagir violentamente!
É lógico deduzir que em outro lugar pode haver se desenvolvido a vida racional. Logo saberemos o que foi o fenômeno ocorrido na Sibéria. E o que são os misteriosos sinais de rádio, procedentes da Via Láctea, grandes incógnitas da ciência atual.

Quem leu a primeira edição dêste livro, estranhará as modificações feitas agora. Acontece que depois das proesas do Mariner IV tirando fotografias a 9 mil quilômetros de distância da superfície de Marte e das sondas automáticas soviéticas, Marte-2 (pouco antes de entrar em órbita, esta sonda espacial acionou uma cápsula que colocou em solo marciano um escudo com a foice e o martelo), Marte-3 e outras, tudo teve que ser mudado. Não só no que diz respeito a Marte, como a Vênus; não só no que diz respeito a este livro, como a todos escritos até hoje e que se relacionam com planêtas.

Onde estavam os tão discutidos canais de Marte? Não havia canal nenhum. Ilusão de ótica que ocorre nos instrumentos de pequeno alcance. Há em Marte crateras como as da Lua, feitas pela queda violenta de meteoritos, que não encontram a resistência de uma atmosfera tão espessa quanto a da Terra. Os meteoritos são as "estrelas cadentes". Nunca chegam a chocar-se com a Terra porque na velocidade com que vem, são queimados, por atrito, pela atmosfera.

Não existem oceanos, lagos ou rios em Marte. Lá não chove, e a água é escassa. (Pode ser que exista água sob a superfície, em forma de gelo). Há zonas verdes, que muitos cientistas atribuem a vegetais que se adaptaram as duras condições da temperatura e atmosfera marciana: 1/10 da densidade da terrestre. Marte é dez vezes menor que a Terra e oito vezes maior que a Lua. O planêta avermelhado fica a 54,4 milhões de quilômetros da Terra, na órbita mais próxima. Seu ano tem 687 dias e seu dia 24 horas, 37 minutos e 23 segundos.

As fotografias até agora obtidas criam suposições sôbre as calotas polares, constituídas de bióxido de carbono (gelo seco); mostram ondulações brancas como enormes montes de neve, crateras escuras com formas de pegadas humanas, desertos de milhares de quilômetros. Mostram montanhas elevadas, grandes lagos (depósitos de lava endurecida, ou ainda fervente de alguma atividade vulcânica atual?), crateras, formação vegetal, fenômenos vulcânicos ativos, manchas e fenômenos geológicos até agora inexplicáveis.

As sondas soviéticas descobriram sinais de oxigênio e hidrogênio nas camadas superiores da atmosfera marciana. O oxigênio foi encontrado entre 700 e 1000 quilômetros de altura e o hidrogênio entre 10 e 20 mil quilômetros. Foi possível identificar também uma série de cordilheiras estendidas por centenas de quilômetros, interrompidas por vales de 2.400 metros de largura. Totalmente diversas de todas as regiões encontradas na Terra ou na Lua, esta área foi comparada à pele rugosa de um elefante.

Foi visto uma serra de 650 km que pode ser uma montanha coberta de neve de bióxido de carbono ou bióxido de carbono sólido. Apesar dessa dúvida, ficou claro que o polo sul do planêta possui condições topográficas bem diferentes das existentes nas regiões equatoriais.

Examinando as fotografias enviadas por sondas russas e norte-americanas, todos os cientistas foram unânimes em afirmar que Marte é um planêta em evolução. Isto muda totalmente as noções que havia sobre Marte, até então considerado um corpo sem vida, sem atmosfera e sem evolução.

Marte é o único planêta (sem falarmos de Vênus) onde há alguma esperança, de se encontrarem formas terrestres de vida e ainda o único planêta onde poderíamos sobreviver com auxílio mecânico relativamente simples.

Os fatos revelados pelo espectroscópio são um tanto desconcertantes; há pequeno sinal de oxigênio, talvez as plantas de Marte (se existirem algumas), possam obter o oxigênio necessário extraindo-o do solo, em vez de recolhê-lo da atmosfera. O mesmo acontecendo com a vida animal. Talvez a evolução tenha produzido criaturas que não necessitem de oxigênio algum. Tokmaciov, biólogo soviético, criou "no vidro" uma atmosfera semelhante à marciana, introduzindo-lhe plantas, vermes e insetos diversos. Alguns sobreviveram, e uma semente de milho desenvolveu-se até formar uma folha.

Um destacado cientista apoiando a teoria de que existe vida em outros planêtas, advertiu contra a tentação de pensar que "nossos próximos do espaço" — quando os encontrarem os astronautas terrestres — parecer-se-ão ao homem da Terra. "Seu aspecto será completamente diferente de qualquer coisa que possamos imaginar" — disse o sr. Herman J. Muller, zoólogo da Universidade de Indiana, falando aos delegados da

Associação Nacional de Professôres de Ciência. Muller disse que os sêres inteligentes de outros planêtas terão sentidos como o homem terrestre, mas poderiam diferir dêste em aspecto tanto quanto, por exemplo, um crustáceo difere de um mamífero. A evolução, onde quer que ocorra, resulta da singular combinação do acidente e uma norma lógica — segundo Muller: Mas, continuou, "nossos vizinhos estelares podem possuir métodos para aprender, consideràvelmente superiores aos nossos e estar mais adiantados que nós".

Chave da origem do sistema solar

A chave da origem e do primeiro período na história do nosso sistema solar pode ser fornecida por Phobos e Deimos, os dois misteriosos satélites que giram em torno do planêta Marte. Este apaixonante problema foi apresentado em Viena, na reunião da COSPAR (Comissão Internacional de Investigações Espaciais), pelo norte-americano S. Fred Singer, reitor do Instituto de Ciências Planetárias da Universidade de Miami.

Esses dois satélites, verdadeiras pequenas luas do planêta Marte, tem com efeito, características tais que os investigadores vêem surgir numerosos problemas com relação às suas origens.

Será que procedem de um pedaço da superfície de Marte, projetado ao espaço após o impacto de um enorme meteorito? Serão, pelo contrário, asteróides ou um combinado de meteoritos, captados pelo campo magnético de gravitação de Marte, durante sua passagem pelas proximidades daquele planêta? Em ambos os casos, um estudo perto dos dois satélites permitirá saber como era a natureza de Marte, há milhões de anos, ou ter a possibilidade única de estudar, "in loco", um asteróide.

O referido estudo é considerado por Fred Singer, como sendo possível para proximamente, mediante o envio, a Marte, de uma sonda especial cósmica teledirigida que seria colocada em órbita em torno daquele planêta e que poderia "examinar" os dois satélites a uma distância de 1.000 quilômetros.

Phobos e Deimos (temor e horror), assim chamados por serem os companheiros do deus romano da guerra (Marte), foram observados pela primeira vez em 1877, pelo astrônomo norte-americano Asaph Hall.

É, contudo, extremamente curioso comprovar que, no livro de Jonathan Swift — "As Viagens de Guliver" — uma das aventuras do herói do livro, Lemuel Guliver, o leva a ilha de Liliput, onde se informa de que os astrônomos dessa ilha imaginária haviam descoberto a existência de duas luas em Marte, cujo período de rotação em torno do planêta era, respectivamente, de 10 horas e de 21 horas e 30 minutos. Surpreendentemente, portanto, eis que as cifras exatas determinadas não há muito dão 7 horas e 39 minutos e 30 horas e 18 minutos. A história de Swift apareceu, por sua parte, em 1726, 150 anos antes de Phobos e Deimos haverem sido descobertos por Hall.

Phobos e Deimos intrigam a tal ponto os cientistas que, o astrofísico soviético I. S. Shklowsky emitiu a hipótese de que Phobos era um satélite artificial, perfurado em seu interior, lançado talvez pelos marcianos antes que seu planêta perecesse em consequência de um cataclismo formidável.

Seja qual fôr a resposta a esta hipótese audaciosa, o fato inegável é que os dois satélites existem. Phobos e Deimos giram em torno de Marte, sobre órbitas quase circulares e equatoriais. Phobos, o maior dos dois tem um diâmetro de cêrca de 24 quilômetros e se acha afastado de Marte uns 6.400 quilômetros. Deimos, duas vezes menor, encontra-se a 19.200 quilômetros do planeta vermelho. Phobos gira em torno de Marte durante um terço do dia marciano e, Deimos, pouco mais de um dia. Sua órbita é quase sincronizada.

Por tudo isso apresentado, podemos considerar satélites artificiais as duas luas de Marte, elas rodam em órbita circulares equatoriais e por isso são diferentes dos satélites naturais de outros planêtas do sistema solar. São bastante vizinhas de Marte e muito pequenas. Elas foram vistas pela primeira vez em 1877 enquanto em 1862 embora com melhores condições de visibilidade, os astrônomos não as identificaram. Temos que concluir que 15 anos mais tarde os instrumentos mais aperfeiçoados conseguiram vê-las pela primeira vez ou que um satélite marciano precedeu de quase um século o primeiro Sputnik?

Satélites artificiais em Marte

Deimos e Phobos, satélites marcianos, são artificiais, a essa conclusão chegou também o cientista americano Sharples que realizou uma série de observações daqueles satélites: Phobos não correspondeu à posição real teòricamente esperada. A diferença foi enorme. Phobos avançou em algumas dezenas de anos, dentro de sua órbita, 2,5 graus a partir do ponto calculado. O fato inexplicável, verdadeiro absurdo na mecânica celeste levantou grande celeuma nos meios científicos. Se durante êsse período Phobos acelerou seu movimento, claro está que se aproximou da superfície de Marte. Ao que parece é exatamente isso o que ocorre com os satélites artificiais, lançados ultimamente por norte-americanos e russos. Frenados pela resistência atmosférica, baixam, acelerando, ao mesmo tempo seu movimento.

Sharples e o astrônomo russo dr. I. S. Shklowsky, acreditam que as luas Phobos (a mais próxima) e Deimos (a mais distante do planêta) não são luas naturais, mas satélites artificiais constituidos de metal, dotados de cavidades internas e colocados em órbita, por marcianos de alta inteligência. A operação, segundo acredita o astrônomo russo poderia ter sido resultado de uma imensa inundação que assolou Marte há dois ou tres milhões de anos, quando havia oceanos no planêta avermelhado. Para escapar das águas, os marcianos talvez tenham lançado essas duas ilhas de refúgio. Segundo Shklowsky, Phobos é ôco, semelhante a lata de conservas na qual se tivesse retirado seu conteúdo, como um corpo natural não pode ser ôco, consequentemente Phobos, tem origem artificial e portanto constrido, e colocado em órbita, por sêres daquele planêta. Pouco depois da publicação de sua tese, outros intelectuais soviéticos apoiaram o mesmo ponto de vista, porém com uma diferença: os satélites artificiais Deimos e Phobos foram lançados na década 1870-1880.

Marcianos racionais

Em Marte, segundo muitos astrônomos é aonde existem maiores possibilidades de vida racional e vários incidentes peculiares ocorridos nos últimos anos, parecem robustecer vigorosamente essas possibilidades.

A prova mais importante está relacionada com a explosão misteriosa vista em Marte há alguns anos. O raro estalido foi observado pelo famoso astrônomo japonês Tsuneo Saheki, como Saheki se especializara em observar Marte desde 1933, sua informação teve muita fôrça entre os cientistas do mundo. Segundo Saheki, a explosão causou um brilhante fulgor durante vários minutos. Logo seguiu uma nuvem luminosa amarelo gris de 70 quilômetros de altura. Saheki sugeriu que havia sido uma explosão nuclear. A explosão poderia originar-se em duas causas: Uma erupção vulcânica ou uma explosão atômica provocada. Em êste último caso só poderia ter sido causada por sêres altamente adiantados e indício de experiências com armas muito mais poderosas que a bomba "H".

Se foi explosão deliberada, há três possibilidades. Ter sido provocada por sêres de Marte, uma raça de outro planêta estabelecida em Marte recentemente, ou homens do espaço procedentes do exterior do nosso Sistema Solar, poderiam estar empregando Marte como base de operação durante suas investigações sôbre a Terra.

"Glória de Javé" poderia ser nave espacial

E é provável que essas investigações tenham acontecido também no passado distante com as tradições religiosas antigas. Deuses e filhos de deuses que desceram à Terra; aquele cidadão chamado Enó que foi levado vivo para os céus, não seriam referências a atividades extraterrestres de astronautas do passado? Tratados científicos antigos, contem mais informações do que se poderia esperar do conhecimento primitivo. Refletem fragmentos de antigos ensinamentos transmitidos aos homens por visitantes cósmicos. Passagens bíblicas: Gênesis 18:3; 18:4; 5:8; 6:4, sôbre gigantes; sôbre filhos de Deus que vieram à Terra para copular com filhas dos homens. A idéia de anjos como espiritos não se coaduna com fatos fisiológicos: alimentação, busca de comida, cópula sexual etc.

Dos "Exércitos de Deus" (Isaias; 13:3,5) que a Bíblia tanto evidencia (e que poderia perfeitamente ser uma expedição extraterrestre) até a "Glória de Javé" (nuvem brilhante que guiou os hebreus no deserto e mais tarde foi vista sobre Jerusalém) podem ser fatos reais mas distorcidos pela imaginação dos primitivos escritores. Os relatos bíblicos são séries de fatos, obviamente exagerados ou distorcidos pela memória humana, subsequentes ao contato entre visitantes e primitivos aglomerados humanos. Contato que não se deu por acaso, e sim como parte de um plano que os visitantes arquitetaram a respeito do desenvolvimento da vida civilizada na Terra.

Certos fatos religiosos apresentados nos antigos livros, em forma de avisos, não eram símbolos míticos ou poéticos, nem produtos da imaginação superstíciosa, e talvez nem entidade sobrenatural, mas sim um fato físico; belo tipo de veículo capaz de empreender viagens astronáuticas, pela imensidão do Cosmo...

A respeito de investigações sôbre a Terra, o professor de Ciências Físicas e Matemáticas de Moscou, Michail Agrest sustenta que há milhares de anos nosso planêta foi visitado por habitantes extraterrenos, procedentes de outro planêta. Supõe o professor soviético, que, em épocas remotas, uma gigantesca astronave cruzou o espaço cósmico a uma velocidade próxima à da luz. Ao aproximar-se da Terra, ou seja, a uma distância de cêrca de quarenta mil quilômetros os tripulantes teriam reduzido a velocidade da nave para três quilômetros por segundo. Depois de haverem desligado os motores, teriam mantido a nave suspensa sôbre a Terra, enquanto examinavam a atmosfera e a superfície, por meio de projéteis-sonda. Vestígios dêsses projéteis —

afirma o professor Agrest — podem ser encontrados em formações de natureza cristalina descobertas em vários pontos da superfície terrestre e, em particular, no deserto da Líbia. A análise dêstes corpos revelou a presença de isótopos radioativos de berilo e de alumínio, os quais indicam que aquêles se formaram há cêrca de um milhão de anos, em condições de temperatura extremamente elevada e sob o efeito de poderosas radiações nucleares. O professor Agrest salienta que até agora não se conseguiu explicar a origem de tais estruturas.

O professor russo acredita que, uma vez escolhido o local, os tripulantes da astronave efetuaram a aterrissagem. Tentaram, em seguida, entrar em contato com os homens e transmitir-lhes conhecimentos superiores de astronomia e de mecânica celeste. Mas como estivesse a humanidade num estágio de desenvolvimento mental bastante incipiente, não puderam comunicar-lhes seus altos conhecimentos, fornecendo-lhes apenas algumas noções elementares, relativas à posição dos astros e à orientação pelas estrêlas. Assim se explicam — afirma o cientista russo — certos conhecimentos astronômicos que a humanidade possuía em tempos em que não dispunha de instrumentos para adquirí-los.

Vestígios de civilizações galáticas desconhecidas

Segundo a Escritura Sagrada, Sodoma e Gomorra encerravam, entre as suas muralhas tantos vícios e tantas depravações, que Deus foi induzido a cancelá-las da face da Terra "com uma chuva de fogo e de enxôfre ardente", após conceder somente a Loth e à sua família o privilégio de se porem a salvo. Durante a fuga nenhum dos felizardos deveria voltar-se para contemplar o espetáculo da fúria divina; mas a esposa do patriarca transgrediu a ordem, tangida pela curiosidade, e transformou-se numa estátua de sal.

Retrucam alguns cientistas que a catástrofe deve ter-se registrado há milhares de anos mas não estão em condições de explicá-las: as hipóteses de incêndios e devastações devem ser excluidas, e nenhum elemento válido apoia as de uma erupção vulcânica ou de uma convulsão telúrica. Existe, além disso, um pormenor curioso, do qual partiram os estudos de Agrest: o fato de os textos aludirem explicitamente à "queda do alto" do fogo destruidor.

A famosa passagem bíblica referir-se-ia, pois, a uma catástrofe atômica, descrita segundo a mentalidade da época.

Segundo o autor da original teoria, foi uma astronave extraterrestre que ocasionou o desastre: os visitantes espaciais, obrigados a se desfazerem de uma parte do seu combustível nuclear, tê-lo-iam feito explodir, depois de afastar os habitantes da zona.

Na planície de Baalbek, nos montes do Altilibano, ergue-se uma estranha plataforma, hoje corroida pelos fenômenos naturais, cuja origem permanece envolta em mistério: acredita Agrest que ela tenha sido construida para permitir a aterrissagem e a partida dos veículos cósmicos que visitavam o nosso globo, e muitos cientistas partilham das suas idéias. São os que, segundo dissemos, procuram dar uma interpretação científica aos mitos e às lendas, considerando-os deformações da realidade e não invenções gratuítas.

Segundo êles, a famosa passagem bíblica referir-se-ia a uma catástrofe ocorrida muito tempo antes, e te-la-ia descrito em termos irrefutáveis, pelo menos para a mentalidade da época. "Na chuva de fogo e de enchôfre ardente — diz Agrest — vemos algo muito semelhante aos efeitos de uma explosão termonuclear. Se os habitantes de Hiroshima não fossem tão evoluidos, certamente teriam descrito da mesma forma a destruição da sua cidade. O enxôfre arde com um calor elevadíssimo, dissolvendo os corpos aos quais adere".

A história da mulher de Loth também se adapta a este quadro, trazendo à mente o fenômeno da vitrificação do cimento armado registrada após o bombardeio da metrópole nipônica. A mulher poderia ter sido atingida pelo "vendaval atômico" que, varrendo as vastas jazidas de sal-gema ainda existentes naquela zona te-la-ia recoberto de detritos muitos finos, transformando-a numa estátua de sal.

Como Sodoma e Gomorra foram destruídas atômicamente!

Referindo-se depois aos manuscritos descobertos no Mar Morto, escreve o professor Agrest: "A descrição da destruição de Sodoma e Gomorra, que se encontra nesses manuscritos, não pode escapar à atenção do homem de hoje, familiarizado com os descobrimentos da física nuclear. Traduzido em linguagem moderna, êsse documento indica que as populações vizinhas receberam ordens para que se retirassem da região, onde ocorreria uma explosão, para que não se detivessem em terrenos descobertos e para que não olhassem a explosão. Os fugitivos que não obedeceram a estas últimas ordens ficaram cegos ou pereceram". O cientista russo supõe conforme já mostrei, que antes de deixarem a Terra e regressarem a seu planêta, os astronautas fizeram explodir suas reservas de combustível atômico depois de terem advertido do perigo as populações da região.

Agrest, assinalou, mais adiante, que até agora não se conseguiu explicar a finalidade da construção, do chamado "Terraço de Baalbeck", situado nos montes do altilíbano. Trata-se de uma enorme plataforma, pavimentada com lajes e pedras ciclópicas. Segundo Agrest, a referida plataforma é obra dos astronautas extraterrenos, que a construíram para servir como pista de aterrissagem e lançamento de sua nave, ou para assinalar, materialmente, sua visita ao nosso planêta.

Finalmente, escreve que as investigações simultâneas de historiadores, geólogos, arqueólogos, físicos e químicos poderão levar a descoberta de outros vestígios de uma possível visita, ao nosso planêta, de mensageiros de outros mundos. E conclui dizendo: "Se êsses vestígios fôssem descobertos, provariam a justeza da grande concepção da pluralidade dos mundos habitados, ao mesmo tempo que fundamentaria à nossa convicção de que nem a distância nem o tempo poderão dissuadir-nos de nossa determinação de alcançar as estrelas mais longínquas".

O enigma do Terraço de Baalbeck

O professor Agrest olha fascinado a maior pedra trabalhada do mundo, a "pedra do Sul" (duas mil toneladas)que faz parte do terraço de Baalbeck e que viera de pedreira distante. Algumas dessas pedras ultrapassam vinte e um metros! Quantos mil homens seriam necessários para seu transporte, se desconheciam naquele tempo as técnicas de hoje? Como se construiu o terraço e para quê?

Enquanto os arqueólogos continuam a sondar em vão os mistérios do imponente terraço, o professor apanha no solo, alguns pedaços de vidros... que mais tarde afirmou serem tectites, meteoritos, vindos de outros planêtas. Agrest volta a Moscou, sem esquecer o Líbano então resolve ler tudo o que na literatura mundial, trata da história dêsse país fabuloso. Começa pelos Manuscritos do Mar Morto, que um orientalista norte-americano publicou recentemente. E fica estupefato quando lê:

"Os sêres vindos do céu viviam na Terra naqueles tempos e, mesmo depois, quando os filhos caídos de Deus vieram"... mais adiante, é o fim de Sodoma e Gomorra. Antes da catástrofe, dois anjos foram à casa de Lot e lhe disseram: — "Foge, não olhes para trás". "Choveu sôbre Sodoma e Gomorra enxofre e fogo. Lot viu a fumaça da região como a fumaça de uma fornalha... A mulher de Lot olhou para trás e se tornou uma coluna de sal". No cérebro de Agrest, pusera-se em movimento um curioso mecanismo. Além da lenda, tem a impressão exaltante de "ver" aquilo que realmente acontecera. Está certo de ter a revelação brutal da explicação tão procurada. O inigma do terraço de Baalbeck... já não existe para êle. Mais tarde, a "bomba Agrest" explode em Moscou e logo no mundo inteiro: "Nosso globo teria sido visitado por astronautas de outros planêtas"...

Aqui e ali, há quem sorria, incrédulo. Depois, vem a reflexão. E a dúvida; e se afinal... Quase todos os dias não surgem confirmações de hipóteses julgadas outrora impossíveis? Então, em manchetes, os jornais dos 5 continentes publicam a descoberta "louca" do prof. Agrest. E, com os olhos do sábio visionário, o homem da rua "vê" o espetáculo alucinante: Naquele tempo, Abraão estabelecera-se à sombra dos Carvalhos de Mamré e seu irmão Lot apascentava seus rebanhos na planície que se estendia diante de Sodoma. Já havia muito tempo, "sêres vindos do céu", de um planêta afastado, se aproximaram da Terra a bordo de um navio gigantesco. Chegados a uma distância de 40 mil km em seu engenho que se deslocava a uma velocidade de 3 km por segundo, o navio cósmico então ficara "suspenso", como um helicóptero espacial, dando tempo aos visitantes de escolher seu local de aterragem. Decidiram-se pela região de Baalbeck. E, no terraço plano que dominava a cidade, construíram uma formidável área de aterragem e de partida para seus navios. Navios de propulsão nuclear.

Navio espacial deixa a Terra

As tectites, que o professor centenas de séculos mais tarde apanhara no deserto, eram nada mais do que partículas nucleares, isótopos radiativos de alumínio e de berilo... Mas um dia, os "gigantes caídos do céu" resolveram deixar a Terra. Tinham de destruir as reservas de combustível atômico que haviam acumulado na planície, nas vizinhanças de dois aglomerados de população que se chamavam Sodoma e Gomorra. Preveniram a população para que se afastasse, fôsse para as montanhas e principalmente "não se expusesse, não olhasse" o fogo terrível e destruidor que iria acender-se. Os homens não acreditaram no perigo, exceto Lot. Mas sua mulher viu o fogo e, quando se ergueu o trágico cogumelo, olhou. Morreu, volatizada, deixando como único vestígio sua silhueta recortada na rocha em que se encostara. Tôda a planície elevou-se e desapareceu. Quando o navio espacial subiu do terraço do Baalbeck, deixou atrás de si a morte e a desolação. Essa a narrativa que se podia deduzir das sábias hipóteses do prof. Agrest.

Pode-se dizer, naturalmente, que isso é mistificação, delírio. Certamente, as objeções ocorrem em tropel ao espírito: por que, por exemplo, admitindo-se a visita, em tempos remotos, de habitantes de outros planêtas — por que não se manifestaram no último milênio? Por que atribuir a sêres desconhecidos a construção de monumentos estranhos, quando admitimos nossa ignorância de certos pormenores técnicos antigos de construção? De acôrdo: mas por que não imaginar que as coisas ocorreram assim? Por que não admitir que visitantes vindos das profundezas do Cosmo, tentaram um dia comunicar seu saber aos terrenos e que êsses conhecimentos foram logo esquecidos por povos cujo nível de cultura era muito baixo? Por que negar, a todo preço, a existência, antes do nosso período cheio de audácia e de conhecimentos, de outras civilizações que não ignoravam nada da física nuclear e da astronáutica?

Marcianos poderão agir violentamente!

Uma das mais excitantes possibilidades do envio de sondas espaciais aos planêtas, particularmente Marte e Vênus, está na oportunidade de descobrir alguma forma de vida fora da Terra. Durante séculos, cientistas e filósofos especularam sôbre a possibilidade de existir vida em outra parte do universo. Entretanto, só nos últimos tempos é que a idéia ousada de não ser a Terra o centro do cosmo e das coisas vivas passou a encontrar mais do que alguns raros crentes. Depois de examinar tôdas as informações existentes, alguns cientistas sugerem, que as cenas mutáveis que vemos em Marte são devidas a organismos vivos. Em lugar de musgo e liquem, geralmente oferecidos como explicação, as variações nas marcas da superfície de Marte poderiam ser devidas a habitantes de ordem muito superior possivelmente até mesmo dotados de inteligência.

Se no planêta que mais se assemelha à Terra no sistema solar existe vida inteligente, o homem precisa tomar muito cuidado antes de enviar uma máquina semelhante a robô para colhêr amostras na superfície de Marte. Como advertiu o dr. Frank Salisbury, da

Universidade do Estado de Colorado: "Pelo menos, posso imaginar como eu talvez reagisse se um aparelho dêsses pousasse em meu quintal e começasse a agarrar minha macieira, meu gato e talvez até a mim mesmo". O dr. Salisbury acredita que a única explicação para muitas das variações observadas em Marte é a existência de vida e que uma forma superior de vida precisaria de modificação mínima para ser responsável pelas variações. De "animais" que se alimentam com sêres vegetais capazes de vicejar na rarefeita atmosfera, na baixa gravidade e nas frias temperaturas de Marte, o dr. Salisbury sugere que não é preciso "senão mais um passo", embora grande, para chegar a sêres inteligentes.

A Administração Nacional de Aeronáutica e Espaço dos Estados Unidos concorda com o dr. Salisbury e muitos outros cientistas em que a questão básica sôbre Marte, Vênus ou qualquer outro objeto no sistema solar é saber se lá existe vida ou se há algum sinal de que já existiu. O envio de novas sondas, mais aperfeiçoadas aos planêtas está sendo, portanto, planejado para oferecer indícios sôbre êsse problema. Indícios de vida poderiam ser encontrados sob a forma de microrganismos ou mesmo de vírus, provàvelmente a mais simples forma de vida conhecida. Essa é uma das razões pelas quais os Estados Unidos estarão tomando as maiores precauções para evitar que qualquer veículo enviado através do espaço até a Lua ou aos planêtas leve contaminação terrestre. Como aconteceu com as sondas lunares, as primeiras sondas enviadas a Marte e Vênus deverão circundar os planêtas e transmitir suas informações para a Terra.

Portanto, espera-se que a primeira sonda marciana leve um espectrógrafo infravermelho para determinar a presença ou ausência de moléculas orgânicas. Haverá também instrumentos para detectar a presença ou ausência de ozona, a camada de oxigênio de pêso tríplice que protege a Terra contra a radiação ultravioleta do Sol, que sem ela poderia ser fatal. Espera-se que a sonda marciana também transmita para a Terra imagens semelhantes às de televisão, mostrando como é a superfície do planêta, com mais detalhes.

Êsses indícios sôbre a possível existência de vida em Marte e sôbre a verdadeira aparência do planêta são esperados para breve. Um dos mais diretos argumentos em favor da vida em Marte provêm do dr. William Sinton, da Universidade John Hopkins, de Baltimore. Utilizando-se do mais potente telescópio do mundo, o instrumento de 5 metros de Mt. Palomar, para observar Marte sob a luz que o planêta emite na escala infravermelha, êsse pesquisador encontrou faixas de absorção características das moléculas orgânicas dos organismos vivos da Terra.

Em penetrante análise sôbre o que se conhece a respeito de Marte, o dr. Salisbury verificou que, em sua maioria, os astrônomos concordam no seguinte: 1) a pressão atmosférica na superfície marciana é aproximadamente igual à existente de 16 a 17 quilômetros acima da superfície da Terra: 2) o conteúdo de dióxido de carbono é de 2 a 13 vezes maior que na superfície da Terra; 3) existe apenas diminuta quantidade de vapor de água, sem oxigênio livre e ozona perceptíveis, sendo o grosso da atmosfera constituído de nitrogênio, com um pouco de argônio produzido pela decomposição radiativa de potássio.

Vida em Marte com bioquímica diferente

Os astrônomos sabem há bastante tempo que Marte tem cêrca de dois quintos da atração gravitacional da Terra em sua superfície, que o comprimento do dia é quase igual ao da Terra, mas o ano é duas vezes mais comprido, e que a intensidade da luz do Sol que chega a Marte representada cêrca de 43% da que atinge a Terra. Para que qualquer forma de vida exista em tais condições, sugere o dr. Salisbury, deve haver uma bioquímica muito diferente da encontrada na Terra. A água, por exemplo, poderia atuar como uma "vitamina". É preciso que haja algum método para limitar severamente a perda de água pelos organismos marcianos. O oxigênio, tão básico à vida terrestre, poderia ser substituído pelo nitrogênio. Ou então o processo de decomposição poderia envolver óxidos de ferro, de maneira muito semelhante àquela pela qual o oxigênio se separa da água através da fotossíntese na Terra.

Mesmo os cientistas que não concordam com as deduções do dr. Salisbury sôbre os indícios da vida em Marte estão de acôrdo em que a descoberta de vida em outros planêtas ou em qualquer outro lugar no universo seria um dos mais momentosos acontecimentos da história humana.

Provaria claramente que a Terra não está sòzinha no cosmo. Culminaria também uma longa história na qual a Terra passou de centro do Universo para terceiro planeta do Sol; o Sol deixou de ser o centro do Universo para tornar-se apenas uma estrela entre muitas; depois a estrela mais próxima da Terra passou a situar-se em um canto de uma galáxia povoada por milhões e milhões de estrelas: galáxia que se acredita agora ser apenas uma dos inúmeros milhões de galáxias existentes num universo aparentemente infinito.

O professor Salisbury, não pretende com isso pôr um limite aos programas espaciais que, embora cheios de incógnitas e riscos, são o testemunho da instintiva necessidade de conhecimento do homem. Ele não exclui a possibilidade de viverem em Marte sêres inteligentes mas aconselha a maior prudência na iniciativa do homem da Terra em travar contactos com êles. Nos avisa que certas emprêsas temerárias poderiam nos proporcionar grossas e desagradáveis surprêsas. Êsses sêres inteligentes poderiam ter reações até mesmo violentas. É necessário um grande esfôrço da imaginação para eliminar as muitas dificuldades criadas pela diferença do ambiente, de atmosfera, da gravitação. Evidentemente uma aterrissagem em Marte, que agora já não pertence mais ao reino do irreal, resolveria muitos problemas, como a observação telescópica feita de um satélite rodando em volta do planêta nos forneceu dados interessantíssimos. O professor Salisbury não é um físico nem um astrofísico. Com 36 anos de idade é professor de fisiologia das plantas na Universidade do Colorado. Agora está estudando a fisiologia da florescência. Não é, portanto, especializado em problemas espaciais; é um estudioso que se ocupa das plantas. Mas sofreu sempre a atração dos estudos sôbre Marte e há dez anos faz pesquisas neste campo e chega a conclusões num certo sentido positivas, baseando-se em estudos da própria fisiologia das plantas.

Agora, com um colega, pela primeira vez, faz um curso de biologia espacial para um número limitado de estudantes. A fisiologia terrestre é seu pão cotidiano, a biologia marciana, seu *hobby*. Mas recentemente apareceu numa revista científica um artigo seu de grande competência técnica que tornou conhecido o nome do professor Salisbury através dos jornais, do rádio e da TV mesmo, no mundo dos estudos espaciais. Na sua opinião a explicação mais plausível das famosas manchas que se apresentam aos observadores de Marte, é que elas sejam provocadas por sêres animados. Mas que tipo de organismos? Formas de vida muito baixa, como por exemplo os líquens, ou formas progredidas de plantas, animais e, eventualmente, sêres inteligentes?

"Deve-se começar — observa Salisbury pela descrição das próprias manchas. A explicação mais plausível teria, portanto, caráter biológico mas as características físicas também têm importância. Marte é menor que a Terra e a sua gravitação é de dois quintos menor que a da Terra. O dia consta mais ou menos de mesmo número de horas, mas o ano marciano dura duas vêzes mais que o terrestre. Como Marte na sua órbita elíptica é mais perto do Sol quando o Pólo Sul se acha na direção dêle, os invernos são mais frios e os verões mais quentes no hemisfério meridional. A temperatura é sem dúvida mais baixa que na Terra por que Marte se acha mais afastado do Sol e por que a atmosfera mais rarefeita consente a uma grande parte do calor irradiar-se no espaço durante a noite. "Muito importante para os nossos estudos — explica o professor — é a composição da atmosfera, na qual até hoje só foi identificada a anidride de carbono em quantidade sem dúvida maior que na atmosfera terrestre".

Nenhuma forma de vida conhecida na Terra, pode explicar as manchas de Marte. Se as plantas pudessem viver sem água e quase sem oxigênio, a temperaturas muito baixas e, resistindo às radiações ultra-roxas seriam em condições de propagar-se a velocidades suficientes para explicar os fenômenos observados em Marte. A resistência às radiações ultra-roxas e às baixas temperaturas requereria modificações que não parecem impossíveis. Temos na Terra certos cogumelos que resistem aos raios gama e ultra-roxos e plantas que vivem em climas gélidos. A água é sem dúvida um elemento importante em Marte também; isto se pode provar com as mudanças de côr das manchas com relação ao degêlo. Não se pode pensar que a água desliza do pólo, pois se verificaria durante a noite seu gêlo e sua evaporação durante o dia. Então, por que a água não poderia ser parcialmente armazenada nos corpos dos organismos viventes? E por que as plantas marcianas não poderiam conter uma substância que lhes consentisse conservar a água enquanto absorvem anidrido carbônico da atmosfera?

Das plantas, aos animais e sêres inteligentes

O problema cuja solução é mais difícil é a falta de oxigênio, nossa biologia tôda, baseia-se na fotossíntese, isto é, no processo mediante o qual as plantas utilizam a energia solar para produzir os carboidrados de anidrido carbônico e da água. Isto subentende a presença de oxigênio na atmosfera. Mas em Marte ao que parece o oxigênio se encontra sòmente em alguns compostos de ferro nos desertos. Aliás quando se fala de sêres viventes em Marte, não se quer dizer que êles se pareçam conosco. Na Terra sem oxigênio morre-se. Mas talvez não seja assim em outros lugares. É possível imaginar que o azôto o substitui, nos seus numerosos estados de oxidação ou que os organismos marcianos podem subtrair o oxigênio aos óxidos de ferro da mesma maneira com que a água se subtrai às plantas da Terra com a fotossíntese. A idéia da vida em Marte parece pela verdade admissível: deve-se supor que se trata de formas floridas não pobres como seriam se tivessem que viver na Terra naquelas condições. Se, em lugar dos líquens admitirmos a presença duma abundante vegetação que encontrou em Marte o ambiente adequado, é fácil supor que outras formas móveis, como os nossos animais, se alimentem com aquelas plantas. Daí podemos chegar à hipótese dos sêres inteligentes.

Para descobrir o que lá existe, realmente, os melhores cérebros da Administração Nacional de Aeronáutica e Espaço dos Estados Unidos elaboraram agora um engenhoso plano: Em breve uma espaçonave pesando mais de meia tonelada será lançada do Cabo Kennedy. Levará um grande robô, que será construído de modo a alterar sua rota em obediência a sinais enviados da Terra.

Micróbios, ou sêres adiantadíssimos?

Depois de viagem que se prolongará por vários meses, a espaçonave passará por perto de Marte. Nessa ocasião, lançará um pacote, contendo cêrca de um quilo de aparelhamento científico, que descerá através da rarefeita atmosfera de Marte na extremidade de um pára-quedas. Do pacote serão disparados repentinamente dois foguetes, que arrastarão, cada um dêles, um cordel muito pegajoso, com 15 metros de comprimento. A goma do cordel segurará poeira, germes ou células vegetais vivas que possam existir naquele local do planêta. Em seguida, um cabrestante em miniatura puxará novamente para a caixa os cordéis, com sua preciosa colheita. Experiências realizadas recentemente em *Rok Creek Park,* Columbia, provaram que um bom punhado de micróbios pode ser assim recolhido em 45 minutos.

Uma vez dentro da caixa, os "bichos" marcianos — se existirem — tomarão uma refeição. Cairão num caldo feito com variedade de substâncias químicas capazes de agradar ao seu paladar. Será então tentado um feito incrível de detecção. Entre as substâncias químicas que serão colocadas na caixa estará o carbono-14 — versão radioativa do carbono comum, que é um dos principais elementos das células vivas da Terra. Depois de tomar a sopa, qualquer organismo vivo que exista em Marte deverá reproduzir-se, emitindo, ao fazer isso, um gás que contém um pouco de caborno-14. A radioatividade do carbono-14 poderá ser detectada e medida por um contador *Geiger,* que será instalado no alto da caixa. No momento em que o contador começar a dar estalidos, os cientistas saberão que encontraram vida. O passo final será transformar automàticamente êsses estalidos em sinais compreensíveis de rádio, que possam ser transmitidos de volta à Terra, através de uma distância de 65 milhões de quliômetros.

Que poderemos descobrir em Marte? (Os planos da "Nasa" são interessantes, mas já pensou o leitor, se no lugar de "bichos" marcianos os aparelhamentos científicos encontrarem, sêres altamente adiantados vivendo embaixo do solo?) Todavia, a confirmação da existência de vida sob qualquer forma em algum lugar fora dêste mundo representará sem dúvida profundo impacto sôbre a religião e a filosofia, além de contribuir para explicar como começou a vida na Terra.

O dr. Homer E. Nawell, da Administração Nacional de Aeronáutica e Espaço, resumiu o projeto com as seguintes palavras: "Estamos depositando nossa esperança em pequenos organismos — bactérias, para ser preciso — por que êles são onipresentes aqui na Terra. E, se nossa teoria é correta, são essas as formas de vida que temos maior probabilidade de encontrar em qualquer ponto ocasional de Marte". Se êsses pequenos organismos forem encontrados, a caça prosseguirá com redobrado vigor. Para cada pergunta respondida, será formulada uma outra. Se as bactérias podem sobreviver, por que não o podem fazer animais multicelulares? Se existe vegetação no planêta, por que parece ela diminuir e aumentar tanto de acôrdo com as épocas do ano? Se há pouca água, por que se formam "calotas geladas" brancas nos pólos do planêta todo o inverno, parecendo derreter-se na primavera? Para responder a essas perguntas, os cientistas provàvelmente precisarão então esperar mais alguns anos, até que estejam construídos os robôs ainda maiores, chamados "Voyagers", especiais, e aperfeiçoados foguetes capazes de lançá-los ao espaço com a missão de trazer mais detalhes.

Professor brasileiro acredita na vida marciana

Citaremos a opinião do professor, Flávio Pereira, sôbre o assunto: "Sim, hoje podemos assegurar, com absoluta certeza, que Marte não é um deserto de vida.

Há provas suficientes de uma intensa vida vegetal naquele planêta. E as sumidades da Biologia e da Astrobiologia de todo o mundo já estão elaborando teorias em tôrno da forma e da fisiologia dos animais marcianos. As plantas, explica-se, são verdadeiras usinas de energia química, que elas criam, por fotossíntese, a partir da energia solar. Os animais, por seu lado, são usinas de conversão energética, absolutamente essenciais ao equilíbrio biológico de um planêta. Assim, onde há plantas há animais. Esta é uma das regras da Biologia moderna. O problema está em saber como serão os animais inferiores de Marte. Muitos estudos já estão sendo feitos a êsse respeito. Vencida essa etapa, será lícito pensar-se também na existência marciana de animais superiores, racionais. Mas, uma coisa é certa: se não há, pelo menos já houve animais racionais em Marte".

Muito antes da descida em Marte, por astronautas americanos, esperamos ter resolvido, através dos progressos científicos terráqueos, muitos enigmas. Esperamos também que até lá, já tenhamos solução para os "sinais espaciais", já citados neste livro. Nos últimos anos astrônomos estão escutando misteriosos "sinais" de rádio procedentes da Via Láctea. Se desconhecem suas origens. Em princípio, os homens da ciência acreditavam serem emitidas por corpos incandescentes. Em uma recente informação do dr. Grote Reber, autoridade em radiações cósmicas, expressou sua crença que ondas radiofônicas tão poderosas não poderiam ser causadas por nenhuma estrêla. "Estas misteriosas transmissões de rádio — disse o dr. Reber — contituem uma das maiores incognitas da ciência atual. Não estamos seguros de sua origem e o que significa".

Explosão atômica em 1908!

E para finalizar, esperamos ter até a descida em Marte, esclarecido o famoso fenômeno "Aerolito de Tunguska" "Catástrofe de Tungus" ou "Grande Meteorito Siberiano".

Atualmente, uma explosão nuclear vaporizante é considerada como uma probabilidade no estranho e ainda não resolvido mistério do fenômeno chamado a "Catástrofe de Tungus". O fenômeno ocorrido a 30 de julho de 1908 e que se tornou conhecido como o "Grande Meteorito Siberiano" está causando grande controvérsia. Na referida data, os habitantes do distrito de Jenissei, na Podkamennaia — Toungousska, Sibéria Central, viram uma gigantesca bola de fogo e que, imediatamente em seguida, houve uma colossal explosão que devastou uma área florestal de 70 milhas de diâmetro e cujas ondas foram registradas na Inglaterra. A teoria do meteorito persistiu até a explosão da bomba atômica em Hiroshima, quando um grupo maior de cientistas soviéticos passou a admitir a hipótese de que a catástrofe de Tungus não passou de uma explosão atômica, ou melhor, que um veículo impulsionado por energia atômica explodiu quando tentava aterrar.

Vejamos as palavras de um professor russo a respeito: "Hoje, após discussões que têm durado anos e depois do regresso, em 1958 da expedição que foi a região de Tungus, alguns cientistas consideram novamente provável que a explosão do chamado "Aerolito de Tunguska", que não foi achado, nem formou funil e que por todos os pormenores tem o aspecto de uma grande explosão nuclear, foi realmente isso, a explosão do combustível radiativo de uma nave interplanetária de Marte, que explodiu na região a dois mil metros de altura e cuja onda expansiva deixou no lugar da explosão um bosque morto de pé, derrubando as demais árvores num raio de 30 quilômetros — É de esperar que se enviem novas expedições à região da catástrofe e se resolva de uma vez o enigma do hóspede que nos veio do Cosmos em 1908".

Semelhantes, as explosões de Tungus e Hiroshima!

Com essas palavras referentes ao fenômeno de Tungus, o famoso professor russo Alexandre Kazantsev, sabia que se não fôra encontrado vestígio de nenhum meteorito, nem da cratera que êste lògivamente deveria ter aberto, que outra coisa poderia ter provocado o desastre? Confrontados os sismogramas da catástrofe siberiana e da explosão de Hiroshima, revelaram que as explosões se assemelhavam como duas gotas d'água. Estudando os testemunhos relativos ao chamado enorme meteorito caído em 1908 o professor encontrou pormenores estranhos; a descrição do impacto não se amoldava à de um choque cósmico!

Rezavam as crônicas da época que habitantes de Tungus diziam: "Esta terra é amaldiçoada, nem mesmo os filhos de nossos filhos poderão esquecer o que aconteceu. Uma tremenda explosão fêz nascer uma nuvem sob forma de árvore, que chegava até o céu, e cujos ramos continuaram crescendo, emanando um fulgor branco. O solo onde isto se deu transformou-se em deserto, os troncos petrificaram-se e não cresce mais nem um fio de erva."

Outros relatórios diziam que as radiações haviam reduzido a zona atingida, num deserto estéril "queimando as pessoas como um fogo invisível"... Um outro professor, o francês Basnier, que também estudou o fenômeno e que era partidário da mesma teoria esclarece: "Graves e contínuos foram os danos acarretados às pessoas: males misteriosos que se revelaram muito tempo depois do fato, chagas que jamais saravam. E impõe-se acrescentar algo mais sinistro, embora hoje perfeitamente explicável: nasceram na região, crianças monstruosas, enquanto os animais punham ao mundo sêres anormais."

"Uma bomba atômica em 1908?" Perguntaram todos quando Kazantsev expôs à Sociedade Astronômica Soviética, sua teoria:

— "Não precisamente uma bomba", disse o professor, — "Mas, um veículo à propulsão nuclear, uma astronave procedente de um planêta próximo que explodiu a alguns quilômetros de altitude sôbre a superfície terrestre!"

Segundo êsse cientista, o cruzador espacial devia ter partido de Marte, dirigindo-se rumo ao nosso globo, após sobrevoar Vênus. Mas os astronautas do planêta vermelho não chegaram até nós: pereceram à vista da Terra, talvez devido a um desarranjo. Kazantsev relata outros fatos muito singulares: a 30 de junho de 1908, Vênus encontrava-se à distância mínima da Terra, e justamente nas horas que antecederam ao sinistro, alguns astrônomos julgaram ter descoberto um novo corpo celeste, brilhando qual um cometa, que nunca mais foi visto...

Vejamos a teoria de outro cientista soviético: Liapunov. Tese: foi mesmo uma astronave movida a motores nucleares, chegada do espaço cósmico, e que explodiu naquela área, provocando os seguintes efeitos:

Devastação enorme na floresta da taiga siberiana. Não se encontraram crateras secundárias que normalmente se formam quando um meteorito de grandes proporções se choca com a superfície terrestre. Expedições realizadas em 1928, 1929 e em outras datas, jamais encontraram vestígios minerais do suposto meteorito. Sabe-se que os meteoritos pétreos, que não são jamais de grandes dimensões, produzem detritos que se espalham por tôda a área devastada, da mesma forma como o fazem os meteoritos metálicos.

O professor Liapunov, prossegue, defendendo assim a versão do fato: Renunciemos definitivamente à hipótese de ter sido um meteorito. Imaginemos que se tratou de um navio cósmico. A cosmonave descreveu em tôrno da Terra trajetórias elípticas, usando o atrito atmosférico para frear a queda. Os motores da cosmonave funcionavam a base do princípio da desagregação da matéria. Talvez obrigados a uma aterrissagem prematura, por razões desconhecidas, tentaram frear a queda usando os reatores, que pelo fato de funcionarem descontinuamente, aos golpes, provocaram os sucessivos estrondos que as testemunhas auditivas compararam a tiros repetidos de canhão.

Levados a pousar imediatamente, tiveram diante de si colinas, rios, florestas e outros obstáculos da paisagem. Sobrevoando a taiga, o jato dos motores provocou a queda das árvores imediatamente abaixo, justamente desenraizadas e quebradas no sentido contrário ao da marcha do navio cósmico. Êste ao perder velocidade, perdia estabilidade, pelo que seu eixo mudava continuamente de posição. Por isso, ao invés de produzir na floresta uma enorme área de árvores devastadas, o jato atingiu a floresta desordenadamente.

As árvores não foram queimadas ou calcinadas por igual; algumas apenas tiveram seus ramos desnudados. Isso porque o navio cósmico, nesse momento, ainda se achava em vôo, a altura relativamente grande, pelo que os jatos atingiram a vegetação já bastante resfriado pela atmosfera. Contudo, quando a cosmonave perdeu altura, esses iatos calcinaram a floresta nos pontos acima mencionados. A astronave, descendo em posição vertical, com seus jatos voltados para baixo provocou agora apenas queimaduras nas copas das árvores varridas pelo fogo, permanecendo porém intatas sobre suas raízes.

O semicírculo ou leque de árvores abatidas, mas apenas queimadas em suas metades, explica-se pelo fato de que pouco antes de explodir a cosmonave, o restante do combustível explodiu e pulverisou a região, inclusive o próprio corpo do veículo. Essa explosão explica o clarão que iluminou durante muitos dias os céus da Europa e Ásia: foram os produtos resultantes da deflagração do combustível e da matéria desintegrada do navio cósmico que, levados para a estratosfera e as camadas mais altas da atmosfera, ali produziram luminescências. A cosmonave provàvelmente era construida de liga de metais não-magnéticos, como alumínio ou magnésio, o que explica os resultados negativos das pesquisas feitas com a ajuda de detetores eletromagnéticos.

Sabemos o que se passou em Tunguska, mas agora estamos querendo saber como se passou. De acôrdo com outro estudioso, o francês Velathcourt, o bólido siberiano de enormes proporções devia ter forma cilíndrica, com a extremidade "anterior" mais arredondada que a "posterior", a qual terminava em forma de fuso.

Vinha em velocidade fantástica. Sua altitude declinou ràpidamente, desaparecendo no horizonte e não mais sobrevoando regiões habitadas. Subitamente, tôda a imensa região foi sacudida por tremenda explosão, a qual foi registrada por tôdas as estações sismográficas da Terra. O estrondo da explosão foi ouvida, sob a forma de ecos multiplos, a mais de 1.000 quilômetros do local do fenômeno. A 600 quilômetros de distância, homens e animais foram atirados ao chão e pequenos riachos deslocados de seus leitos naturais. A 260 quilômetros camponeses cairam em síncope.

Levantou-se na atmosfera uma coluna de fogo, galgando altura de 20.000 metros, cujo calor foi sentido a 85 quilômetros de distância. A onda atmosférica decorrente do desmantelamento do objeto deslocou-se em torno da Terra durante 100 horas.

Cientistas calcularam que o objeto voador devia pesar, ao chegar, entre 50.000 e 500.000 toneladas, e que no instante da queda, a velocidade devia ser de várias dezenas de milhares de quilômetros por hora!

Por muitas e muitas noites seguidas, após o fenômeno, o céu se iluminou de estranhas côres. Nuvens aparentemente iluminadas do seu interior (muito semelhante às nuvens radioativas observadas após as explosões nucleares) foram vistas flutuando a 80 quilômetros acima da superfície terrestre. As noites eram tão claras que muitos podiam ler ou tirar fotografias, inclusive nas margens do oceano Atlântico. A partir de julho de 1908, e durante mês e meio, produziu-se um escurecimento geral na atmosfera em todo o hemisfério ocidental, fenômeno que cientistas atribuiram às poeiras extremamente finas provenientes da pulverização da massa do estranho objeto voador.

Foi a expedição de um outro professor da União Soviética, Koulik, que em 1927, encontrou na área devastada milhares de troncos de árvores calcinadas. E que tôda a região da Taiga denotava ter sofrido calcinação e não incêndio pròpriamente dito. E no ponto exato da queda, achava-se o solo espalhado de árvores abatidas, dispostas em forma de semicírculo ou leque, ao redor de um pântano de 10 quilômetros de diâmetro. Achado inusitado em matéria de quedas de meteoritos. Ao longo da trajetória de vôo do objeto, a floresta ou taiga mostrava-se igualmente alastrada de árvores desenraizadas, e isso por muitas dezenas de quilômetros de extensão. As copas de tôdas as árvores tombadas se achavam voltadas para a direção oposta à de vôo do objeto. Por outro lado, setores inteiros da taiga permaneceram bem conservadas, fenômeno difícil de explicar, e que obrigou o professor Liapunov a formular a sua teoria, apresentada linhas atrás.

Podemos acreditar ou não nas teorias de Kasantsev, Liapunov e outros, porém uma coisa é certa, o fenômeno de Tunguska não se enquadra na categoria dos meteoritos, na opinião dos próprios especialistas em Ciência Meteorítica.

Tantas foram as provas apresentadas que os membros da Academia de Ciências, da Rússia concluíram: "Estamos de acôrdo quanto a admitir que nos encontramos diante de um *hóspede do Universo!*"

CONCLUSÃO DE CIENTISTAS: HÁ VIDA EM OUTROS PLANÊTAS!

Colombo tinha em seu poder um mapa, ao empreender a histórica viagem em que descobriu a América. Nele constavam América do Sul e parta da Antartida!

Como explicar objetos existentes em museus, cuja tecnicidade não tem relação com a cultura rudimentar das épocas passadas? Não seriam provas, que sêres de outros planêtas nos visitaram há milênios?

Novamente, o problema dos micróbios: da ficção de H. G. Wells "A guerra dos Mundos", a realidade do dr. Joshua Lederberg, vencedor do Prêmio Nobel.

Evidência de vida em outro planêta, revelada por fragmentos de um meteorito. Tôda a vida existente na Terra, talvez descenda de um único espório que viajou pelas frias extensões do espaço.

Os grupos religiosos, teriam que reexaminar suas atitudes sôbre a vida no espaço, em virtude de novos descobrimentos? Em que forma as raças de outros planêtas poderiam conhecer Deus?

O célebre físico soviético Alexandre Kazantsev, citou recentemente o planêta Faetonte, nome que os gregos davam ao planeta Júpiter. Êsse Faetonte chama-se oficialmente "Planêta de Olbers". Wilhelm Olbers era um grande astrônomo alemão que, no fim do século passado, emitiu a hipótese da existência de um planêta que, situado entre Marte e Júpiter, um dia se deslocaria por motivos desconhecidos. Sem dúvida, era mais do que uma hipótese puramente gratuita, pois efetivamente, em 1951, foi estabelecida com certeza que pelo menos 15% dos asteróides que circulam entre Marte e Júpiter (notadamente Ceres, com 700 km de diâmetro; Palas, com 480 km; Vesta, com 380; Juno, com 190 km) formaram outrora um conjunto que tivera origem comum. De acôrdo com toda a probabilidade, haveria assim mais de 2 mil pequenos planêtas errantes entre Marte e Júpiter e um dia se teriam juntado na massa de um planêta semelhante à Terra. Por que explodiu em estilhaços?

Talvez tivesse sido atingido por um projétil exterior do Sistema Solar. Talvez se tivesse chocado com um planêta gêmeo... E Kazantsev sugere que talvez seus habitantes, chegados a um nível elevado de conhecimentos, possuíssem nossa ciência astronáutica e atômica, se não mais ainda. Depois de ter explorado alguns planêtas do Sistema Solar e ter deixado nêles suas colônias teriam cometido alguma imperícia ou uma loucura fatal? Alexandre Kazantsev dá a entender que os habitantes de Faetonte desencadearam uma formidável reação têrmonuclear que esmigalhou seu planêta num apocalípse final.

"Visitantes" de outros mundos

Não teriam "visitantes" de outros mundos, no auge de seus progressos, travado contacto com nossos antepassados? Não teriam êsses "hóspedes" legado aos homens uma soma de conhecimentos muito avançados e que no decurso dos séculos, foram perdidos, esquecidos e guardados apenas por alguns? Como se explica objetos, agora achados, cuja tecnicidade não tem relação com a cultura científica rudimentar das épocas passadas. É o caso da "máquina de calcular" de Antikitera.

Quando pescadores de esponjas trouxeram o objeto do fundo do mar e o levaram a sábios, êstes viram nêle apenas um simples relógio, um pouco estranho. Hoje, o "relógio" está no museu de Atenas. Maravilha de mecânica, a máquina acompanha o movimento do Sol no círculo do zodíaco. Indica os meses do ano, assim como as horas do nascer e do ocaso do Sol, e das estrelas brilhantes, durante todo o ano. Um segundo mostrador marca as fases principais da Lua. Uma agulha também acompanha a posição e o movimento dos planêtas Mercúrio, Vênus, Marte e Júpiter. O aparelho é uma cópia aritmética do modêlo geométrico do Sistema Solar, tal como o conheciam Platão e Arquimedes. Uma cavilha colocada ao lado permitia dar-lhe corda. Tudo isso seria compreensível se os gregos, que utilizavam o aparelho, de que não se conhece similar, fôssem capazes de construí-lo. Mas é justamente aí que começa o enigma: está provado que os gregos da antigüidade eram maus mecânicos. Seus conhecimentos e sua experiência não lhes permitiam construir aparelho tão aperfeiçoado.

Um acumulador elétrico há 4.500 anos!

Há anos atrás, arqueólogos exumaram, nos arredores de Bagdá uma caixinha, de aspecto modesto, mas que apresenta um enigma insondável. Trata-se de uma caixa corroída pelos séculos e que produz eletricidade. Datando de 4.500 anos, êsse acumulador elétrico é com certeza o mais antigo do planêta. Milagrosamente ainda se acha em estado de funcionamento. Há pouco tempo, forneceu uma corrente de 0,54 watts! 4.500 anos... Como teria ocorrido aos homens dessa era, presumivelmente rudes e bárbaros, a idéia de construir tal aparelho que exige conhecimentos sérios de física, de química e até de metalurgia? E o paralelepípedo de aço polido que atualmente está exposto no museu de Salzburgo, e que foi descoberto numa mina de carvão da Áustria? E os verdadeiros pregos de aço que foram encontrados numa jazida de calcário, formada provàvelmente há 80 milhões de anos?

Uma espécie extra-terrestre, muito mais adiantada, nos visitou há milênios

No "O Livro Vermelho dos Discos Voadores", do professor Flávio A. Pereira, de quem fui aluno, lê-se a história do Mapa de Piri Reis: No século XVI, o almirante Piri Reis, da Marinha Turca, adquire um mapa que pertencera a Cristovão Colombo. Combinando-o com mapas gregos do tempo de Alexandre o Grande, Piri Reis compila uma carta mundial em 1513.

Em 1953, quatro e meio séculos depois disso, um oficial turco envia o Mapa Mundi de Piri Reis para o engenheiro chefe do Gabinete Hidrográfico da Marinha de Guerra dos Estados Unidos. Afim de avaliá-lo, êste solicita ajuda do capitão aposentado A. H. Mallery, da Marinha Mercante, e conhecida autoridade em mapas antigos. Após demorada análise, Mallery descobre o método usado na projeção cartográfica o que é confirmado depois pelos peritos catógrafos da Marinha de Guerra, chegando-se então às seguintes conclusões:

1.º — Colombo tinha em seu poder um mapa, ao empreender a histórica viagem em que descobriu a América. Êsse mapa mostrava as costas de Yucatan, Guatemala, América do Sul até o Estreito de Magalhães, e grande parte da Costa Antártida!

2.º — Os mapas originais a partir dos quais êsse Mapa de Colombo fôra feito datavam de 5.000 anos, mostrando determinados dados que a idade poderia ser mais recuada ainda. Parte das áreas continentais tinham estado sob gelo durante vinte séculos.

3.º — Só equipes altamente treinadas e cartógrafos especializados poderiam ter produzido cartas com tal precisão e perfeição. A operação deve ter sido feita de maneira a cobrir o globo terrestre por inteiro! "Não sabemos como puderam fazê-lo sem disporem de aviação", disse Mallery.

O capitão Mallery deduziu acertadamente o método de projeção usado no mapa matriz da Carta de Piri Reis: o método aerofotogramétrico ou semelhante. Mas como os arqueólogos não revelaram a existência de uma civilização industrial e tecnològicamente capaz de fazê-lo há milhares de anos atrás, presume-se que astronaves de outro planêta o empreenderam a contento.

Espaçonaves desceram na Terra há 10.000 anos pelo menos; testaram então a atmosfera, a fôrça de gravidade, a água dos mares e rios, a fim de se certificarem de que sua espécie poderia sobreviver nêste planê-

AFIRMAM OS CIENTISTAS QUE EXISTEM MILHÕES DE PLANÊTAS QUE PODEM SER COMPARADOS COM A TERRA. CONSIDERAM INCLUSIVE CONCEBÍVEL QUE HABITANTES DE OUTROS MUNDOS POSSAM SER SUPERIORES AOS TERRESTRES.
rigsil

ta. A tentativa não deu certo por algum motivo: explosões nucleares acidentais, epidemias, guerra interplanetária etc. Os descendentes da colônia desenvolveram-se segundo novas linhas, e sem a ajuda do planêta original, tiveram de retroceder tecnològicamente a estágios muito primitivos.

Extraordinárias descobertas às margens do Nilo

Há alguns anos, enquanto colhia dados para sustentar a sua teoria sobre a "destruição atômica" de Sodoma e Gomorra que eu cito neste livro, no capítulo referente a Marte, o matemático e físico soviético Michail Agrest encontrou-se diante de outro fascinante problema: o representado pelos extraordinários conhecimentos astronômicos de muitos povos antigos, readquiridos pela humanidade após milênios, graças ao auxílio de instrumentos de observação perfeitos.

Segundo veremos, o professor Alexander Kazantsev também se apaixonou por este enigma, e os dois estudiosos iniciaram pesquisas que em parte já levaram a resultados sensacionais.

O Egito, sobretudo, atraiu a atenção de Agrest; e o seu interesse contagiou diversos arqueólogos russos que, mesmo não crendo em intervenções extraterrestres na remota história dos povos mediterrâneos, sentiram-se estimulados a enfrentar problemas que jamais haviam tido uma resposta satisfatória.

Muitos julgam conhecer a história do antigo Egito em todos os seus aspectos. Para nós, o seu início data (com a primeira dinastia) de 421 antes de Cristo; quanto ao que aconteceu em tempos anteriores a essa data é um mistério. Acham alguns estudiosos que os egípcios atingiram o grau de civilização que conhecemos partindo pràticamente do marco zero: teriam sido, em suma, grupos de habitantes da planície saariana (não transformada ainda em deserto) que se fixaram ao longo do Nilo.

Mas esta teoria não era aceita pela maioria dos historiadores e arqueologos soviéticos, os quais frisavam ser impossível que um povo conseguisse, em pouco tempo, desenvolver do nada uma cultura tão florescente quanto a que caracteriza, deste o início, a "estirpe do Sol".

Um segredo empolgante

Até há alguns anos, acreditava-se que houvesse bem poucas coisas a serem descobertas no Egito. Mas as dúvidas começaram a surgir quando se reiniciaram os trabalhos de busca. Assim é que foram trazidos à luz objetos anteriormente desconhecidos, dos quais não podiam, certamente, existir exemplares únicos. Nos anos seguintes, esta convicção fortaleceu-se. Em 1954, por exemplo, o arqueólogo egípcio Zaki Y Saad descobriu durante as escavações de Heluan, tecidos de uma fineza extraordinária, feitos de um linho puríssimo e resistentíssimo, que só uma fábrica especializada poderia hoje produzir.

"Parece impossível que estes tecidos tenham sido feitos à mão", declarou o mencionado arqueólogo. E o norte-americano W. B. Emery acrescentou: "Os resultados destas escavações revelam-nos que a civilização egípcia do período arcáico era muito mais evoluida do que pensamos".

No dizer dos soviéticos, esse povo devia possuir uma cultura muito mais antiga; e neste quadro poderíamos também encontrar lugar as estarrecedoras noções astronômicas dos egípcios.

Os russos passaram à ação; e chegaram, coadjuvados pelos "experts" do Cairo, a desvelar um dos mais fascinantes segredos da arqueologia. Os resultados das pesquisas científicas levadas a cabo nos últimos anos no Vale do Nilo ainda não foram divulgados; mas, pelo que já foi comunicado a título de antecipação, podemos ver que se trata de um acontecimento excepcional. Sabemos agora, com certeza, que o início da história egípcia é bem mais antiga do que até hoje se supunha.

Entre as descobertas divulgadas em Moscou, feitas inclusive em túmulos e objetos, sepultados profundamente em cavernas sob as areias de Sakkara, de Abydos e de Heluan, encontram-se inscrições que prolonga muito o calendário egípcio, mapas astronômicos de uma precisão surpreendente e grande número de objetos, muitos dos quais não puderam ser identificados. Há também lentes de cristal perfeitamente esféricas, fabricadas com extrema precisão: pertenceram, sem dúvida, aos instrumentos que permitiram aos filhos do Nilo a observação da abóbada celeste. Começa a surgir, assim, alguma explicação sobre algo que constitui, durante algum tempo, um verdadeiro quebra-cabeças.

Há outro pormenor realmente estranho: lentes como as egípcias só podem ser hoje fabricadas com um abrasivo especial, a base de óxido de cesius. Isto provoca uma pergunta: os egípcios conheciam a eletricidade? Efetivamente o óxido de cesius é produzido mediante um processo eletroquímico, sendo absolutamente impossível isolado sem dispor de energia elétrica.

A propósito do calendário, escreve o estudioso frances Jackes Vernes: "Sabemos que o ano dos egípcios começava no dia que é para nós 19 de julho. Nesse dia a estrela Sirius encontra-se no céu à mesma altura do Sol nascente; e a data corresponde também ao início do aumento do nível das águas do Nilo. Não se trata de mera coincidência: Sirius não influencia de forma alguma, as inundações períodicas do rio, mas esse fato impressionou evidentemente os egípcios, que o tomaram como base para o seu calendário".

Os herdeiros do Sol

A posição das estrelas constantes dos mapas astronômicos encontrados pelos arqueólogos russos corresponde à de diversos milhares de anos atrás. Esses mapas confirmam, por outro lado, que os filhos do Nilo possuiam conhecimentos astronômicos extraordinários. Os cientistas soviéticos afirmam, embora com reservas, que os egípcios procediam da Indonésia. E aqui volta à tona a fabulosa lembrança de Mu, o continente que, segundo se acredita, desapareceu no Pacífico. Serão os grandes "filhos do Sol" herdeiros de Mu? Teria a marcha da sua civilização parado (segundo sustentam os russos) há 10 ou 12 mil anos, em seguida a uma catástrofe na qual poderia ser identificado o dilúvio universal?

O antigo marciano do Saara

Afirma um arqueólogo russo ter visto baixos-relevos que poderiam reproduzir estes viajantes do espaço. Embora desconheçamos os pormenores dessa descoberta, sabemos que não é a única. Mas as egípcias nos reconduzem ao Saara e aos habitantes do que foi outrora, sem dúvida alguma, um jardim maravilhoso. É impressionante o grafito encontrado pelo arqueólogo e etnografo frances A. Lot, que o batizou "o grande deus dos marcianos". A sua semelhança com o desenho de um indivíduo encerrado num escafandro espacial é estarrecedora.

As máscaras dos feiticeiros

Outra representação muito curiosa é a que foi descoberta na ilha niponica de Honshin. Trata-se de uma estátua sem idade, que parece reproduzir um escafandro para vôos cósmicos destinados a sêres humanos só até certo ponto: o craneo é muito pequeno, e os braços e as pernas são excessivamente curtos.

Há capacetes espaciais espalhados por toda a Ásia; as próprias máscaras usadas pelos feiticeiros de muitas tribos primitivas parecem inspirar-se nesse motivo. Pergunta a propósito o escritor Zorovski: "Não poderiam os autores dessas estranhas máscaras fúnebres ter-se inspirado nos místicos astronautas, visando assegurar assim ao defunto uma rápida viagem ao céu, ou então solicito retorno à Terra, ou ainda um sono suave antes do renascimento, talvez com referência a um processo de hibernação artificial existente entre os hóspedes extraterrestres?"

Fantasias, certamente. Mas, como não ficar encantado ante as máscaras encontradas de Micena à Criméia, de Palenque, no México, a numerosíssimos centros da América centro meridional? Existem no Vale de Cauca (Colombia sul-ocidental), algumas estatuetas curiosíssimas: uma delas de 21 centímetros de altura, tem um rosto que dá a impressão de estar coberto com um capacete transparente. Os antigos povos colombianos mostraram em suas gravuras, deuses que desciam do céu à terra em "teias de aranhas". (Ou seriam as escadas de corda penduradas de navios aéreos como nas crônicas da Idade Média?)

O grande reino das ciências esquecidas

Os resultados das pesquisas realizadas no Estado mexicano de Campeche vem confirmar que não nos encontramos, absolutamente, diante de uma pura e simples lenda: numa região paradisiaca, circundadas de riquezas naturais de toda espécie, os olmecas levavam uma existência que, pelo menos sob muitos aspectos, revela um considerável nível civil. Eles transformaram a sua capital, La Venta, numa cidade soberba: os seus mosaicos, compostos num leito de asfalto, deviam ser celebérrimos (e são idênticos aos caldeus e cretenses!), os seus edifícios impressionantes pela grandiosidade e técnica arquitetônica.

Teotihuacan, segundo se afirma, é a cidade que floresceu sob a influência da cultura olmeca. O seu vasto campo de ruinas é impressionante. "Tem-se a impressão de estar diante dos restos de uma metrópole edificada com critérios que não pertencem a este mundo", afirmou outro cientista russo: Kirshev.

Os homens brancos vindos de mundos afastados

Todos os povos da América pré-colombiana adoravam divindades brancas, cujos nomes parecem despertar ecos cósmicos: do "Kon Tiki Illac Viracocha" dos incas ("Kon Tiki" significa "filho do Sol", e é também o nome de um deus polinesiano; "Illac" significa "relâmpago", e Viracocha "espuma do mar") ao "Quetzalcoatl" dos toltecas e dos astecas ("A serpente coberta com as penas do pássaro quetzal"), do "Kukulkan" ("a serpente que nada"), ou "Kukumatz" ("o coração do mar") dos mayas ao "Bochica" dos chibchas ("o branco luminoso").

Aviões há 1.500 anos!

No ano de 1953, em Palenque, México, foi feita uma descoberta sensacional dentro de uma piramide maya.

Numa antecamara encontrou-se a tumba de um sacerdote do deus Kukulkan. Sobre a laje tumular, claramente desenhada, a figura de um maya dentro de um veículo a reação. Kukulkan, o deus branco que os mayas herdaram dos incas, teria vindo do céu numa máquina voadora ensinar os segredos de voar. Ele veste roupas mayas iguais às usadas 1500 anos atrás, e suas mãos seguram alavancas de controle idênticas às dos aviões atuais.

Na frente do veículo existe entrada de ar, tubos, instrumentos e ventoinhas; uma camara de combustão e chamas de escape podem ser vistas na parte trazeira, que tem aletas direcionais. Herdaram os mayas tais conhecimentos dos primitivos atlantas ou seria Kukulkan habitante de outro planêta?

Existe ainda a serpente rija, às vezes estilizada num fuso, que segundo Kasanzev, parece mais um míssil do que um réptil. Suas penas exprimem a idéia do vôo, tal como as asas dos dragões orientais, mas voltemos aos deuses brancos da América. Saberemos que o Kukulkan maya, representado também como o símbolo da serpente, "chegou do céu para ensinar todas as leis e todas as ciências", e que outro não é o comportamento das divindades dos chibchas colombianos: com efeito, sob o mágico sinal da espiral, o deus do Sol Bochica e a deusa da Lua Bechua, sua mulher, "desceram das estrêlas para proporcionar aos homens o conhecimento da agricultura e da urdidura, e para lhes dar possibilidade de vencer o tempo e as moléstias". É curioso notar que a expressão "vencer o tempo" corresponde a "dormir": talvez também aqui exista a famosa hibernação artificial.

Indubitàvelmente, Viracocha, Kukulkan, Bochica e Quetzalcoatl são os diversos nomes de um mesmo personagem, o que é confirmado inclusive pelos pontos comuns de diversas lendas. É conhecidíssima a de Quetzalcoatl, que teria reinado sobre os toltecas a partir do ano 977 depois de cristo. Mas é erroneo identificar o deus com o soberano, pois Quetzalcoatl era um título honorífico que se dava ao mais alto sacerdote e se transmitia de geração em geração.

O famoso deus branco era segundo a mitologia tolteca e asteca, filho do senhor do céu Mixcoatl (o nome significa "serpentes das nuvens"!) e da deusa da Terra Chipalman. Além de dar aos homens conselhos úteis e boas leis, iniciou-os em muitos segredos científicos, encaminhando-os à realização de prodígios que ainda não conseguimos imitar.

Depois de pregar a paz e impor aos seus súditos que não matassem nem mesmo os animais, Quetzalcoatl caiu em poder de um demônio, que o tornou intratável e dissoluto; notando sua baixeza, dirigiu-se à beira-mar e ateou fogo ao próprio corpo, após o que o seu coração subiu aos céus e transformou-se na "estrela da manhã e da noite", isto é Vênus

Ao que parece, Quetzalcoatl prometera aos seus sacerdotes que voltaria à Terra no mesmo ano em que "morrera", um período de tempo que os astecas denominam "Ce-acatl". Ora, precisamente no início de um "Ce-acatl" (22 de abril de 1519) desembarcaram no México os homens de Cortez, que os indígenas identificaram como sendo "os deuses brancos do céu".

As desconcertantes revelações de Cristovão Colombo

Ouçamos Cristovão Colombo: "Os meus mensageiros relatam ter encontrado, após uma marcha de doze milhas, uma aldeia que podia ter cêrca de mil habitantes. Os indígenas aconselharam-nos mui festivamente, conduziram-nos no colo às casas mais belas, beijando-lhes as mãos e os pés e procurando explicar-lhes que sabiam que os homens brancos haviam chegado da residencia dos deuses. Cinquenta indígenas de ambos os sexos rogaram-lhes que os levassem em sua companhia ao céu dos deuses".

Para os quirotegas, que se fixaram outrora no que é hoje a Nicaragua e no norte da atual Costa Rica, Tamagastad é que deveria voltar. Este deus teria descido do céu "antes do dilúvio que destruiu a Criação do meio" (trata-se da "terra do Meio" dos Hsing Nu?) e teria inspirado os autores dos famosos "livros das profecias". Tratava-se de volumes de 10 a 12 metros de altura, encadernados com pele de cervo, que infelizmente ainda não foram encontrados. Mas há séculos a tradição nos fala em alguns extraordinários fragmentos, rezando que Tamagastad predissera o gênero humano "chegaria a possuir a força do Sol e a abandonar a Terra".

Podemos deixar de dar razão a Kirshev, quando afirma que os representantes de uma evoluidíssima cultura não teriam dificuldade em prognosticar a descoberta da energia atômica e o advento da era astronáutica a uma estirpe inteligentemente, potencialmente capaz de grandes conquistas?

Como explicar essas prodigiosas anomalias? Será; loucura tentar enxergar nelas a marca de civilizações desconhecidas e que teriam surgido das profundezas do universo?

Se nos visitaram há milênios, por que não agora que evoluímos? Essas visitas existiram e existirão sempre, conforme relatarei mais adiante, porém, agora quero mostrar outro tipo de "visita". Só que desta vez, somos nós os visitantes, segundo um plano da Comissão Assessôra de Biociência da Direção Nacional de Aeronáutica e Espaço.

Contaminando outros planêtas

Considera-se por exemplo, a questão de que haja vida na Lua, Marte ou Vênus. Muitos destacados cientistas, ansiosos por descobrir vida em outros planêtas, temem: 1.°) que uma nave da Terra possa contaminar a Lua, Marte ou Vênus com organismos terrestres que, multiplicando-se como loucos no novo meio, tornem impossível averiguar se antes havia vida no referido meio; 2.°) que uma nave regresse da Lua, Marte ou Vênus trazendo organismos que, multiplicando-se aqui, causem dano irreparável ao homem, ao gado ou à agricultura. Abelson é diretor do Laboratório Geofísico do Instituto Carnegie, de Washington. É um dos que contribuiram para fabricar a primeira bomba atômica na última guerra mundial e tem estudado profundamente a origem da vida na Terra. Abelson inclina-se muito a acreditar, à base de muitos fatos conhecidos, que talvez, há vida em Marte. Em recente artigo científico, Abelson disse: "A possibilidade de vida em outros planêta é uma idéia fascinante, sedutora para todos. A idéia tem sido defendida em todos os planos intelectuais" e continua. "Elimino a possibilidade de vida em Mercúrio, o planêta mais próximo do Sol, pois ali faz muito calor. Por outro lado, nos planêtas além de Marte — Júpiter e Plutão — faz muito frio. Restam, pois, a Lua, Vênus e Marte." "Se um organismo vivo chegar à Lua sem proteção", disse Abelson, "sua água simplesmente ferverá e se evaporará, e seus componentes orgânicos serão gradualmente destruídos pela radiação e o calor". Abelson assinala que "a maioria dos astrônomos aceita que a temperatura em Vênus é muito elevada para permitir a existência de vida como a terrestre ou de substâncias orgânicas complexas". "Pode ser que a temperatura de Marte permita a vida ali", disse Abelson, mas "não há indícios certos de que haja água no planêta".

Insisto, não devemos julgar formas de vidas, como nós conhecemos.

A guerra dos mundos

Durante muito tempo para muita gente não era outra coisa senão uma ficcção, é agora perfeitamente concebível. Porém, os invasores que mais temor podem causar não serão os inteligentes marcianos com instrumentos mecânicos enormes, com mortíferos raios como os que pintou Wells em sua imortal novela. Nada disso. Os piores inimigos serão os mortíferos micróbios que venham à Terra nos primeiros barcos espaciais em que o homem mesmo vá e volte ao Planêta Vermelho.

Dizem os cientistas que não está fora do reino das possibilidades que organismos do árido e desolado planeta Marte se multipliquem de maneira tremenda no ambiente mais hospitaleiro da Terra e devastem nosso globo. As possibilidades de semelhante invasão parecem agora remotas. Porém, os cientistas espaciais não brincam quando advertem que o homem não deve permitir que semelhante coisa jamais ocorra. Advertem também que não devem transportar-se micróbios terrestres para Marte. Isso — dizem — obstruiria as investigações científicas a respeito das formas de vida estritamente marcianas. A Comissão Assessôra de Biociência da Direção Nacional de Aeronáutica e Espaço, afirma em um informe recentemente divulgado:

"Os objetivos científicos do programa de explorações espaciais e, em especial, a determinação da natureza da vida extraterrena poderiam tornar-se impossíveis para sempre se os veículos espaciais com complexos moléculas orgânicas contaminam, por descuido, com elas, os corpos celestiais antes de que a ciência haja tido tempo de estudar as condições originais ali prevalentes". Acentua, a seguir, a Comissão. "Tampouco pode tranqüilamente descuidar-se da talvez remota possibilidade de que organismos infecciosos trazidos do espaço à Terra podem ser causa de morte para o homem ou de destruição das colheitas de alimentos essenciais para a vida humana". Os cientistas norte-americanos e soviéticos estão de acôrdo em que é necessário esterilizar os aparelhos espaciais de exploração que se enviem a Marte ou Vênus.

Os perigosos micróbios, de outros planêtas

Na novela de Wells, "A guerra dos mundos" (Marte contra a Terra), termina quando os invasores marcianos sucumbem ante o efeito mortífero dos germes terráqueos (pois não estão preparados para resistí-los). Tais germes, transportados inadvertidamente a Marte, poderiam destruir tôda vida primitiva dêsse planêta, vida a qual muitos cientistas estão seguros que existe. Por outro lado, os micróbios introduzidos acidentalmente na Terra trazidos de Marte poderiam, por sua vez, exercer efeitos mortíferos sôbre os habitantes do nosso planêta, os quais cumpre insistir, não estariam preparados, para resistí-los. O dr. Joshua Lederberg, professor de Genética da Universidade de Stanford e vencedor do Prêmio Nobel, acredita que todos os sêres humanos que visitam outros planêtas devem passar por um período de quarentena em seu regresso à Terra, até estar seguros de que não trazem consigo formas de vidas mortíferas para os homens.

"A introdução na Terra de organismos alheios a ela — disse — poderia ter conseqüências desastrosas para a saúde, e agricultura, a economia ou o confôrto dos sêres humanos". Vários cientistas, aproveitaram para dizer categòricamente que haviam encontrado provas concludentes, num meteorito, de que há vida em outras partes do Universo. O sr. Bartholomew Nagy, da Universidade de Fordham e iniciador do estudo destacou com científica cautela o caráter preliminar das conclusões baseadas na análise de apenas um meteorito, porém, acrescentou que as provas de que existe vida fora de nosso planêta "parecem concludentes". Nagy e seus colaboradores, o sr. Douglas J. Hennessy, de Fordham, e o sr. Warren G. Meischein, da "Esso Researdh and Engineering Company (Companhia Esso de Pesquisa e Engenharia), apresentaram suas conclusões à Academia de Ciências de Nova York, dizendo que haviam encontrado hidro carbonetos — produtos da vida vegetal ou animal — num fragmento de um meteorito.

O meteorito em questão caiu em Orgueil, França, no dia 14 de maio de 1864. Êle explodiu no céu e cêrca de 20 fragmentos, um dêles do tamanho de uma cabeça de homem. Os pedaços que foram submetidos a exame agora pertencem ao Museu de História Natural de Nova York. Vestígios de substâncias parecidas à cêra foram encontradas no meteorito — substâncias que tiveram sua origem em matéria viva, dizem os homens de ciência. A amostra do meteorito também demonstrou possuir alta quantidade de carbono orgânica, que é de uma das matérias-primas da vida. Esta poderá ser a primeira evidência concreta de que existe, ou existiu vida em outro planeta, que não a Terra.

"Seja qual fôr o lugar em que se originou êste meteorito, há vida ali", disse Mainschein. Os três investigadores expressaram que os compostos orgânicos encontrados no meteorito de Orgueil eram similares ao que se encontram na vida terrestre. Antes de iniciar que não tinham idéia de que classe era o organismo que os produziu, vegetal ou animal. Nagy aventou uma conjetura sôbre como os hidrocarbonetos ficaram incrustados no meteoro. "Suspeito que ocorreu como na Terra — declarou — creio que os organismos morreram e que seus restos se misturaram com a matéria mineral". Assim é como tiveram origem o petróleo e o carvão na Terra.

Nagy disse que a análise molecular do material orgânico separado da pedra e da água mediante técnicas especialmente aperfeiçoadas demonstrou a presença de parafinas e outros hidrocarbonetos saturados como os que se encontram na Terra, e embora tenham admitido a análise, os pesquisadores se preocuparam de estabelecer que o material a ser analisado era realmente um meteorito e que não havia sido contaminado durante seus 97 anos de presença na Terra. Depois de reunir provas documentadas sôbre a queda do meteorito à Terra, onde partiu-se em 20 fragmentos, os pesquisadores estabeleceram, pelos sais cristalinos não dissolvidos encontrados num dos ditos fragmentos, que êste não havia estado exposto à chuva ou à umidade na Terra. Os pesquisadores expressaram sua convicção de que os hidrocarbonetos encontrados no meteorito não eram simplesmente contaminações terrestres provocadas por bactérias, pó ou produtos de petróleo.

Uma única semente de vida na Terra

Tôda a vida existente na Terra talvez descenda de um único espório que atingiu a superfície sem vida de nosso planêta depois de viajar durante milênios pelas frias extensões do espaço entre as estrêlas. O dr. Edward Anders, da Universidade de Chicago, aventa essa possibilidade pela análise da espécie de organismos que talvez venha ser encontrada na Lua agora que podemos visitá-la com freqüência. Conclui êle que organismos de origem terrena poderão ser encontrados na Lua. A idéia de que a vida na Terra se originou de organismos vindos do espaço interestelar foi apresentada pela primeira vez em princípios dêste século. Se Marte tiver microrganismos, a superfície da Lua também terá espécimes dêles, embora sejam muito menos numerosos que na Terra.

Essas descobertas, segundo observa o dr. Anders, sugerem que os objetivos da biologia lunar devem ser examinados. Um dos principais objetivos seria provar a teoria de que tôda a vida na Terra proveio de um único espório que aqui terminou suas viagens interestelares. Isso seria demonstrado pela presença ou ausência de microrganismos da Terra na Lua. Se fôsse possível, com base no conhecimento atual, diz o dr. Anders, prever com certeza a presença de vida terrestre na Lua, a esterilização dos veículos lunares não seria mais necessária. Os russos anunciaram ter esterilizado os foguetes que lançaram à Lua e os nortes-americanos confirmaram também a esterilização de seus veículos lunares, que foram e voltaram transportando homens da Terra.

Vida que não pertence à Terra

O dr. Frederick D. Sisler, microbiologista, tinha na mão uma ampola de vidro cheia de um líquido dourado, no meio do qual era possível ver uma pequena massa lactescente, compacta no seu núcleo mas separando-se em longos filamentos na zona periférica.

"Esta pequena nuvem filamentosa — disse o dr. Sisler — é a vida, na sua forma mais primordial e desconhecida. Pois bem, nós temos a certeza de que esta vida não pertence a nossa Terra, mas sim chegou até nós através dos espaços e através dos milênios, transpondo os infindáveis oceanos do céu do tempo num veículo insólito: um meteorito que caiu sôbre a Terra há onze milhões de anos". A extraordinária descoberta dos cientistas Frederick D. Sisler e R. Walter Newton (êste, diretor do Laboratório Federal de Zoologia Asséptica) teve início quando um meteorito precipitou-se ao solo nas proximidades de Murray, no Kentucky, penetrando no terreno de uma cultura de girassol. O corpo chegado do espaço foi, pouco depois recuperado por uma equipe de técnicos do serviço geológico federal e levado a Washington, onde começou uma longa série de experiências de parte de vários especialistas. Fragmentos mais ou menos grandes do meteorito foram examinados, atacados com ácidos, triturados, submetidos a temperaturas elevadas, emergidos no ar líquido, durante mais de dez anos. Mas o "coração" do meteorito, massa compacta de matéria mineral impenetrável não foi alcançado pelos ácidos e pelos instrumentos. Êle foi confiado aos doutores Sisler e Newton que o tinham pedido para procurar nêle as eventuais provas da existência da vida no cosmos. Há algumas semanas, um grupo de cientistas americanos, analisando um meteorito caído na França há oitenta e sete anos, tiveram a certeza de que no "núcleo" daquele corpo sideral estavam presentes substâncias orgânicas semelhantes àquelas que constituem a base da vida na Terra.

As pesquisas de Sisler e Newton tinham, portanto, um precedente; mas êles não se limitavam a procurar as provas da existência da vida extraterrestre, êles procuravam a própria vida. O dr. Sisler explicou aos jornalistas que foram entrevistá-lo que o laboratório para o estudo da vida animal extraterrestre é um lugar onde não existem germes, bactérias ou vírus que não tenham sido trazidos ali propositadamente. Trata-se, isto é, de um ambiente no qual são impossíveis as poluições. Daí a certeza de que tudo o que se descobriria no núcleo do meteorito devia encontrar-se ali desde o início da viagem espacial. Durante longos meses, os dois cientistas efetuaram e repetiram experiências, tomando tôdas as precauções possíveis para não provocar poluições ambientais da parte de microorganismo externos. Êles costumavam trabalhar trajando escafandros que cobriam o corpo inteiro. Inclusive a cabeça, respirando através de uma tubulação de matérai plástica que filtrava o ar externo. Os doutores Sisler e Newton têm a razoável certeza de que o que "vive" agora nas ampolas, existia em estado de "letargia" no coração do meteorito.

Dentro daqueles vidrinhos está algo vivo que chegou até nós de um longínquo mundo, destruído talvez num cataclismo astral que projetou até nós os fragmentos através do espaço. Ainda se desconhece a efetiva natureza da substância vivente descoberta. Examinados ao microscópio os microrganismos aparecem como minúsculas varas entrelaçadas, e seus movimentos são claramente visíveis. "É verdade — observa Sisler — que o movimento dos corpos microscópicos não indica necessàriamente a vida. Porém, embora não tenhamos a certeza matemática disso, acreditamos que os corpúsculos contidos na massa mineral do meteorito sejam germes, e já notamos que os corpúsculos se reproduzem e aumentam de volume. A reprodução é, sem dúvida, uma prova de vida!" "A objeção segundo a qual os germes deveriam ter morrido pela ação dos raios ultravioletas e pelas radiações gama — acrescentou Sisler — não tem valor nesse caso particular. De fato, os microrganismos se encontravam protegidos no coração do meteorito, tendo ao redor dêles uma couraça muito mais eficaz do que os invólucros das cápsulas espaciais dentro das quais americanos e russos enviaram sêres viventes ao espaço". Será a Ciência — certamente, quem dirá a última palavra sôbre a descoberta de Sisler e Newton; mas hoje deve-se registrar o fato admirável que um mundo, presumivelmente vítima de uma tragédia cósmica (admitindo a teoria segundo a qual os meteoritos são fragmentos de mundos destruídos) tenha enviado à Terra sêres vivos que o habitaram, proporcionando a nós sêres terrestres, a prova de que no Universo existe a vida, e que ela pode continuar além de qualquer catástrofe, além dos abismos não mais intransponíveis do tempo e do espaço.

Extraordinário acontecimento foi registrado também na Áustria, no inverno de 1949-1950, com a queda de um meteoro no monte Zuckherhutl. No interior desse projetil celeste, conservado por uma espressa camada de cinza, teria sido encontrado o primeiro e único exemplar de vegetação extraterreste até agora conhecido: um bulbo que poderia ser incluído na família das liliáceas, mas parece pertencer a uma espécie inexistente em nosso globo. Se a propósito da descoberta (que suscitou na época grande alvoroço) não se falou mais, deve-se isso às dúvidas sugidas sobre um evento demasiado clamoroso para ser aceito pelos cautelosos detetives da ciência.

Civilizações antigas provam visitas extraterrestres

Os enigmáticos baixos-relevos da "Porta do Sol", na cidade morta de Tiahuanaco, representam escafandros espaciais? O que dizer das fabulosas lendas dos olmecas sobre as divindidades que chegaram à Lua? Existirá uma relação entre a forma dos antigos obeliscos e a dos mísseis espaciais? E as criaturas extraterrestres, cujo rosto lembra o focinho do jaguar ou do leão, prestes a partirem rumo à Terra? Em muitíssimos monumentos das civilizações desaparecidas, em La Venta, capital do fabuloso reino de Olman, em Tiahuanaco, em Pachacamac e San Augustin, são representadas criaturas cujo rosto é, a um tempo, de homem e jaguar.

Tiahuanaco, a cidade morta cujos últimos restos se estendem a suleste do lago Titicaca, na Bolívia, é certamente, do ponto de vista arqueológico, o centro mais enigmático e interessante do globo. Acredita-se que uma tremenda catástrofe ocasionou a sua destruição definitivamente, erguendo de chofre a metrópole, num período compreendido entre 9.500 e 9.000 antes de Cristo, das margens do mar a quatro mil metros de altitude.

Floresceram, sobre a origem deste centro, as histórias mais extraordinárias, em parte sustentadas inclusive pelos resultados das indagações científicas. Segundo alguns estudiosos que ali realizaram escavações, a primeira Tiahuanaco teria uma idade de 250 mil anos. Isto parece absurdo, mas um curioso pormenor sugere cautela em relação aos juizos ligados às dogmáticas afirmações da ciência "oficial".

Perto do Titicaca existem outras ruinas antiguíssimas, entre as quais o arqueólogo Julio Tello descobriu em 1920 vasos onde se viam lhamas pintadas com uma característica que as distinguia dos camelideos, nossos conhecidos: tinham cinco dedos, ao invés de dois, como os atuais. Uma reformação fantástica? Foi o que se acreditou: sabia-se que na pré-história existiram ilhamas com cinco dedos, mas muitos estudiosos moveram de um lado para outro a cabeça, na suposição de que os antigos artistas se houvessem inspirados em modelos vivos, preferindo pensar que os oleiros tivessem "humanizado" os animais, à vista da sua utilidade, com a transformação das patas em mãos.

Pouco depois, todavia, o professor Tello desmentiu-os clamorosamente, trazendo à luz, nas proximidades daquelas ruinas, esqueletos de lhamas pré-históricas com cinco dedos. Significa isto que quando a Terra ainda era percorrida por sauros, já existiam homens evoluidos que haviam erigido cidades majestosas. De acôrdo com uma lenda boliviana, a Tiahuanaco arcaica teria sido edificada numa única noite por um pastor que escapara a um terrível cataclismo.

O arqueólogo Poznanski acha que a última Tiahuanaco foi construida sobre as ruinas das anteriores, há cêrca de 16 mil anos; a mesma idade atribuiu-se à misteriosa "Porta do Sol", o maior monolito da Terra, formado de um bloco de 3 metros de altura e 2 de largura. O monumento, com as suas figuras enigmáticas sempre atraiu inúmeros cientistas: segundo Poznanski, ele teria sido um instrumento astronômico e ao mesmo tempo, um calendário.

Eis que intervem o professor Alexandre Kasanzev (autor da singular hipótese sobre a explosão de Tungus), talvez estimulado pelos pesquisadores que viram no monolito a representação de uma aleta de astronave. Kasanzev não chega a tanto: concorda, porém, com Poznanski numa afirmação, sustentando a existência, entre os baixos-relevos, de um calendário que corresponderia ao ano astronômico venusiano. Muitos astrônomos, não só soviéticos, partilham da sua opinião.

Estes bizarros baixos-relevos encontram correspondentes em muitos obeliscos pré-colombianos. Notamos, aqui, que os arqueologos definem os mayas "o povo da estrela", perguntando a razão por que esse monumento é comum a tantas culturas. Diversas argumentações levam a crer que não se trata da derivação de um símbolo fálico. No que se inspira, então, a sua forma? A um sentido ou a um desejo de sublimação, de elevação, de ascensão ao céu, declaram alguns "experts". Talvez seja assim, admitem os intérpretes mais audazes, e precisamente por isto os criadores de tais monumentos inspiraram-se nas silhuetas de mísseis e de astronaves, dos quais conservam uma lembrança confusa, chegada através dos ancestrais.

Já em La Venta, capital do fabuloso reino de Olman, encontramos os homens-jaguar, cujas monstruosas cabeças esculpidas nos conduzem aos de Tiahuanaco, de Pachacamac e de San Agustin, induzindo-nos também a buscar um liame sutil, mas talvez não absurdo, com as gigantescas cabeças da ilha de Páscoa. "Os olmecas — escreve o arqueologo sul-americano P. Honoré — introduziram o motivo do jaguar"... deles passou aos mayas, a Uaxactum, a Teotithuacan, aos toltecas e aos astecas; jamais, porém, ele dominou tanto uma cultura quanto a dos olmecas: estes lhe subordinaram a sua arte de forma tão imponente, que se falou até numa Jaguaromania. Eles representavam rostos humanos cuja boca e nariz imitavam o focinho do jaguar. Encontramos todos os tipos, todos os estágios que podem existir entre o homem e a fera: teriam sido homens com traços animais ou animais com traços humanos?

No velho mundo existiu também um povo relativamente ao qual podemos falar na mesma mania. Mas aqui não foi tomado como modelo o jaguar, e sim o leão: conhecemos as máscaras leoninas das nossas civilizações ocidentais mais remotas, correspondentes às americanas. E elas são típicas de Creta.

Não iremos aqui enumerar os grupos amerindas, em cujas obras surge o motivo do jaguar. Lembraremos, portanto, sòmente as estátuas dos horríveis monstros dotados de dentilhões que se encontram em toda a Colombia e na antiga arte costarriquenha.

Inúmeras referencias capazes de nos induzir às mais estravagantes divagações nos vem dos mayas. Limitar-nos-emos todavia a citar, os nomes de três dos quatro mitologicos chefes da clã daquele povo: Balam-Quiché, o "tigre de sorriso suave"; Balam-Ayáb, o "tigre da noite"; e Iqui-Balam, o "tigre da Lua". Ainda a Lua, a noite... E esse "tigre de sorriso suave" não possui estranhas ressonancias asiáticas?

Na realidade, o mesmo atributo acompanhou o nome de muitos comandantes chineses e mongolicos, e foi justamente este pormenor que induziu os estudiosos soviéticos a indagar sobre os eventuais correspondentes asiáticos dos homens-jaguar americanos.

Pássaros de chama

Não foi difícil descobrí-los nas tradições populares e nas lendas: querem alguns que vivessem outrora na vasta região agora ocupada pelo deserto de Gobi; sustentam outros que eram parentes dos antiguíssimos progenitores dos mongois.

Não surpreende que os monjes tibetanos saibam tantas coisas sobre a Mongólia, uma vez que um de seus lamas, muito sábio, chegou à côrte do imperador Kubilay (o "Grão-Khan" de Marco Polo) em 1269. Podemos então prestar-lhes fé quando afirmam que, efetivamente, os homens-tigre aterrissaram na Ásia central há milhares de anos, razão por que eles e os seus "pássaros de chama" foram divinizados?

É um pouco árduo crer no desembarque de toda espécie de representantes da fauna espacial no nosso planêta. Mas, voltemos à América: em Moniquira, na Colômbia, iremos encontrar, entre as alucinantes ruinas de uma grande piscina de paredes esculpidas, a carranca demoniaca de um homem com dois chifres. E não encontramos, porventura, uma figura semelhante também no Egito, ao lado do deus dos mortos, de focinho canino e a muitas outras divindades com cabeça de animal?

Um ser dotado de chifres que se situa entre o homem, o jaguar e o touro (não seria um parente do Minotauro?) figura, além disso, no chamado "monolito de Raimondi", esculpido pela ingnota civilização de Chavin.

As Valquirias talvez fossem parentes das Amazonas, que habitavam a Leocosiria, na costa meridional do Mar Negro, e das mulheres guerreiras do Caucaso, da Escandinávia, do Dahomey e da América. Cavegal, cronista espanhol da Conquista, acredita que algumas descendentes de Pentesiléia se haviam estabelecido desde há muito no "Novo Mundo", pois costumam montar cavalos e camelos.

Poder-se-ia objetar que estes animais eram desconhecidos além do oceano antes da chegada dos brancos, mas não é exato. Mesmo o deus branco Bochica é representado montado num camelo, e na Amazonia grande é o número de grafitos mostrando cavalos com selas e carros. Mas não é só: restos fósseis das "naves do deserto" foram encontrados na Colombia, e ossos de cavalos emergiram da caverna de Palli Aike, na extrema ponta meridional da América do Sul.

A idade destas descobertas: 9 mil anos. Górgonas, Valquírias, Amazonas: uma verdadeira balburdia! Não nos atreveríamos a levá-lo em consideração nem mesmo a título de curiosidade, uma vez que uma passagem de Diódoro Sículo (século I antes de Cristo) não nos oferecesse uma trama que parece explicar tudo: êle nos apresenta uma rainha das Amazonas que atacou os atlantidas, a seguir deu muito trabalho às Górgonas (tenha-se em mira que elas, segundo os antigos, habitavam uma região do Extremo Ocidente) e finalmente se aliou a Horus do Egito.

Ouçamos, a propósito, F. Homet: "Sabendo, por intermédio de Diodoro, que as Amazonas atravessaram o oceano para combater contra as Górgonas junto aos atlantidas, podemos pensar numa história interessante. Mas que Pizarro, à sua chegada à Colombia, encontrasse uma ilha com o nome Górgona, é um fato histórico!".

Acrescentemos os olhares que petrificam o próximo, reduzamo-los a uma atômica de bolso, apegando-nos à sorte que Agrest atribui à pobre mulher de Loth, e teremos um desses temas tão do agrado dos autores de romances: um movimentado conflito de potências cósmicas numa Terra que ainda não chegou aos umbrais da civilização.

Palmilhando um terreno mais sólido, e mesmo à custa de ofender os autores da teoria da "evolução paralela", cremos que ninguém pode pensar nas Górgonas como num grupo de moças infernais com uma coleção de serpentes ferozes na cabeça. Mas, se quem espera encontrar cópias belas ou feias do homem em outros globos estará certo? Talvez esteja com a razão o academico russo Balabasciov, o qual acha, com a maioria dos cientistas ocidentais, que a vida tomou, nos planetas habitados, caminhos muito diferentes dos batidos na Terra...

Na Amazônia inúmeros são os vestígios de remotíssimas civilizações. Algumas das estranhas figuras encontradas nos milenares escudos de louça da Ilha do Marajó, por exemplo, não serão sinais de ocupação humana extra-terrestre?

A decoração marajoara resente-se de uma falta significativa para quem vivia na selva: a ausência do ornamento botânico. Nenhum ramo, nenhum galho, nenhum fruto sequer aparece no vasilhame indígena.

Nos escudos aparecem misturas de alfabeto desconhecido. Não tendo semelhança com os sinais da grafia chinêsa, egípcia, indu nem mexicana. Os traços são esquisitos. Os desenhos mostram claramente, cilindros com asas, globos, sêres gigantescos, guerras, invasões, monstros alados, Sol, Lua, barcos voadores. Mostram também nesses hierogrifos remotos, caractéres simbólicos, até hoje não decifrados. Nas louças, deuses bem vestidos usando armas, os trajes de nenhum dos figurantes são tangas, revelam um estado de civilização muito superior ao do nosso índio. Como podia o homem da Ilha de Marajó, naquela época, vivendo nu ou de tanga, desenhar vestuário desconhecido na ilha? Como podia navegando em primitivas canoas, criar na cerâmica, navios voadores? Não seriam cópias de transportes avançados extra-terrestres e os figurinos correspondentes as respectivas tripulações?

Pedras em vários pontos da região amazônica, as itacoatiaras, apresentam pintadas e esculpidas inúmeras escritas simbólicas, intercaladas com astros, homens, estranhos tipos de barcos etc. Antigas lendas indígenas do Alto Amazonas, perdidas num horizonte milenar, falam de "folhas de árvores" que voavam e desciam na região. E o que dizer dos sinais de milhares de anos, em forma de enormes valas do Alto Xingu? Nos lugares de antigos aldeamentos as valas atingem 4 metros de largura, 3 de profundidade e 1 quilômetro de comprimento. Escavações que deviam ser muito maiores na época em que foram feitas, considerando a terra e folhas que foram se acumulando ali com o passar dos anos.

Três cientistas faziam parte de um grupo que participaram de um debate sôbre a ida ao espaço.

Eram, o historiador britânico Arnold Toynbee, o dr. Donald Michael, psicólogo da Instituição Brookings, e o dr. James Killian, presidente do Instituto Tecnológico de Massachusetts que presidiu o ato. Ao debate assistiram cêrca de 1.500 personalidades do govêrno e da educação. Toynbee declarou que o descobrimento de vida em outros planetas não seria uma nova experiência para o homem. "Há menos de 500 anos — comentou — o homem ocidental estabeleceu contatos com o que, para êle, eram mundos novos habitados por outros sêres viventes na superfície de seu próprio planêta. Descobriu as Américas, a Índia e a China". Todavia, Michael manifestou que tal descobrimento provocaria "série agitação" na mente do homem, que daria por resultado importantes problemas intelectuais e morais.

Os grupos religiosos, segundo Michael, poderiam ter que reexaminar suas atitudes sôbre a vida no espaço, em virtude de novos descobrimentos, e os cientistas teriam motivos de inquietação por que, em comparação com a outra vida, nossa concepção da natureza pode parecer relativamente tão primitiva como a do homem das cavernas. No tocante à religião: Terão essas raças suas próprias religiões? Serão também cristãos? Cristo, nasceu e foi também crucificado nesse planêta? A vida de Cristo perderia seu significado divino? Não há dúvida, que alguns veriam sacudida sua fé, porém, vários ministros disseram que o efeito não seria tão grave.

Disse um dêles: "há muitas formas em que as raças de outros planêtas poderiam conhecer Deus". Referindo-se a possibilidade de que existam outros mundos habitados, além do nosso disse o Papa João XXIII na Basílica de São Pedro: "Erguendo o olhar aos céus o mundo todo está nas mãos do Senhor e que as harmonias da Criação prossigam no seu cântico. Poderíamos ouvir algumas vozes que outrora nos eram desconhecidas, mas trata-se sempre de vozes que do Céu baixam à Terra, de vozes que têm o reflexo da Onipotência do Pai Celeste". E por fim a opinião do falecido reverendo Francis J. Connel da Escola de Teologia Sagrada da Universidade Católica, de Washington, "convém, disse o padre Connel, que os católicos saibam que os princípios de sua fé são por completo reconciliáveis, com as mais pasmosas possibilidades de vida em outros planêtas."

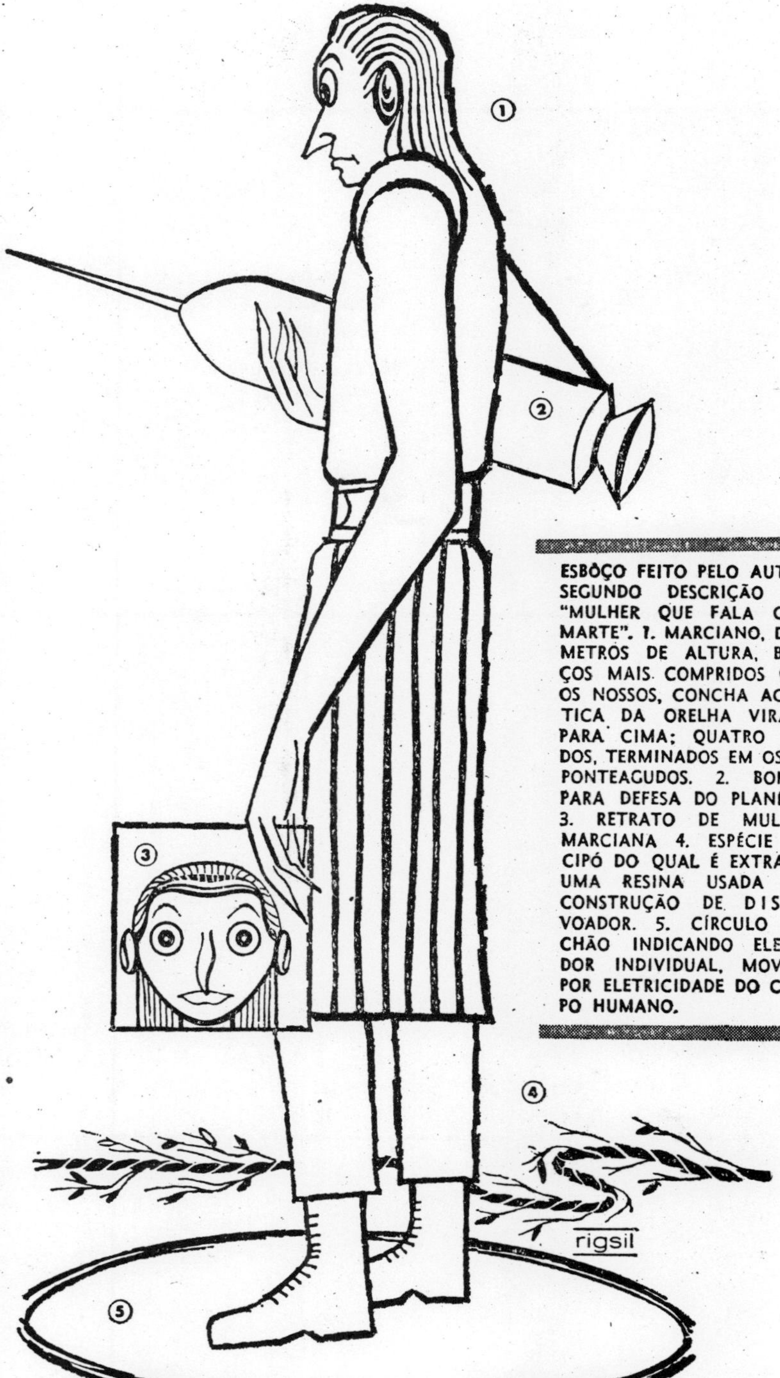

ESBÔÇO FEITO PELO AUTOR, SEGUNDO DESCRIÇÃO DA "MULHER QUE FALA COM MARTE". 1. MARCIANO, DOIS METROS DE ALTURA, BRAÇOS MAIS COMPRIDOS QUE OS NOSSOS, CONCHA ACÚSTICA DA ORELHA VIRADA PARA CIMA; QUATRO DEDOS, TERMINADOS EM OSSOS PONTEAGUDOS. 2. BOMBA PARA DEFESA DO PLANÊTA. 3. RETRATO DE MULHER MARCIANA 4. ESPÉCIE DE CIPÓ DO QUAL É EXTRAÍDA UMA RESINA USADA NA CONSTRUÇÃO DE DISCO VOADOR. 5. CÍRCULO NO CHÃO INDICANDO ELEVADOR INDIVIDUAL, MOVIDO POR ELETRICIDADE DO CORPO HUMANO.

COINCIDÊNCIAS, ANTEVISÕES E... CONTATOS COM SÊRES INTELIGENTES DE OUTROS MUNDOS!

Estranhas coincidências, Júlio Verne "lançou" seu foguete à Lua, de onde é hoje o Cabo Kennedy! E Jonathan Swift escreveu sôbre dois satélites quase duzentos anos antes de serem descobertos!
Há mais de trinta anos atrás, já se sabia que russo e americano seriam os primeiros terrestres a sair fora do planêta, conheciam-se as linhas dos foguetes interpranetários, os discos voadores, e, se conhecia, também, a televisão inter-mundos, agora iniciado pelo satélite "Telstar", porém, tudo... era ficção!
... "sonhos premonitórios" complexo de imagens e visões que se referem à acontecimentos futuros, conforme os espíritas ou percepção extra-sensorial da moderna parapsicologia?
Uma brasileira também entra em contato com Marte, e "vê" seus progressos, seus costumes, e sua organização social. Fala sôbre a fauna, flora, filosofia e psicologia marciana.
Existem discrepâncias nas descrições dêsses contatos. Portanto esperemos que os progressos científicos da Terra, nos tragam a verdade, através de foguetes e astronautas.

Previsão dos acontecimentos, telepatia etc. eram enigmas que pouco se falava. É verdade que ainda é cedo para que dêles se possa formar uma teoria segura e chegar a conclusões decisivas. No entretanto trabalha-se muito para isso e já aparecem os primeiros frutos, êsses mistérios começam a ser desvendados através da parapsicolgoia.

Teremos, brevemente uma explicação para as "coincidências" de Robert Heinlein, Luciano, Godwin, Cyrano de Bergerac, Júlio Verne, Alexander Raymond, Jonathan Swift e outros.

A telepatia já não é fenômeno tão misterioso

Os apaixonados pelos problemas da parapsicologia (e são cada vez mais numerosos) acompanham com interesse as experiências de telepatia que atualmente estão sendo feitas no mundo inteiro. Várias sociedades de pesquisas psíquicas, dirigem esssas operações de transmissão de pensamento que efetuam sem nenhum aparelho de telecomunicação.

Físicos, eletronicistas, químicos, biólogos interessam-se por esse fenômeno e o consideram como realidade científica. Nos Estados Unidos, prosseguem trabalhos importantes na Universidade de Duke, sob a direção de J. B. Rhine, um dos mais célebres parapsicólogos. Em Boston, laboratórios de pesquisas dependentes da Air Force funcionam há anos. As experiências são policiadas por um eletronicista, um físico, um matemático e um psicólogo. Até hoje, já se teriam feito mais de 100 mil experiências.

A experiência norte-americana mais conhecida é a que teve por cenário o "Nautilus". Instalado na cabina do submarino que mergulhara sob 17 m de água, um homem conseguira identificar desenhos que um outro olhava no centro de pesquisas Westinghouse, em Friendship. Os dois personagens não se conheciam e, de 200 imagens examinadas, 140 foram descritas corretamente.

Na Universidade Oxford, na Inglaterra, o professor Soal faz também estudos sôbre a telepatia e sôbre a percepção do futuro. Tempos atrás, pela primeira vez ingleses e russos se uniram para uma experiência comum: cidadãos dos dois países, postos em estado de hipnose (porque as faculdades telepáticas parecem mais aguçadas nesses casos), tentaram comunicar um ao outro mensagens por cima do mar do Norte.

Os russos e o início da parapsicologia

A União Soviética é, sem dúvida o primeiro país em que cientistas se interessaram pelos fenômenos parapsicológicos. Em 1921, L. Vassiliev já estudava esses problemas. Hoje, é considerado como um dos grandes nesse setor. É ao mesmo tempo especialista em física da alta atmosfera e dos campos eletromagnéticos, e dirige um laboratório de física pura na Universidade de Leningrado.

Bernard Bernardovitch Kajinski engenheiro eletricista, tem também um longo passado de pesquisador em telepatia e publicou um grosso volume: "A Radioligação Biológica", no qual descreve o que lhe sucedeu pessoalmente um dia.

Em 1919, quando morava em Tiflis, seu melhor amigo cai gravemente enfermo. Uma noite, Kajinski é despertado por um tilintar argentino, semelhante ao produzido por uma colher de prata batendo num copo de cristal fino. Em vão, procura no quarto o que poderia ter produzido o som. No dia seguinte, vem a saber que seu amigo morrera durante a noite. Ao chegar em casa deste, Kajinski observa na mesa de cabeceira um copo e uma colher de prata. A mãe de seu amigo conta-lhe que fora dar-lhe um remédio e que, no momento em que levava a colher aos lábios do doente, este dera o último suspiro. Kajinski fez repeter o ruido; era exatamente semelhante ao que ouvira. na hora exata da morte do amigo. Esse fato decidiu sua vocação: tentaria penetrar no segredo da telepatia.

Atualmente, encontra-se na Universidade de Leningrado o grupo principal de pesquisadores dirigidos pelo dr. Guliadev. Mas há também outros centros importantes em Moscou e em Omsk. A Holanda é outro polo das pesquisas, possuindo a Universidade Utrecht um grande Instituto de Parapsicologia.

O estudo dos fenômenos telepáticos deveria interessar aos biólogos, aos médicos e particularmente aos especialistas do cérebro. Realmente, a questão está em saber, a ligação subconsciente de cérebro para cérebro como se opera. Os russos teriam estabelecido atualmente que a telepatia se explica pela existência de uma forma de radiação cerebral eletromagnética. O agente de transmissão estaria no domínio das ondas eletromagnéticas muito curtas.

Para o dr. Cornell, de Cambridge, essas ondas são comparáveis às da luz e às ondas hertzianas. Os cientistas dos dois países chegam às mesmas conclusões: as ondas telepáticas devem perder sua potência com a distância. Para que as experiências tenham o máximo de possibilidade de êxito, é necessário que os dois interlocutores não estejam muito afastados um do outro. Os resultados de análise obtidos pelos laboratórios norte-americanos da Air Force são diferentes: os norte-americanos inclinam-se de preferência pela existência de um contato que seria feito por ondas ainda não identificadas e não teriam nada em comum com as ondas já conhecidas.

A atividade elétrica do cérebro, hoje já está perfeitamente demonstrada: foi observada desde o fim do século XIX e evidenciado pelo psiquiatra alemão H. Berger, por volta de 1930. Essa atividade elétrica mede-se perfeitamente num indivíduo em repouso, imóvel e não pensando em nada. Com o auxílio de um galvanometro, obtem-se uma sucessão de ondas sinusoidais muito regulares de uma amplitude que varia de acôrdo com os indivíduos, de 5 a 100 milionéssimos de volt. Essa a prova de um funcionamento espontâneo das células cerebrais, excluida qualquer excitação periférica.

Foram dois franceses, o prof. Sadrom e o engenheiro Polonski que há alguns anos, apresentaram precisões sobre o funcionamento das células cerebrais, proclamando que "todas as células funcionam como uma usina automática eletromagnética que obedece às leis das radiações".

Seremos todos capazes de receber mensagens provenientes involuntàriamente de qualquer pessoa? A essa pergunta o professor soviético L. Vassiliev responde dizendo "que, quando um cérebro emite com força sinais na direção de outro cérebro, este último deve captá-los sem dificuldade". Para Vassiliev, o homem teria herdado esse poder de telepatia de seus ancestrais zoológicos. Essas faculdades teriam voltado à medida que o homem se tornava um ser organizado.

Em apoio a essa tese, o professor acrescenta que os animais são frequentemente mais dotados do que os homens. Cita o caso das borboletas noturnas, que estabeleceram um sistema de comunicação muito comodo: as fêmeas são capazes de chamar os machos a uma distância de vários quilômetros, mesmo que o vento sopre em sentido contrário.

Estamos longe de chegar a esse grau de perfeição e ainda é muito cedo para imaginar que se possam construir receptores suficientemente sensíveis para gravar os pensamentos do vizinho. Entretanto, as experiências prosseguem em rítimo acelerado. Amanhã, quando estiver perfeitamente explicada, a telepatia conquistará seu direito de cidadania.

Previsões de Robert Heinlein

Robert Heinlein, escritor de ficção científica sabia que o mecanismo básico de desencadear energias nucleares estava para ser descoberto e aplicado. Em maio de 1941, êsse escritor lança nos Estados Unidos um livro de história intitulado "Solution Unsatisfactory", onde fêz 9 previsões, das quais 7 se realizaram, com um só pequeno êrro. Vejamos suas previsões:

1 — Que o govêrno dos Estados Unidos estabeleceria um projeto para estudar a possibilidade de desenvolver uma arma baseada na energia nuclear do urânio 235.

2 — Que o projeto teria êxito, produzindo engenho capaz de destruir uma cidade inteira.

3 — Que uma guerra seria posta a têrmo pelos Estados Unidos que usariam a arma para destruir a cidade inimiga: (Berlim).

4 — Que o uso da arma acarretaria por si mesmo, uma corrida na qual qualquer outra nação industrial

poderia duplicar a arma em um tempo relativamente curto.

5 — Que o mundo então se encontraria numa posição em ter "tôda ofensiva e nenhuma defesa" que a fôrça ofensiva excederia tanto, a defesa, que deixaria o mundo às portas da devastação.

6 — Que um govêrno mundial seria uma necessidade, e que um govêrno assim seria organizado.

7 — Que haveria contudo uma oposição a êsse govêrno: União Soviética.

8 — Que a União Soviética lançaria uma rápida e curta guerra atômica (duração 36 horas) contra os Estados Unidos, e perderia essa guerra.

9 — Que haveria um plebiscito para determinar quem iria controlar o govêrno mundial.

Como viram os leitores, foram realmente impressionantes as previsões de Robert Heinlein. O projeto teve êxito, surgiu uma arma capaz de destruir uma cidade inteira: Bomba Atômica.

A cidade destruída não foi Berlim, na Alemanha e sim Hiroshima e Nagasaki, no Japão (o único êrro). Mas isso se explica, êle "sabia", que uma cidade importante seria destruída, então optou pela capital da Alemanha, que na época começava dominar a Europa. E os Estados Unidos ainda não estavam em guerra com o Japão. A corrida para fabricação dessas bombas, todos nós conhecemos, hoje os grandes países têm seus estoques.

Com relação à defesa nuclear, o mundo se acha ainda na posição, de ter tôda a capacidade de ataque, mas não de defesa. Um govêrno mundial foi organizado: ONU. E a União Soviética, hoje membro dessa organização, no princípio foi contra. Queira Deus, que Robert erre na 8.ª previsão.

Para se ter uma idéia do que seria isso basta dizer que a última guerra causou na União Soviética, a morte de vinte e cinco milhões de russos. O que não causaria então uma guerra, nuclear, em que êles perdessem? Robert Heinlein "via" um vencedor e como cidadão norte-americano, lógico escolheu seu país. Mas a verdade é que, guerra, nunca teve vencedor, muito menos, guerra dessa natureza, o mundo inteiro sofreria conseqüências funestas!

Uma coisa já é certa nessa 8.ª previsão: alguns anos se passaram e os cientistas, hoje acreditam que uma guerra dêsse tipo seria resolvida realmente em 36 horas!

Ficção, no passado... hoje realidade

Talvez tenha sido Luciano, que viveu no Século II A.C., o primeiro homem a escrever sôbre a viagem da Terra à Lua. Difícil é imaginar a astronomia, como era nos dias em que as observações eram feitas a ôlho-nu. No entretanto, conforme seus manuscritos, êste homem sabia entre outras coisas, que não havia ar entre a Terra e a Lua! E em 1634, o astrônomo Johannes Kepler também citava isso em seu livro, sua descrição da Lua foi a primeira baseada nos conhecimentos novos, revelados pelo telescópio. Foi o primeiro homem a descobrir as leis exatas que governam os movimentos dos planêtas. Era tão grande seu conhecimento que exerceu forte influência em todos os escritores modernos, inclusive H. G. Wells, dois séculos e meio mais tarde.

Em 1638 aparece na Inglaterra o livro "O homem na Lua", do Bispo Godwin. O herói da história notou o desaparecimento do pêso quando deixou a Terra, chegando à Lua descobriu que a fôrça que o prendia ao chão era muito mais fraca, de tal maneira que podia saltar a grandes alturas. Conforme cita o inglês Arthur C. Clark em seu livro "A exploração do espaço". Esta idéia é hoje bastante familiar para nós, mas devemos lembrar-nos de que Godwin escrevia cinqüenta anos antes de ter Newton descoberto a Lei da Gravidade!

Em 1640 aparece o livro "Discussões Relativas a um Mundo Nôvo" do Bispo Wilkins, em que o autor mostra entre outras coisas a "Carruagem voadora", meio de transporte capaz de alcançar a Lua, corajosa descrição para a época. Não se tratava de ficção, mas de uma discussão científica séria sôbre a Lua.

Cyrano de Bergerac é o autor, em 1656 de "Viagem à Lua e ao Sol", sendo o primeiro a imaginar a propulsão com foguetes, e surpreendentemente antecipou o turbo-jacto!

Em 1686 Fontenelle escreveu um livro sôbre astronomia e sôbre a existência de planêtas habitados, por sêres adaptados convenientemente ao ambiente. Em 1752 o grande Voltaire lança "Micrômegas" trabalho notàvelmente moderno, cuja história gira em tôrno de um sêr gigantesco do Sistema Solar de Sirius, que visitava a Terra em companhia de um habitante de Saturno.

Em 1827 J. Atterley em seu livro "Viagem à Lua" fala sôbre o "isolador de gravidade" e "metais antigravitacionais". E em 1901 H. G. Wells em sua obra "Os primeiros homens na Lua" inventou a "Cavorita" substância que atuava como um isolador de gravidade. Hoje ainda é uma impossibilidade física, que desafia as leis da natureza, mas quem sabe amanhã... A idéia de antigravidade não é absurda!

Cabo Kennedy em 1865?

Júlio Verne, em sua obra premiada pela Academia das Ciências de França, "Da Terra à Lua", (1865) citava no momento em que o projétil se dirigia à Lua:

"Instantâneamente produziu-se uma detonação horrorosa, inaudita, sôbre-humana, de que coisa alguma poderia dar idéia, nem o ribombar do trovão, nem o estampido das erupções. Das entranhas do solo, como de uma cratera, surgiu um jato imenso de fogo. A terra tremeu e abriu-se, e apenas um ou outro espectador pôde por instantes entrever o projétil que fendia vitoriosamente os ares envolto em chamejantes vapôres. No momento em que se ergueu para os céus, até prodigiosa altura, o jato incandescente, a efusão de labaredas iluminou a Flórida inteira"...

Por que teria o francês Júlio Verne, escolhido a Flórida? Êle havia escrito o livro há muitos anos atrás quando a viagem a Lua ainda era ficção, nunca tinha ido aos Estados Unidos, pois bem, êle cita em seu livro exatamente onde hoje é o famoso Cabo Kennedy, ex-Canaveral, de onde saem os foguetes americanos! Coincidência?

Júlio Verne foi um gênio visionário, a criar o mundo fantástico do futuro. Gênio? Profeta? Sonhou? Ou tudo veio normalmente, como processo inexorável e normal, da sede de conhecimentos do homem? De qualquer forma se tornaram realidades o submarino, o helicóptero, o alto falante, o microfone, a bomba atômica, as viagens ao cosmo.

"Sem Júlio Verne — declarou um dia o almirante Bird — jamais eu teria ido ao Polo Norte". Georges Claude descobriu o princípio da utilização da energia térmica dos mares através de uma frase do capitão Nemo, herói das "Vinte Mil Léguas Submarinas". "Robur, o Conquistador", permitiu a La Cierva construir o "autogiro", antepassado do helicóptero. E a leitura da "Viagem ao Centro da Terra" levou Casteret à prática da espeleologia, que trata do estudo de grutas, cavernas e fontes.

Por incrível e estranho que possa parecer, Júlio Verne, que só sabia escrever sobre viagens, fazendo os seus heróis percorrerem as mais longínquas e inóspitas terras, quase nunca viajou em sua vida. A não ser uma única e curta viagem aos 11 anos, quando embarcou como grumete no navio correio "La Coralie" que partia para as ilhas dos ventos, nos Mares do Sul. Depois desta fuga frustrada Júlio Verne passou a viver as suas aventuras no terreno da imaginação.

Que força estranha guiava este gênio profético cuja imaginação sempre marchava à frente da ciência? Júlio Verne teve 64 livros traduzidos para 70 idiomas, inclusive para o chinês e o persa. Livros que narravam uma porção de aventuras, como a do capitão Nemo em "As Vinte Mil Léguas Submarinas"; de Phileas Fogg, na sua "A Volta ao Mundo em 80 Dias", dos homens que queriam ir da Terra à Lua; ou do professor, sua namorada e seus alunos, ao centro da Terra. E muitas outras. Este autor, um século atrás em seus romances de aventuras, previra toda uma série de descobertas que a Humanidade conheceria. Do submarino "Nautilus", de "Vinte Mil Léguas Submarinas", a viagem em torno do globo terrestre em prazo diminuto. Apenas uma de suas profecias ainda não se realizou: a "viagem ao centro da Terra", através da cratera de um vulcão extinto.

Quem sabe uma viagem ao fundo da Terra, descobriria a cidade que os teosofistas dizem existir? Dali segundo esses crentes, é que saem os discos voadores, em suas visitas a superfície da Terra, e não do cosmo como pensa a maioria de "experts" que estudam esse fenômeno. Verdade ou não só o tempo dirá.

Russo e americano, no espaço há quase 40 anos atrás

O grande desenhista norte-americano Alexander Raymond há quase 40 anos atrás — apresentava em seu livro "Flash Gordon no Planêta Mongo" historieta em quadrinhos muito apreciada na época, na página 15:

"Os balões metálicos atingidos pela luz magnética, derretiam-se imediatamente. Os seus tripulantes, sem defesa morriam horrivelmente queimados". O "balão metálico" era parecidíssimo com os hoje chamados discos voadores e a "luz magnética" também muito se assemelhava ao "Lazer" (conhecido raio de externínio, hoje realidade, aparelho capaz de concentrar num feixe muito fino ondas luminosas extremamente poderosas. Êsse feixe pode quebrar materiais sólidos, e ferir gravemente um ser humano a uma dezena de metros de distância). Mostrava "espaçógrafo" (televisão), comunicação interplanetária com imagens (televisão já iniciada pelo satélite "Telstar"), cidades do futuro, aparecendo em primeiro plano, monotrilho com o formato dos hoje existentes, os rádios usados pelos personagens eram os transistores e mostrava cidades inteiras destruídas por uma só explosão (nuclear).

As linhas dos foguetes interplanetários eram extraordinàriamente parecidos com os que nos apresentam hoje a Rússia e Estados Unidos, Alex Raymond anteviu também que os primeiros homens da Terra e pisar em outros planêtas pertenceriam àqueles países, pois os personagens centrais da história eram o americano "Gordon" e o "Dr. Zarkof", sábio russo. Mas uma vez a ficção de ontem se identifica surpreendentemente com a atual evolução de nosso mundo.

Conforme já citei Jonatham Swift em seu famoso livro "Viagem de Gulliver", publicado em 1726 menciona a existência de dois satélites de Marte, descrevendo suas trajetórias suas distâncias detalhadamente e seus tamanhos, coincidindo incrivelmente com os satélites hoje conhecidos: Deimos e Phobos. Como podia Swift ter "adivinhado" a existência dêsses dois satélites quase duzentos anos antes de serem descobertos? De que maneira teria êle adquirido seus conhecimentos astronômicos, se naquele tempo não havia telescópios capazes de revelar os dois pequeninos satélites?

"Sonhos premonitórios" ou percepção extra-sensorial?

Como puderam êsses genios, criar o que no seu tempo era ficção e hoje é realidade com tanta exatidão? Teria sido por intermédio dos "sonhos premonitórios", complexo de imagens e visões que se referem a acontecimentos futuros e cuja exatidão é ulteriormente verificada, conforme citam os espíritas, Denis e Flammarion. Ou por meio do que a moderna parapsicologia chama de percepção extra-sensorial?

É possível um contato entre os sêres da Terra, e habitantes de outros planêtas através da telepatia? Homens que se dizem manter êsse contato, existem muitos, em todo o mundo, embora até hoje ninguém conseguiu prova disso. Mas citarei dois casos que a meu ver merecem atenção não só pelo fato de ter sido o contato mantido por intermédio de mulher, como pela curiosa coincidência que apresentam. Lá pelo ano de 1900, portanto há mais de 70 anos, o professor da Faculdade de Genebra, M. Flournoy (*Des Indess à la Planete Mars*) citava o caso de uma mulher, Helena Smith, suíça, 30 anos, que mantinha contato com o planêta Marte.

Essa mulher se entregava a certas práticas espíritas e à noite quando todos dormiam, realizava sua estranha "viagem". Sempre fôra estudiosa e, em criança gostava de ficar só, sentada, os olhos perdidos ao longe. Mais tarde, leu muito e finalmente meteu-se em estudos espiritas, transformando-se num fenômeno atraindo cientistas de tôdas as partes. Dava pormenores de suas viagens ao planêta Marte, falava uma estranha língua (nunca foi possível pegá-la em contradição) desenhava figuras humanas daquele planêta, "via" plantas estranhas e animais absolutamente inimagináveis, falava em carro sem cavalos e sem rodas e em máquinas voadoras. Isto tudo leitor em 1900. É evidente que não se pode ainda provar, um encontro dessa natureza, mas vejamos um outro contato de Helena Smith, em investigações feitas ainda por Flournoy, e que posteriormente foram provados, segundo seu livro:

"Essa mulher fazia também "viagens" a Índia no século XII, servia-se freqüentemente de palavras Sânscritas, língua que ela ignorava em estado normal. Dava sôbre personagens indús, indicações que não se encontravam em nenhuma obra usual, e que foram confirmadas, depois de muitas investigações". Quanto a escrita e a linguagem indostânica empregada por Helena Smith, Flournoy acrescenta que nas investigações que fêz, para averiguar donde lhe vinha tal conhecimento "tôdas as tentativas falharam".

Comprovadas suas "transmissões" da Índia do século XII, comprovará também as do Planêta Marte? Só o tempo dirá.

Comunicação telepática com um marciano

Agora citarei meu relatório, feito em junho de 1962, quando visitava juntamente com outros jornalistas, uma estranha mulher, paulista radicada no Rio de Janeiro, onde o leitor poderá notar certa semelhança, no que diz respeito ao modo de captação de mensagens (olhos perdidos ao longe), preferência noturna, para suas ligações com outro mundo, e o fato de nunca cair em contradição! Tudo levando a crer que tenha também qualquer ligação com espiritismo, idêntico ao sistema praticado pela mulher suiça, há 70 anos atrás. Ou será mesmo ligação telepática com habitantes de outro planêta? Trata-se de um relatório, com detalhes fascinantes, que mostro, visando sobretudo trazer aos leitores uma narração fantástica, de cuja veracidade caberá aos leitores julgar.

Fomos convidados para uns testes com "a mulher que fala com Marte", cujo programa na televisão de S. Paulo estava sendo aguardado com bastante interêsse, não só pelo fenômeno poder vir a contribuir para o alargamento de uma dimensão de nossa mente ainda ignorada, como pela possibilidade de uma real comunicação entre a Terra e outro planêta. Chegamos ao hotel onde se hospedava o Fenômeno Z ou Dona Zoca (assim ele é chamada) cêrca de 22 horas. Dotada de podêres de percepção extra-sensorial, Dona Zoca, iniciou os testes com leitura e captação do inconciente dos presentes, entrando em seguida em contato com "Henrique", inteligência extra-terrena, segundo ela, oriunda, provàvelmente do planêta Marte. Os testes iniciais foram os mais interessantes, diante da revelação de fatos conhecidos apenas na intimidade dos presentes, que ficaram gravados no subconciente e que Dona Zoca descrevia com detalhes.

Os relatos de "Henrique" em ligação telepática com Dona Zoca, não foram menos interessantes, pois descreveram um mundo totalmente diferente para nós, não só no que diz respeito ao grau evolutivo que atingiram, como seus costumes, sua organização social e respondendo as mais variadas perguntas! Condições de vida no planêta: subterrânea, com algumas exceções, uma só raça: homens com mais de 2 metros de altura, orelhas mais compridas, com a concha acústica voltada para cima, idade 250 anos em média. Uma só cidade, uma só linguagem, seus transportes, seus progressos: iluminação do chão para o alto, elevadores movidos por eletricidade do corpo humano. Fauna, flora, filosofia e psicologia marciana: ausências de govêrno e qualquer sentimento violento!

O que me chamou atenção foi a originalidade, (Dona Zoca dava a impressão de estar falando num telefone invisível — exemplo: quando fazíamos perguntas ao "Henrique" ela dizia — Entendeu "Henrique"?... Bem, o "Henrique" manda dizer que isso é assim...) a narrativa fantástica, a riqueza de detalhes quando "Henrique" descreve Marte por intermédio de Dona Zoca (que não é mulher de grande cultura) ou quando o mesmo respondia qualquer pergunta com relação ao seu planêta. Notava-se também a dificuldade que Dona Zoca tinha em se expressar, ao responder as perguntas mais difíceis, porém, sempre com lógica na resposta. Diante de tão interessante narrativa que colocará em choque as mais diversas interpretações, saímos do hotel às 4 horas da manhã e ficamos de voltar no mesmo dia às 23 horas. Levei um gravador de som para não perder nada, das narrativas dêsse suposto habitante de outro mundo. Ficando a gravação dividida em três partes: 1.ª parte, entrevista com "Henrique", 2.ª parte, viagem de Dona Zoca através do grande enigma do século até hoje indecifrável, os discos voadores, que segundo afirma "Henrique" é realmente nave espacial marciana. Fazendo descrição detalhada, desde sua fôrça propulsora, material de que é construído o disco, aspecto interior etc., 3.ª parte, narrativa de Marte e os aspectos de sua cidade, "visto" por Dona Zoca e transmitidos para nós com as explicações do "Henrique".

Nessas 10 horas que ficamos em contato com "Henrique", fizemos as mais variadas perguntas e gravamos 280 metros de fita, com as respostas que ia nos dando por intermédio de Dona Zoca. Sendo que por várias vêzes repetíamos a pergunta, embora de maneira diferente, para ver se "Henrique" caía em contradição. Êsse fenômeno vem suscitando a perplexidade de certos círculos e a moderna parapsicologia está tentando interpretar. "Dona Zoca não evidencia em sua atitude geral nada que lembre transe, semi-transe, rigidez cataléptica, estado sonambúlico, nem são realizadas quaisquer práticas religiosas, nem manobras hipnóticas. Enfim nada é feito com finalidade de impressionar ou sugestionar os presentes ou de conseguir um estado anormal nela. Não se trata de alucinações que sobrevêm involuntária e tumultuàriamente e sim de fenômeno equilibrado, consciente e perfeitamente controlado. Êle se manifesta ou deixa de se manifestar, de conformidade com o desejo da percipiente". Afirmou na ocasião o psicanalista Alberto Lyra, a respeito do fenômeno.

"Henrique" já havia mostrado telepàticamente a Dona Zoca uma quantidade enorme de avanços do seu planêta, tais como, progressos da indústria, organização social etc. tudo isso sempre dentro de lógica, quando se tratava de operação, tinha a confirmação de médicos, quando se tratava de construção, também dos engenheiros que assistiam as apresentações. Mostrou nessa noite, a pedido nosso, um passeio que estava fazendo em companhia de Dona Zoca, por uma das ruas de Marte, uma série de coisas inéditas. O marido de Dona Zoca, Luiz Quirino, autor de um livro a respeito do fenômeno, "A mulher que fala com Marte" me afirmou que entre duas mil fôlhas taquigrafadas, ditadas por Dona Zoca, e que posteriormente uma parte foi transformada em livro, a pedido do próprio "Henrique", não constavam aquêles citados.

Ela começou a "ver" um enorme barranco que estava sendo tirado, naturalmente para ampliação da cidade. Sendo o corte feito por máquina gigantesca, e a terra removida por meio de sucção, por intermédio de um tubo gigantesco que arremessa a mesma a vários quilômetros. Sem que tivesse qualquer trabalhador por perto, fazendo crer que as duas máquinas eram comandadas a distância por sêres superinteligentes. Tudo isto, descrito com uma riqueza de detalhes impressionantes, numa gravação demorada, que tornaria Dona Zoca, caso fôsse imaginação sua, uma artista extraordinária e uma capacidade criadora comparada aos melhores escritores de ficção do mundo!

Nestes últimos anos Dona Zoca foi testada por engenheiros, médicos, cientistas, estudantes, filósofos, professôres, psicanalistas, enfim pessoas capazes de análises e críticas arrazadoras, mostrando-se todos perplexos diante do estranho fenômeno. Os meios científicos consultados a respeito demonstram surprêsa, pois, nos estudos de parapsicologia não são encontradas pessoas capazes de exercer as faculdades extra-sensoriais de maneira tão controlada e perfeita.

Faço uma sugestão que seria uma prova de fogo para o "Henrique", convidar para uma "mesa redonda" em S. Paulo, o professor de Astronomia Flávio A. Pereira, Ex-Presidente do Conselho Científico Internacional da Sociedade Interplanetária Brasileira, Presidente do Instituto Brasileiro de Astronáutica e Ciências Espaciais. Comandante Auriphebo Berrance Simões, membro da Comissão Brasileira de Pesquisa Confidencial dos Objetos Aéreos Não-identificados. Jornalistas João Martins e Eduardo Keffel, o primeiro grande autoridade em disco voador e o segundo, autor das fotos do célebre disco voador da Barra da Tijuca. Professor Rômulo Argentiere, J. Escobar Faria, Olavo Fontes e outros.

E evidentemente convidar o "Henrique", que por intermédio de Dona Zoca poderia responder as perguntas embaraçosas que por certo lhe fariam. Uma vez comprovada a inexistência de fraude, espiritismo, ou qualquer coisa que não seja aquilo afirmado por ela, promover então uma reunião internacional. Com nomes como: Gray Barker, Percy Wilkins, Edward Ruppelt, Donald Keyhoe, Richard Hall, Coral Lorenzen, Cristian Vogt, Aimé Michel, Jacques Vallée, André Avignon, Quincy de Constantine, Roger Alvares, James Moseley, M. Jessup, P. Lowel, Rúpert Wildt, H. Suess, A. Firsoff, Patrick Moore, Gerald Heard, Donald Menzel, escritores, militares, cientistas, astrônomos, físicos. Conhecidos na questão de disco voador, mundos habitados etc. E mais uma vez comprovada a comunicação da Terra com outro planêta, aproveitar os benefícios que isso nos traria.

As provas do "Henrique" marciano

Durante nossa entrevista eu havia acusado o "Henrique" de ser um espírito galhofeiro, que estava ludibriando a boa-fé daquela senhora com a história de marciano, uma vez que êle não dava prova cabal daquilo que mandava dizer de seu mundo. Pois aquêle encontro de Dona Zoca com um marciano (conforme cita, detalhadamente o livro feito por Luiz Quirino) na praia do Leme, que viera com a missão de provar a existência dêles, trazendo um corte de tecido atômico (que ninguém viu) não me convencera. Apesar das desculpas, o que sucedeu naquele encontro, foi um copo de água fria no entusiasmo de tudo aquilo que "Henrique" havia relatado anteriormente. Ora, nós acreditamos na pluralidade dos mundos habitados, uma vez que a Terra é um grão de areia no espaço, evidentemente haverão outros planêtas mais ou menos evoluídos que o nosso. Acreditamos também na possibilidade de nave espacial extraterrena estar nos observando, mas o que queríamos era uma prova concreta dêsse contacto com Marte.

Se o "Henrique" dissesse que por qualquer motivo não seria possível um encontro entre um habitante daquele mundo e Dona Zoca, muito bem, mas, uma vez que veio alguém de lá, houve o encontro e êsse misterioso personagem não deixou na praia o que prometeu deixar a fim de comprovar materialmente sua visita, não há desculpa que convença. E o "Henrique" limitou-se em mandar dizer que eu podia chamá-lo de "espírito galhofeiro" e o que mais quisesse, pois mais tarde tudo seria confirmado conforme êle dissera.

Acredite-se ou não na possibilidade de ter Dona Zoca ligação com Marte, uma coisa é certa, é preciso que se examine seriamente o fenômeno sob ângulos científicos, com os elementos da moderna parapsicologia. Pois essa senhora é realmente dotada de extraordinária faculdade de percepção, que lhe permite sem grande concentração, em qualquer lugar que esteja, sem necessidade de preparação psicológica e em estado normal, "ler" no íntimo das pessoas, fatos do passado e descrevendo por vêzes acontecimentos já esquecidos. O famoso parapsicólogo norte-americano J. B. Rhine diz com referência aos fenômenos telepáticos, que uma pessoa dotada de percepção extra-sensorial, pode comunicar-se com outras a qualquer distância, ainda que falem linguagem diferente, pois trata-se de ligação mental, transmissão de pensamentos e imagens.

Três horas da manhã, descíamos a Avenida S. João em busca de táxi quando um repórter de televisão perguntou honestamente o que eu achava daquilo tudo, uma vez longe de "Henrique" e Dona Zoca. Olhei para os outros que nos acompanhavam, sem saber a que atribuir tal fenômeno. Pois honestamente o que mais me havia impressionado, não era tanto Marte nem marciano e sim três mulheres que Dona Zoca havia citado detalhadamente, nos testes iniciais relativos a mim, que coincidiam incrivelmente com pessoas que conheço e estimo!

Novos casos de telepatia extraterrena

Os mais recentes casos de telepatia extraterrena, também através de mulheres, nos vêm da Itália: "Não tema, sou Aibiz, o seu guia espírito. De agora em diante você fará tudo que eu mandar..." Era assim que uma voz se dirigia certa manhã de janeiro de 1959, à Clotilde Traversa, 49 anos, residente em Milão. Diz essa senhora: "Há anos, sou obrigada a acompanhar um conjunto de experiências científicas de natureza eletromagnética. Tenho sido "captada" por ondas de rádio e forçada a agir obedecendo a telecomandos que me são ordenados por cientistas desconhecidos!"

Quando se refez do susto, a senhora Traversa contou tudo ao marido, que ainda estava no quarto, arrumando-se. — "Bobagens", disse o marido, "pois você está com sono ainda. É meio sonho. Durma mais um pouco." Mas, à noite, o marido notou que a espôsa estava pálida e agitada. Disse-lhe ela que continuava ouvindo vozes. Desde aquêle momento a voz de Aibiz tornou-se dona absoluta da vida da senhora Traversa. Ela ouvia ordens imperiosas, que devia cumprir imediatamente, temendo represálias, ou quaisquer outras conseqüências.

Alguns meses depois, Aibiz revelou-lhe, com sua voz transmitida ao cérebro da senhora Traversa, não ser um espírito, mas um médico que juntamente com outros cientistas estava trabalhando na mais estraordinária experiência científica de todos os tempos: rádio-comandar uma criatura humana. A voz lhe explicou tudo isso e disse ainda: — "Você foi escolhida para ser nossa cobaia e terá de obedecer, embora sua vontade não tenha a menor importância, pois, mesmo que se rebele, terá de obedecer ao nosso telecomando".

E assim foi. Clotilde Traversa perdeu completamente o domínio sôbre sua vontade e comportou-se, sempre como um aparelho receptor de ordens. As ordens, em qualquer hora do dia ou da noite, eram, por sua vez, as mais absurdas, mas boas outras vezes. Por exemplo: seguindo a orientação da voz, medicou-se contra doenças, e sarou. Curou-se completamente de reumatismo, de uma velha sinusite e de distúrbios vasocirculatórios, de que sofria há muito tempo. Sucessivamente, foram-lhe ministradas lições de filosofia, literatura e física eletrônica, que ela ia aprendendo ràpidamente. A voz lhe dizia — "Queremos que você aprenda muito, para que se torne uma mulher superior às outras".

Em poucos meses a senhora Traversa escreveu breves tratados de filosofia e de psicologia. Dedicou-se também à pintura, se bem que em tôda a sua vida jamais tivesse usado um pincel. Pintou numerosas telas, confusas, que intitulou de "pintura introspectiva", usando quase sempre o amarelo, o azul e o vermelho. Obedecia também às ordens mais absurdas, enquanto a voz lhe dizia que se tratava de experiência e que ela devia obedecer.

Por fim para terminar com êsse estado de coisas, resolveu consultar alguns médicos. Dirigiu-se ao professor Battezzati, diretor da clínica cirúrgica de Gênova, ao psiquiatra professor Ermentini e ao professor Cazzulo, diretor de clínica psiquiátrica. Depois de um exame demorado, os médicos declararam que as condições psíquicas e físicas da senhora Clotilde Traversa eram perfeitamente normais e boas!

— "Paz a todos. Eu, Ithacar, falo-lhe afastando-me da minha base. Entro em outra linha. Viajo a uma velocidade desconhecida na sua Terra. Posso fazê-lo porque estou em poder de proteção e instrumentos muito aperfeiçoados. Gostaria de dar ao homem da Terra a possibilidade de fazer estas viagens, mas os terrestres não estão maduros ainda para isto. Seus cálculos estão errados porque não levam em conta os podêres extrasensoriais que existem não só no espaço, mas também no corpo humano. Não podemos enviar mensagens a quem não puder recebê-las e por isso é preciso experiência nestas recepções. Em caso contrário poderíamos criar desequilíbrios psíquicos. Por hoje basta."

Essa mensagem foi recebida por outra senhora italiana, desta vez, de Turim. E quem a enviou através da telepatia, foi Ithacar, pilôto espacial marciano, comandante de uma frota de seu mundo. Êsse pilôto que disse pertencer a Marte, lhe revelou muitas coisas sôbre a vida do dito planêta e até lhe fêz conhecer seus traços físicos, guiando-a enquanto o pintava em um papel. Essa senhora de Turim começou a ter mensagens telepáticas em janeiro de 1957. Quem lhas transmitia era um mestre do Tibet e lhe disse que estava em contato com outras pessoas da Terra. Depois de um período de treinamento, durante o qual suas faculdades receptivas se afinaram, o mestre lhe comunicou que ia pô-la em comunicação com um pilôto de astronave marciana.

A senhora que tem um tipo tranqüilo e sério, fala serenamente com os que a interrogam, afirma que se espantou muito diante de tudo isso, porque não supunha que sêres extraterrenos pudessem comunicar-se com os homens. Na comunicação com o chefe dos astronautas marcianos Ithacar, êste lhe disse que o planêta de onde vinha é o que nós chamamos de Marte, mas tem outro nome para o mesmo. As mensagens até agora recebidas de Ithacar são cinqüenta e deram inumeráveis informações sôbre a vida marciana. Anunciou que um dia chegarão naves espaciais à Terra e o homem terá que convencer-se que a conquista do espaço é a conquista do espírito.

Disse-lhe que suas intenções para com a humanidade são boas e que desejaria evitar que os homens se lancem em guerras atômicas. Gostaria que se desse mais valor ao espiritual. "Não será nossa culpa — disse — se o homem tiver que lutar conosco e perder. O mal terá que ser destruído na base." Comunicou que em Marte homens e mulheres têm filhos como entre nós. Tem livros especiais, não impressos, mas sonoros e com imagens como filmes, muito aperfeiçoados e em côres que podem ser conhecidos por crianças e adultos. E há uns aparelhos, muito diferentes da televisão, em que cada um pode escolher o seu programa em côres e com música, conhecendo o que deseja. Espécies de documentários são os mais procurados. Os marcianos fizeram documentários sôbre a Terra e seus povos, sem feiuras nem misérias. "Um dia — disse Ithacar — talvez lhe faremos conhecer a Terra vista por nós, tão diferente de como a vêem vocês."

Nas imagens que a senhora pintou sob ditado de Ithacar, êste parece muito com um homem, com antenas nas mãos e na cabeça, e umas luvas especiais. Nas mãos tem um disco que lhe permite desfazer todo obstáculo de metal, madeira ou pedra. Em suas comunicações há outros dados de interêsse. A medicina, por exemplo, se praticaria em Marte de um modo muito diferente do que o terrestre. Há aparelhos de um metal de alto poder esterilizante, e há métodos médicos que não se compreenderiam na Terra.

Os alimentos são vegetais e se cozinham. Há em Marte animais com os quais os homens se poderiam alimentar, em caso de ir ao planêta. Tem um cereal parecido com o trigo. Faz-se farinha e pães que se chamam "chakaribi". Acrescentam-se-lhe substâncias que o tornam muito nutritivo. Em Marte haveria uma atmosfera parecida com a terrestre e os marcianos regulariam seus climas com um aparelho especial. Há uma ordem perfeita social e monetária, sem diferenças nem injustiças. Comunicam-se telepàticamente.

Brevemente estarão resolvidos os enigmas marcianos: Buux (nome original do "Henrique") Aibiz, Ithacar etc. Pois, as faculdades "extra-sensoriais" que há muito vinham desafiando os cientistas, estão sendo hoje, analizadas minuciosamente nos mais adiantados países. O ramo da ciência que estuda tais fenômenos é o denominado parapsicologia e atualmente é grande o número de pessoas que dedicam-se a ela. Hoje tem sido fartamente documentada a possibilidade do homem entrar em contanto mental, telepático, com outras pessoas situadas a grande distância. E como a fôrça mental não sofre desgaste através das distâncias, pode uma pessoa da Terra também comunicar-se mentalmente com outro planêta, transmitindo imagens e pensamentos, não encontrando obstáculo que a intercepte.

A Rússia e a parapsicologia atual

Na Rússia alguns estudiosos se dedicaram à parapsicologia às escondidas de Stalin. (No seu tempo, Stalin proibira rigorosamente prestar atenção a "semelhantes tolices de origem mágica e religiosa inconciliáveis com o materialismo marxista"). Hoje naquele país, assim como nos Estados Unidos, a parapsicologia é uma das ciências mais estudadas. Os estudiosos dêsse campo foram a princípio, considerados com certo ceticismo, mas logo conseguiram dissipar a desconfiança, frizando que nada existe de mágico na parapsicologia e que até os fenômenos mais estranhos poderão ser explicados, mais cedo ou mais tarde, à luz da ciência.

Em Leningrado os russos descobriram a existência de ótimos indivíduos capazes de receber e transmitir telepàticamente à distância, mesmo quando isolados em celas subterrâneas fechadas com placas de chumbo. O professor Kajinski, citado linhas atrás, grande psicólogo, interveio com argumentos positivos, e finalmente, constitui-se em Moscou uma equipe de pesquisa dirigida pelo jovem doutor E. Naumov e constituída de psiquiatras, fisiólogos, neurólogos e físicos. Kruchtchev, interessou-se pelo assunto e declarou estar convencido da necessidade de se prosseguir nos estudos, que poderiam ser muito úteis inclusive no campo astronáutico: a telepatia, efetivamente permitiria não só manter ligação com os pilôtos espaciais no caso de um desarranjo nos instrumentos, mas também estabelecer contatos com inteligências extraterrestres.

O assunto atualmente é levado tão a sério, que em diversas universidades soviéticas vêm sendo experimentadas drogas suscetíveis de aumentar os podêres telepáticos, e trabalha-se na construção de aparelhos capazes de reforçar a percepção extra-sensorial. Portanto para os cientistas soviéticos de hoje, nada é muito fantástico, procuram então os Lamas do Tibet, conhecidíssimos pelos seus podêres extra-sensoriais para resolverem certos problemas astronáuticos.

Assim, expedições russas rumaram para o grande altiplano procurando colecionar a maior quantidade de noções úteis. Tentando descobrir como dar enorme resistência aos indivíduos e uma leveza inimaginável, procurando também, descobrir um sistema que permite estimular o calor interno, de modo que o indivíduo possa permanecer completamente nú a 4 ou 5 mil metros de altitude etc.

A espiral e os antigos povos

"A espiral — escreve F. Homet — desempenha um papel importante na história dos tempos antigos. Montelius e Evans acreditavam que ela tivera sua origem no Egito, na época IV dinastia (por volta da metade do IV milênio antes de Cristo) chegando à Creta mais tarde no ano 3.000 A.C. A encontramos no Danúbio, e no fim da era paleolítica na Morávia". O que significava a espiral para os antigos povos? Era um símbolo astronômico que representava o Universo, e ao mesmo tempo religioso, pois exprimia a Criação, que se manifestou justamente na formação de um turbilhão em espiral (a chamada protogaláxia), concretizando-se a seguir nas ilhas — universo. A espiral é enfim, uma galáxia estilizada. Mas como podiam os nossos ancestrais, amiúde destituídos das mais elementares noções astronômicas, saber o que é uma galáxia?

Dua são as hipóteses aceitáveis, embora arrojadas: ou os seus predecessores possuíam conhecimentos pelo menos semelhantes aos nossos (o que pressupõe também um elevadíssimo nível técnico) ou então haviam adquirido tais conhecimentos dos representantes de uma civilização extraterrestre. "Talvez — escreve o escritor russo Simaniov — a espiral cintilasse na vestimenta de astronautas que desembarcaram em nosso globo em eras remotíssimas para simbolizar a sua missão de exploradores galáticos". Teria sido ela legada aos ancestrais dos misteriosos Hsing Nu, os "adoradores das estrelas"? Os Hsing Nu (segundo as notícias que chegaram até nós) não se distinguiam, certamente, por um alto nível de civilização; mas, sob muitos aspectos, os testemunhos existentes sôbre os seus monumentos induzir-nos-iam a julgar o contrário, enfim encontramo-nos em fase de um dos tantos contrastes inexplicáveis, próprios das antigas culturas.

Os Hsing Nu habitavam uma região do Tibet setentrional, ao sul da grandiosa cadeia de Kun Lun, zona atualmente deserta, em grande parte inexplorada. Não eram de origem chinesa: acredita-se que tivessem chegado da Pérsia e Síria. Quando, em 1725, o explorador e padre francês Duparc descobriu as ruínas da capital dos Hsing Nu (povo, destruído pelos chineses), o monge pôde admirar as ruínas de uma construção em cujo interior se erguiam mais de mil monólitos, que deveriam, outrora, ser revestidos de lâminas de prata. Uma pirâmide de três andares, a base de uma tôrre de porcelana azul; o palácio real e poltronas com as imagens do Sol e da Lua. Viu, ainda, a "pedra lunar", um bloco alvíssimo, com baixos-relevos representando animais e flôres desconhecidos.

Em 1854, outro francês, Latour, explorou a zona, encontrando alguns túmulos, armas, couraças, objetos de cobre e de ouro com adornos de suásticas e espirais. Em 1952, uma expedição soviética procurou trazer à luz pelo menos uma parte das ruínas. Os aventureiros da ciência submeteram-se a um trabalho longo e árduo, sem poder contar com instrumentos apropriados, cujo transporte se afigurava impossível. Infelizmente, só conseguiram arrebatar ao deserto a extremidade de um estranho monólito azul, muito semelhante ao da cidade africana de Simbabwe (já extinta).

Os terráqueos de um passado distante, já tinham estado na Lua antes dos norte-americanos?

Mas os estudiosos russos, graças aos monges tibetanos, ficaram a par da vida, da morte e dos milagres dos Hsing Nu. Mostraram-lhes documentos onde a pirâmide de três andares estava descrita em todos os pormenores. De baixo para cima as plataformas representavam "a Terra Antiga, quando os homens chegaram às estrêlas; a Terra-do-Meio, quando os homens voltaram das estrêlas; e a Terra Nova, o mundo das estrêlas afastadas". O que significam essas palavras?

Talvez revelem que os homens atingiram algum planêta, num passado sem lembrança, que a seguir regressaram ao seu globo de origem e que, finalmente, não mais puderam comunicar-se através do espaço? Os tibetanos acreditam que houve isso. Provàvelmente jamais o saberemos.

Interessante é a descrição do interior do templo, que coincide, em diversos pontos, com a que foi dada pelo padre Duparc. Num altar — revelam as velhas crônicas — encontrava-se a "pedra trazida da Lua" (*trazida, e não procedente*, razão porque não se tratava de um meteorito!) um fragmento de rocha de côr leitosa, circundado de magníficos desenhos representando a fauna e a flora da "estrela dos deuses".

Tratar-se-ia, por ventura, dos animais e das plantas próprias de um planêta colonizado pelos cosmonautas "pré-históricos", de monumentos fadados a simbolizar as suas astronaves? Anteriormente a um grande cataclismo que teria convulsionado a Terra, os Hsing Nu, segundo se acredita agora, foram um povo civilizadíssimo e cultivavam diversas ciências extraordinárias, as mesmas que vivem hoje entre os tibetanos: êles estavam em condições de "se comunicarem a distância" e, mesmo, de se comunicarem com o pensamento através do espaço. Os indivíduos que sobreviveram ao cataclismo teriam mergulhado na barbárie, só mantendo, da grandeza antiga, a lembrança deformada pela superstição.

A prova dos arqueólogos chineses

Pesquisando a fronteira entre a China e o Tibet, numa região montanhosa cheia de cavernas chamada Baiam-Kara-Ula, arqueólogos chineses vêm encontrando há já algum tempo, estranhos discos de pedra cobertos de signos ignorados, desenhos e hieroglifos. Milhares de anos atrás, com instrumentos de trabalho desconhecidos, os homens das cavernas esculpiram a rocha para preparar os discos, dos quais já se tem 715 exemplares.

Como nossos discos de vitrola, apresentam um furo central e um risco duplo na superfície, que vai se alargando em espiral do centro até a borda exterior.

Após vinte anos de estudos, conseguiu-se decifrá-los, mas o resultado foi tão surpreendente que a Academia Pré-histórica de Pequim proibiu seu autor, o professor Tsum-Um-Nui, de fazer qualquer revelação. A autorização veio mais tarde, sendo publicado um trabalho com o título de "Inscrições espirolóides relatando a chegada de astronaves que, segundo o texto gravado nos discos, teria ocorrido há 12.000 anos".

Os atuais habitantes das cavernas mais altas da região de Baiam-Kara-Ula são homens com cêrca de 1m30 de altura, pertencentes às tribos Dropa e Ham. Até hoje não foi possível relacioná-los com nenhum outro grupo etnico da Terra. Decifrando os discos de pedra, Tsum-Um-Nui descobriu alusões a eles: "... Os Dropa desceram do céu em seus barcos aéreos. E dez vezes do nascer ao por do sol homens, mulheres e crianças esconderam-se nas cavernas. Mas por fim compreenderam os sinais feitos pelos recém-chegados, que eram de paz..." Falam ainda do desespero daqueles sêres ao perderem sua última máquina voadora, que aparentemente se chocou contra alguma montanha inacessível, e de sua tristeza ainda maior por não conseguirem fabricar outra igual.

Em algumas das cavernas de Baiam-Kara-Ula foram descobertas tumbas com esqueletos de 12.000 anos de idade, de cranio enorme e membros atrofiados. Nas paredes e tetos das cavernas, desenhos do sol, Lua, estrêlas, Terra e, aproximando-se dela grupos de pequenos objetos de contorno indefinido, numa representação simplificada de esquadrilhas de cosmonaveis.

Outra missão científica russa no Tibet

Em 1959 outra dessas missões científicas russas andou muito pelo Tibet, de mosteiro a mosteiro, buscando no país mais enigmático do mundo um caminho rumo às estrêlas. Finalmente num lugarejo, perto do santuário de Galdan, conseguiram os russos avistar-se com um velho sábio, astronomo competentíssimo que estava a par dos problemas astronômicos. Esse velho Lama do Tibet, admitia poder em determinadas circunstâncias, entrar em contato visual com habitantes de outro planêta, e os russos rogaram-lhes que lhes permitissem assistir a uma dessas experiências.

A princípio, o ancião se recusa mas depois, ante as insistências dos visitantes, termina consentindo, sob a condição de que sòmente dois hóspedes participem da experiência. Os estudiosos alimentam-se, descansam alguns dias, e a seguir os dois escolhidos são convidados a realizar uma série de exercícios de concentração, acompanhados de uma espécie de ginástica iogue e de um regime alimentar especial. Finalmente, realiza-se a experiência, na cela nua do Lama: o monge segura a mão dos companheiros, concentra-se com êles, na forma preestabelecida, enquanto um curioso aparelho emite em intervalos regulares, sons musicais surdos, cujo eco é bruscamente truncado.

A imagem procedente da profundeza do espaço toma consistência, a princípio nebulosa, depois mais clara. Um sêr muito estranho parece fitar o trio: suas formas recordam as humanas, mas o rosto é indefinível. A criatura em posição erecta, está imóvel, e diante dela gira o que parece uma reprodução em miniatura do Sistema Solar: em tôrno de uma grande bola cintilante giram Mercúrio, Vênus, Terra, Marte...

Nôvo planêta em nosso Sistema Solar?

Os soviéticos fitam aquelas esferas minúsculas, identificam-nas, contam-nas. E então têm a grande surprêsa: os planêtas não são nove, mas dez! Além de Plutão, outro globo gira em tôrno do Sol!

De onde chega a imagem? O monge, resoluto afirma não poder responder a essa pergunta nem a outras. Só se mostra loquaz sôbre um ponto: declara que além de Plutão, existe efetivamente outro planêta, e que dentro de poucos anos será descoberto. A expedição, embora interessante, foi portanto, infrutífera. Um dos estudiosos que participaram da experiência comenta: "Jamais saberemos se aquela figura surgiu diante de nós ou na nossa mente. Jamais saberemos se foi realmente projetada no espaço, ou simplesmente *desenhada* pela vontade do monge. Podemos descrevê-la mas impõe-se-nos reconhecer que, na realidade, ela nada tinha de terrestre... parece impossível que uma fantasia humana tenha podido conceber algo tão estranho".

As divergências russo-chinesas põem têrmo às expedições no Tibet; mas nem por isso os cientistas russos renunciam às suas investigações sôbre segredos tão apaixonantes. Voltam-se para a Índia, de onde provém, segundo se afirma, os grandes mestres de ioga, convidados a iniciar os astronautas russos no método que lhes permita suportar sem muitos inconvenientes as viagens espaciais.

Por outro lado, os norte-americanos procuram também, nas religiões primitivas e nos costumes indígenas mexicanos um nôvo caminho rumo às estrêlas, usando drogas para estudar o desenvolvimento da percepção, fala-se até em experiência com a *Mescalina*. Extraída do cactus *(Anhalonium Lewinii)* conhecido pelo nome indígena de *Peyotl*, a *Mescalina* é utilizada desde tempos imemoriais pelos índios do México e Sul dos Estados Unidos, para abrir as portas da percepção...

Assim os leitores tiveram conhecimento de relatórios dos mais interessantes, inclusive o de uma brasileira. Às pessoas que perguntam qual a minha opinião a respeito, o que tenho a dizer é que realmente acredito na existência de vida extraterrena. Mas em minhas investigações e pelo que tenho lido com relação a essas ligações intermundos, chega-se a conclusão que alguém mente! No caso de D. Zoca em que estive presente num dêsses contatos, não acredito que ela estivesse mentindo, mas quem "transmitia" talvez a enganasse, daí eu ter aventado a hipótese do "espírito galhofeiro".

Entre as experiências russas e norte-americanas, entre Helena Smith, Allingham, Adamsk, Ramatis, Bethurum, Zoca, Traversa e outros, que "viram" e "estiveram" com sêres de outros mundos, com quem estará a verdade? Pois, apesar de muito bem apresentadas e aparentemente sem falhas, existem divergências entre suas descrições, quanto ao modo de viver dêsses habitantes de outros planêtas etc.. Suas declarações não coincidem.

Esperemos portanto que os progressos científicos da Terra nos tragam um conjunto de provas que apresentem caráter realmente positivo, através da parapsicologia e de nossos foguetes. Então constataremos o que foi realidade e o que foi fantasia!

ESTRANHAS MÁQUINAS AÉREAS OBSERVAM A TERRA!

Realizações científicas russas e americanas, aumentarão muito o conhecimento do homem sôbre o mundo em que vive e sôbre o espaço que circunda a Terra.
Caminhamos para desvendar brevemente, um segrêdo que durante muito tempo, fascinou o homem de ciência: observar e confirmar se há vida em outros mundos!
Mas, não estariam os habitantes de outros planêtas há muito nos observando?
Os estranhos objetos voadores que muitos observadores competentes viram, são reais, e se tratam de naves interplanetárias, procedentes de outros mundos, segundo alto dirigente do Pentágono!
Máquina aérea desconhecida entra no raio de ação de radar norte-americano, a incrível velocidade, efetuando manobras que máquina nenhuma de origem terrestre conseguiria.
... Quando se dissipavam as sombras da noite, os objetos voadores terminaram seu reconhecimento que durou cinco horas. Às cinco e meia, testemunhas viram, com clareza a forma das aludidas máquinas...

Muitos "Polares", "Thor", "Titan" e "Atlas" já subiram ao ar, partindo das praias da Flórida. Durante os últimos anos, satélites norte-americanos subiram ao espaço em centenas de lançamentos, a maioria feita do Cabo Kennedy. Esses foguetes colocaram satélites em órbita ao redor da Terra, e levaram satélites para girar em tôrno do Sol. Alguns dos foguetes impulsionaram mais de um satélite, o que eleva em muito o número total de satélites colocados em órbita terrestre pelos Estados Unidos. Os americanos lançaram também vários "Mariner", carregados de instrumentos de alta precisão, em direção a Vênus e Marte.

A União Soviética enviou seus "Sputinik", "Lunick", "Venuzik" e "Vostok", satélites tripulados em órbita ao redor da Terra e outros feitos espetaculares, entre os quais estação automática interplanetária para Vênus, sondas solares, veículo de impacto lunar e outros que desceram na Lua e voltaram à Terra, trazendo amostras do solo, do nosso satélite natural. E recentemente lançou um foguete cósmico eperfeiçoadíssimo (a bordo dêste encontrava-se uma estação interplanetária automática) em direção a Marte, cujos principais objetivos da experiência eram os seguintes: 1 — Observação prolongada do espaço cósmico, durante o vôo da estação interplanetária; 2 — Estabelecimento de um contato interplanetário pelo rádio; 3 — Fotografias do planêta Marte e respectivas transmissões para a Terra, pelo rádio.

Como enfrentaremos um "homem superior" de outro planêta?

Em livro publicado há muitos anos pelo teólogo Pohle, o autor aceitava teorias sôbre planêtas habitados e argumentava que a maldade humana poderia constituir a melhor prova da existência de outros sêres melhores que nós fora da Terra. E o professor Mira Y Lopes disse a respeito: "Como enfrentar o homem, a vivência de sua imensa pequenez e de sua total falta de proteção quando porventura encontrar sêres dotados de uma inteligência muito mais desenvolvida que a sua e em face dos quais sentir-se-á como se não passasse de uma formiga?". E não se argumente que, se tais sêres existissem mesmo, já se teriam "revelado" por meio de mensagens que pudéssemos entender. Aos que pensam assim perguntamos: porventura, o Homem preocupou-se em fazer-se entender pelas espécies animais, que despreza por considerá-las inferiores?

A TERRA TEM SIDO OBSERVADA POR PATRULHAS SISTEMÁTICAS PROCEDENTES DO ESPAÇO EXTERIOR, COM O FIM DE CATALOGAR NOSSO MUNDO COMO OUTRO PLANÊTA HABITADO, SEM PLANOS DE CONTATO IMEDIATO. DEPENDENDO DE NOSSO COMPORTAMENTO!

Existem outros planêtas mais velhos que o nosso, milhares de anos, portanto mais evoluídos. Caminhamos para desvendar, dentro em pouco, um segrêdo que durante muito tempo, fascinou o homem de ciência: Observar e confirmar se há vida e outros mundos! Mas, não estariam os habitantes de outros planêtas há muito nos observando?

A Fôrça Aérea Norte-Americana nunca negou que existe a possibilidade de os discos voadores procederem de outro planêta. Alguns membros entre seu pessoal julgam que pode tratar-se de estranhos fenômenos naturais completamente desconhecidos para nós, outros opinam que as manobras aparentemente controladas que informam muitos observadores competentes, são reais, e que se trata de naves interplanetárias. Assim afirmou um alto dirigente do Pentágono. Era a admissão oficial da Fôrça Aérea Norte-Americana, no sentido de que os discos voadores procedem de outros mundos. Segundo Donald E. Keyhoe, autor dos livros *"Flyng Saucer are Real"* ("Discos Voadores de Outros Mundos") *"Voando com Lindenberg"*, o *"Dia M"* e outros. Apresento abaixo, o que foi contado por Keyhoe, tempos atrás, quando tinha o pôsto de Major nos Estados Unidos.

Disco voador no radar

No centro de Contrôle de Tráfego Aéreo do Aeroporto Nacional de Washington, oito funcionários especializados em contrôle de tráfego, encabeçados por Harry G. Barnes entraram na sala de radar e iniciaram a vigilância. A noite era clara, durante alguns momentos Barnes se inclinou para olhar a tela principal, que é um cristal de 60 centímetros de diâmetro, recoberto de fósforo que emite um brilho pálido. Nesse instante, o Centro seguia um transporte aéreo que voava a vários quilômetros do aeroporto. Ao tocar o avião seu eco era reflexado pelo receptor da estação antena. Ao ser amplificado aparecia como uma pequena mancha redonda na tela. Cada dez segundos aparecia uma nova figura púrpura mostrando a troca de posição do avião.

Por meio dessas figuras, era fácil ver a rota que seguia o avião. O cristal coberto de fósforo mantinha algumas figuras sucessivas antes que a primeira se desvanecesse, Barnes media a distância entre os pontos redondos, de côr púrpura, e empregando um intervalo de dez segundos como base, podia dizer a que velocidade voava o avião. Tomando medidas na tela podia também dizer onde se encontrava o avião e a que distância do campo aéreo. Quando o trânsito era mais abundante, êle e outros controladores podiam anotar com lápis, as rotas, assinalando a posição de cada avião em uma ficha plástica numerada.

Porém, essa noite não havia necessidade, o céu estava pràticamente vazio. Às 24,30 Barnes foi a sala do supervisor deixando o controlador Ed Nugent a cargo da tela principal. Outros dois Jimi Ritchey e James Copeland conversavam a uns metros de distância. Exatamente às 24,40 sete figuras apareceram na tela. Os estranhos aeroplanos ou o que fôra, pareciam haver caído do nada. Só havia uma resposta possível: as máquinas desconhecidas haviam entrado no raio de ação do radar a incrível velocidade, diminuindo ràpidamente essa velocidade. — "Chame Barnes rápido!" — disse Nugent a Copeland. O chefe dos controladores chegou a tôda pressa. As duas telas mostravam as estranhas figuras. Barnes chamou apressadamente a tôrre e se pôs em contato com o operador Howard Cocklin. "Nossa tela mostra as mesmas figuras", disse Cocklin precipitado. Alarmado profundamente, Barnes se comunicou com o Departamento de Defesa Aérea. As máquinas desconhecidas se haviam separado. Duas estavam sôbre a Casa Branca, uma terceira sôbre o Capitólio, ambas eram áreas proibidas. Barnes chamou o Campo Andrews, no outro lado do rio Potomac, em Maryland. — "Nós também os estamos seguindo, respondeu um preocupado radarista". — "Vão enviar interceptores?" — perguntou Barnes ràpidamente. — "Não, o campo está em reforma, nossos aviões a jacto estão em New Castle".

Barnes ficou olhando os outros controladores. "Os aviões interceptadores terão que vir de Delaware, talvez dentro de meia hora". Vários minutos seguiram em silêncio. Então o controlador Jim Ritchey, viu um dêles voando junto a um avião da linha *Capital*, que acabava de levantar vôo. Tomou o microfone e chamou o capitão, um veterano de nome Casey Pierman. Dando a posição do disco, Ritchey o orientou até êle. Até então, a velocidade do disco havia sido calculada em uns 200 quilômetros por hora. De súbito, ante o espanto de todos, a rota que traçava na tela terminou de maneira brusca. Onde devia aparecer a seguinte figura, não havia nada! Um momento depois Pierman chamou: — "Vi o objeto, mas fugiu antes que eu pudesse chegar perto. Subiu até perder-se de vista em coisa de três a cinco segundos".

Momentos depois Barnes e os outros receberam nova surprêsa. Uma das figuras mostrava um brusco giro de noventa graus que nenhum avião podia efetuar. Então outro disco partiu de subito em direção inversa deixando sua nova figura sôbre a que deixara um segundo antes o cristal. Apesar de voar a 160 quilômetros por hora, a misteriosa máquina havia parado em sêco e mudado completamente de direção, tudo isso em coisa de cinco segundos. Depois de tão estranha descoberta, outra assombrosa notícia chegou da tôrre. O operador Joe Zacko estava observando em sua tela especial, para seguir objetos que voassem a grande velocidade, quando um disco apareceu como um relâmpago. Fascinado contemplava como as manchas luminosas deixavam seus rastros, no cristal, a medida que o disco voava sôbre o Campo Andrews rumo a Riverdale. Quando os traços luminosos cessaram, Zacko chamou apressadamente Cocklin e juntos calcularam a velocidade do disco.

Velocidades fantásticas para os terrenos

Havia voado três quilômetros por segundo, ou seja 10.800 quilômetros por hora! (O que não deve representar muito para essas máquinas, pois já houve casos como o de Terre Haute em Indiana cujo cálculo foi de 700.000 quilômetros por hora) De seu rastro se deduzia, sem lugar a dúvidas, que o disco havia descido até parar no raio de ação da tela. Durante uns segundos havia voado horizontalmente para elevar-se em seguida a tremenda velocidade, tornando a sair da tela, desenvolvendo velocidade e efetuando manobras que máquina nenhuma de origem terrestre podia conseguir. Por alguma razão desconhecida os aviões chegavam (mais tarde se soube que outro alarme de Nova Yorque havia feito com que se utilizassem ali todos os caças disponíveis). Os discos deram voltas sôbre Washington durante quase duas horas.

Até esta noite alguns entre os controladores de radar riam da idéia de que existissem visitantes de outros planêtas. Porém, agora todos estavam impressionados, pois as testemunhas simultâneas do radar e as observações oculares, conduziam a uma só resposta. Nas alturas, em meio a noite, algumas supermáquinas estavam reconhecendo a capital. De suas manobras se deduzia com clareza que estavam guiadas ou operadas por sêres altamente inteligentes. Seria possível que estivessem a ponto de aterrissar e a capital seria lugar lógico para estabelecer contato ou que estivessem a ponto de atacar. Chegou um momento que Barnes teve a estranha sensação de que os misteriosos visitantes escutavam seus chamados radiofônicos. Duas ou três vezes os discos distanciavam no instante em que deu aos pilotos instruções para realizar a interceptação. Não houve pilôto que pudesse em nenhum momento, chegar o suficiente para vê-los com precisão.

Eram quase 3 horas da madrugada, quando os aviões da Fôrça Aérea chegaram a Washington. Pouco antes os discos desapareceram, haviam avistado os caças ou ouvido chamados pelo rádio. Cinco minutos depois que se distanciaram os aviões de caça, reapareceram as máquinas e evolucionaram sôbre Washington mais uma vez. Uma delas seguiu um transporte aéreo da *Capital Airlines*, até o aeroporto e logo se afastou.

Quando se dissipavam as sombras da noite, os discos terminaram seu reconhecimento de Washington, que durou cinco horas. Uma testemunha viu com claridade a forma das aludidas máquinas. As 5,30 um técnico de rádio E. W. Chambers saia da estação transmissora W.R.C. quando viu cinco discos girando em formação irregular. Quando olhava perplexo, êstes se alinharam e dirigiram com incrível velocidade para o alto, até perderem-se de vista. Assim os discos voadores desapareceram antes que a maioria dos habitantes despertassem...

Mostrarei alguns dados, entre os milhares anotados no mundo inteiro, relacionados com estranhos objetos voadores. O relatório vai de 1947 até 1957. Para facilitar aos pesquisadores brasileiros estabeleceu-se que a sigla ONI passa a significar Objeto Aéreo Não Identificado. Ela é usada tanto no singular como no plural. Nos Estados Unidos emprega-se a palavra UFO que vem de Unidentified Flying Objects (Objetos Voadores Não Identificados) e Flying Saucer (Pires Voador). Na língua espanhola eles são chamados Platos Voladores e em alemão: IFO — Interplanetarische Flugobjekte (Objetos Voadores Interplanetários), Fliegende Untertassem (Pires voador) e Strahlachiff (Nave Luminosa). Na França: OSI — Objets Spatiaux Insolites, ou Soucoupes Volantes.

O leitor irá se familiarisando aos poucos, com palavras comuns para os "ufologistas" ou "discologistas", como: movimento de "fôlha em queda" ou "fôlha morta", (descida pendular do disco). "Cabelo de Anjo" ou "Fios de Virgem" (fios brancos de matéria desconhecida que caem dos discos) etc.

1947 — abril — Richmond, Virgínia. Meteorologista com teodolito estava observando balão, quando o campo visual é cruzado por objeto não identificado. Maio — Oklahoma. Piloto vê disco brilhante no céu, silencioso e mais veloz que jato. Junho — Weiser, Idaho, dois discos voadores em linha reta; súbita mudança de altitude é também observada. 24 de junho — Monte Rainier, Kenneth Arnold vê nove discos brilhantes, durante tres minutos. Julho — Várias cidades dos Estados Unidos, centenas de testemunhas, presença de discos brilhando ao sol. Idaho, Capitão Smith, da U. S. Airlines, vê cinco discos durante vários minutos; depois mais quatro e posteriormente o conjunto entrando em formação adiante do avião. Dezembro — Centro de

Las Vegas. Bola vermelha com focos de luz verde fortíssima, fica imóvel, depois dispara em velocidade supersônica.

1948 — janeiro — Base Godman, Fort Knox, Kentucky. Famoso caso Mantell. Conclusões: o objeto era um disco de tôpo cônico, metálico, gigantesco, com mancha ou luz vermelha no tôpo. Observadores: os três pilotos, Mantell e os demais, em seus respectivos aviões a jato. ONI desaparece nas nuvens, com Mantell atrás; demais aviões perdem observação. Derradeira mensagem de Mantell é gravada quando ONI sobe mais ainda. Avião de Mantell "desintegra-se" em chuveiro de fragmentos. Julho — Vôo DC3, Eastern Airlines. Caso Chilles-Wited. Charuto metálico é avistado. Trinta jardas de comprimento; dupla espessura de um Dakota; sem asas, tendo os lados brilhantes de azul escuro. Duas fileiras de janelas; nariz com espécie de antena de radar; cauda com chama alaranjada. Movimento em direção oposta ao rumo do avião, a algumas dúzias de jardas, desvia-se bruscamente como se o piloto tivesse percebido o avião. Chama trazeira desmancha-se em feixe de raios luminosos. Faz manobra de 90 graus e desaparece ràpidamente; nesse momento, avião sacode de maneira alarmante. Testemunhas: os pilotos e vários passageiros que viram o clarão na janela no momento da passagem do objeto. Conclusão da pericia oficial, após nove meses de análises dos registros de vôo de duzentos e vinte e cinco aviões civis e militares na ocasião: Objetos aéreos não identificados, inteligentemente guiados.

1952 — Entre 23 de maio e 16 de agosto. Informe Oficial da Administração da Aeronáutica Civil dos Estados Unidos; 19 radarizações de ONI; 4 duplas (dois diferentes radares, simultâneamente) 16 (acompanhadas de observações visuais, sendo tres casos de ONI azulados, e um alaranjado). Vem em seguida as variações de altitude, velocidade: desde imobilidade total até fantásticas velocidades. E termina o relatório por apresentar as formas dos objetos: disco, charuto etc. O objeto em forma de charuto parece tratar-se de porta-disco. Desses compridos objetos, algumas vezes no "formato de submarino, luminoso, com várias janelas ao longo" foram vistos cair discos, ou melhor descer em movimento "fôlha morta", subir novamente e desaparecer dentro do charuto.

Casablanca, no mesmo ano de 1952 — setembro — piloto em vôo. ONI voa abaixo deste, com velocidade superior. Avião e ONI vistos por família em Azemour. Após passagem de ambos, ouviu-se na área uma explosão semelhante à da ultrapassagem da barreira do som. Alemanha, Dinamarca, Suécia: milhares de pessoas vêem ONI. Hamburgo; Neumunster; Kiel. Bola de fogo com chama trazeira cruza o céu em linha reta. Sequência: Jaegesborg, ao norte de Copenhague, 2 minutos depois charuto azul esverdeado voando baixo. Vordingborg, Seeland, Frederikssund, Soderborg são visitadas por bolas verdes e corpos elipsoidais luminosos. Malmo, Lund, Scania, tem seus céus atravessado por charutos, inclusive Ljugbyhed, campo militar.

Olorom, França ainda no ano de 1952. 17 de outubro, família Yves Prigeut, às 12,50, céu azul límpido, vê cilindro alongado, inclinado de 45° sôbre o plano horizontal. O objeto estranho é branco, não luminoso e lança fumaça branca sôbre o tôpo. Visto com binóculo, outros objetos arredondados ficam em volta, estes objetos menores deslocam-se aos pares, em zigue-zagues curtos e rápidos. Detalhes: quando 2 deles se afastavam entre si, pareciam ligados por traço branco. Desprende-se dos objetos fios brancos muito alongados, ("Cabelos de Anjo" ou "Fios de Virgem"), que os observadores procuraram enrolar e conservar, mas em vão, volatizavam lentamente. Um dos observadores (professor de ciências na localidade) observa fio de 12 metros de comprimento. Outras observações: em Geronne, pelo prefeito; e no vale de Josbaigh, por excursionistas.

27 de outubro de 1952 — Aeroporto Marignanne. Funcionário local. As 2:00 da madrugada; após partida de avião Nice-Paris, surge luz vindo na direção do observador; desce a poucos metros, sôbre a pista. Observador acerca-se a menos de 50 metros. Charuto, com 4 janelas no centro, agrupadas em pares, através das

quais luz diversa da do objeto. Chuveiro de partículas brilhantes faiscando na estremidade trazeira dirigido para o solo. Luz ondulante em todo o objeto. Observador repentinamente sente-se aterrorizado; objeto parte, em vôo ascensional fantástico. Gaillac, às 17:00 do dia 27 de outubro. Madame Daures, residente na estrada de Toulouse. Sequência: ouve vozerio das aves no galinheiro; dirige-se ao local, e vê no céu um estranho objeto, chama o filho e tres vizinhos. Moradores de Gaillac, cêrca de 100 pessoas, inclusive policiais, observam longo cilindro, com fumo no tôpo. Ao redor do objeto 20 ONI faiscando fazem evoluções. Após a passagem dos ONI: massas de fios brancos começam a cair, volatizando ràpidamente. 1952 encerra com a aparição, no dia 22 de novembro, na estrada Bozoum-Bocaranga, na então África Equatorial Francesa. Padre Carlos Maria de Beata Assumptione (missionário argentino) e mais seis pessoas vêem disco enorme atravessando o céu, muito baixo, acima da linha das árvores.

1953 — 5 de fevereiro — Beirute, Síria. Engenheiro do aeroporto e mais 4 professores. Às 18:40 objeto luminoso; luz viva depois mais 2 idênticos, o original parecendo estrela vermelha. Todos discoidais; com maior observação, constatam que são 10 ONI. Com binóculo: disco vermelho-alaranjado, contorno distinto. Adiante da formação, um objeto azul, semi-circular. Meio do ano — Hainault, Belgica, às 20:15. ONI brilhante, circular, achatado (disco voador clássico); em seguida, explosão e clarões repetidos; depois o ONI permanece rígido no lugar. Fios brancos caem após, desintegrando-se ao cair. Châlons-sur-Marne, França. Às 17:15 do dia 14 de novembro — objeto elíptico vermelho. Às 17:20 outros observadores vêem objeto redondo, verde luminoso, lento passando no céu; tamanho lua cheia; silencioso. Já na cidade do Cabo, África do Sul, no dia 27 de novembro, ONI passaram a velocidade superior a 1250 milhas por hora. Foram radarizados.

1954 — 4 de outubro — Manhã em Bauquay, França. Grande forma alongada, avermelhada, iluminando o campo, e passando lentamente; rasante sôbre árvores altas; vacas no estábulo espantam-se e fogem desorientadas, inclusive a que o observador ordenhava; esta teve retenção do leite até a manhã seguinte. Estrada de Charente, mesmo dia, às 21:30, duas bolas luminosas, de tamanhos diferentes extinguem motor e faróis de automóveis. Mesmo dia, 22:00 em Montbazens. ONI redondo, 4 m diâmetro, luz vermelha; um dos seis observadores se aproxima, o ONI, dispara, sentindo-se o observador aturdido com forte comoção. Dia 13, às 16:30 em Graulhet. ONI branco, discoidal, enorme, ondulante sôbre seu eixo, a grande velocidade explode em vôo, e um ONI circular muito menor, prateado sai da massa. Depois queda de materia tipo "Fios de Virgem" ou "Cabelo de Anjo", que um químico da localidade tenta analisar em vão. Dia 14, às 12:30 em Fontaine-de-Vaucluse. ONI imóvel, durante hora e meia; lança jogo de luzes variadas e faz evolução sôbre seu eixo. Base aérea despacha dois jatos. ONI desaparece.

No mesmo dia 14, na estrada Saint-Romains-sous-Gourdon-Brosses-Tillots, viva luz proveniente de um ONI circular (prato invertido) extingue motor de motocicleta. A tardinha em Rovigo, Itália, ONI circular plana lentamente e pousa. Depois de alguns minutos decola. No local, cratera de 6 metros diâmetro com sinais de sucção. A noite em Aire-surla-Lys, ONI circular, luminoso, desce lentamente do céu, lança jatos de luz que ilumina todo o espaço. Dia 15, às 3:40 ONI pousa num parque em Southend, Inglaterra. Dia 16, à noitinha, em Baillolet, França, 4 ONI circulares; um cai em zigue-zague vindo em direção do carro do observador, cujo motor e faróis se extinguem e o motorista tem a sensação de formigamento no corpo. ONI pousa e apaga-se. Faróis e motor do automóvel voltam a funcionar quando ONI é visto se distanciando.

Dia 18, à tarde, Vienne (Isere). Formas brancas caindo do céu, cobrindo tudo. Meia hora depois, chuva de "teias de aranha" sôbre aeródromo (aviões hangares, pessoas). Fios finíssimos, macios ao tato, volatizando em pouco tempo. Mesma hora e dia a 6 quilômetros de Coheix, ONI alongado, 10 metros de comprimento, 2,5m de altura, pousado em campo, sem luz. Observador sente-se meio paralisado, e extingue-se motor da camioneta. Dia 20, à tardinha. Estrada Nacional (Moselle). ONI luminoso, pousado na estrada. Observador se aproxima e sente-se paralisado. Extingue-se motor do carro. Sensação de calor corporal invade o observador. ONI decola, e os efeitos desaparecem. Mesmo dia nas florestas de Lusigny, tempo chuvoso. ONI oval de 6 metros de comprimento, provoca calor tórrido. Duração 15 minutos, ONI desaparece na vertical. Terra e árvores no local ficam secos como se estivessem sob intenso sol.

Dia 21 — La Rochelle. ONI escuro surge tornando-se vermelho luminoso depois laranja. Pouco antes disso, testemunhas (pai e filho de 3 anos), sentem formigamento e calor crescente, que leva a criança ao pranto. Extintos motor e faróis do carro. Dia 27, à noite em Huby-Saint-Leu. Esfera luminosa sôbre floresta de Hesdin. Luz ofuscante. Extintos motor e faróis do carro, formigamento e sensação de descargas elétricas no corpo.

1956 — 17 de fevereiro — 23:00 — Paris, Orly. Radarizações. Alvo duas vezes maior que aviões da época. Manobras e velocidades fantásticas. Ficam rigorosamente imóveis, depois de atingirem velocidade de até 2500 quilômetros por hora. Surge DC3 vindo de Londres. ONI se desloca a velocidade tremenda contra o avião. Torre chama o avião, cujo comandante vê luz vermelha que se dirige contra êle. ONI desaparece numa rapidíssima manobra, e logo depois é visto como um corpo enorme, negro, contra o fundo do céu. Duração da "brincadeira": 3 horas, de vai e vem, fazendo vários pilotos descerem em Orly, pálidos de mêdo. Radar de Orly viu-se perturbado por forte interferência. Tudo se passou como se o ONI captasse e interpretasse conversação telefônica.

1957 — abril, 14 às 15:00. Castelo de Vins. ONI pequeno sobrevoando lentamente o solo a 3 metros de altura. Cone inferior com feixe de raios luminosos multicolores e agitados. Observador tinha ouvido ruido metálico ensurdecedor, vindo detrás do carro; percebe que o som nascia em um de dois sinaleiros de estrada, indicadores de encruzilhada pela qual o carro tinha passado. ONI já pousando, sobrevoa outra placa que se põe a vibrar de igual maneira. O ONI percorre 200 metros, perde altura, quase toca o chão, para, acelera e desaparece a velocidade enorme. Dia 4 de maio. Forcalquier. Fotografia feita por Roger Rigollet, assistente do Centro Nacional da Pesquisa Científica da França. Especialista em meteoritos. Chapas: duas pequenas manchas brancas. Exame técnico revela que não são defeitos de emulsão. Primeira imagem: objeto imóvel no céu às 22:38; segunda imagem: idêntica, às 22:41, feito por máquina fotográfica com diafragma rotatório, que interrompe o feixe de luz 8 vezes por segundo.

Algumas hipóteses sôbre discos voadores

Tais máquinas não são construidas na Terra, porque na Idade Média ou nos tempos romanos ninguém poderia ter construido engenhos voadores. Essas máquinas deslocam-se como se tivessem um campo gravitacional próprio, artificialmente criado. Essa hipótese explicaria as bruscas mudanças que aparentam ter, nas manobras. Nenhum veículo construido na Terra seria capaz de alterar tão bruscamente de velocidade ou de direção. O piloto seria impiedosamente sacrificado. Mas dentro de um campo gravitacional, o piloto não sofreria nenhuma consequência. A hipótese explicaria também a aglomeração de diversos aparelhos em uma nave maior ou nave-mãe, para fins de viagem espacial, Reunidos dessa forma num porta-discos, ou charuto voador, um só campo gravitacional seria necessário.

Tais máquinas empregariam elevadas voltagens para repelir o ar, evitando com isso a incandescência. O atrito não existiria entre elas e a atmosfera. Por outro lado, criariam também fortes campos magnéticos capazes de influenciarem o ar ionizado das grandes altitudes. Também isso explicaria a luminosidade. E quanto à ausência de som, também tais máquinas não precisariam comportar-se como nossos veículos — aviões, jatos, foguetes — que se deslocam em meio a um oceano gasoso parado, no qual provocam fortes redemoinhos de ar — nada disso ocorrendo com os objetos aéreos não identificados.

A ciência tem o dever de investigar tudo, e de se dedicar ao estudo dos "impossíveis" e "absurdos", porque está fora de dúvida que além de nós existem outros sêres racionais. Não vale nada a objeção simples de que êsses sêres não terão suficiente duração de vida para poder atravessar os espaços cósmicos, galáticos. Em primeiro lugar, nada sabemos sôbre a duração de vida dêles. É possível que essa duração comporte milhares de anos. Além disso, já está demonstrado que o rítmo de desgaste físico e químico é mais vagaroso numa astronave animada de velocidade extraordinária. Os ocupantes de uma astronave submetida a velocidades próximas da da luz não envelhecem com a mesma rapidez que os não submetidos a tais velocidades.

Estamos diante de fenômenos que devem ser pesquisados, estudados, não simplesmente ignorados e negados. Portanto todas as teorias devem ser aceitas como é o caso da teoria da sociedade "Borderland Sciences Research", de San Diego, Califórnia, que afirma serem os discos voadores engenhos provenientes de um "universo extra-dimensional". Para os adeptos dessa estranha teoria, os objetos voadores que tanto nos espantam, são engenhos perfeitamente materiais em "seu" Universo de N dimensões, podendo desmaterializar-se afim de sair desse Universo e penetrar no nosso.

Os veículos tornar-se-iam imateriais na fronteira imaginária entre os dois universos. Mas nesse estado de imaterialidade, e por razões que não podemos compreender, seriam radarizáveis, ou registráveis pelo nosso radar. Franqueada essa fronteira, os engenhos se rematerializariam, tornando-se perfeitamente materiais ou concretos, integrando-se nos parâmetros do nosso universo tridimensional. Os nossos veículos, entre os quais os aviões, poderiam atravessar em meio a êles quando se achassem justamente no período de transição, ou na fronteira da trans-materialização. A êste tipo de ONI, os adeptos desta teoria chamam de Aeroformas.

Outra teoria interessante é a de que alguns desses estranhos objetos voadores sejam representantes de uma espécie animal adaptada à vida e a locomoção no meio espacial ou interestelar. Por que não? Seriam assim, animais-voadores espaciais! Por acaso não existe no mar peixes e submarinos, e na atmosfera, aviões e aves?

Como já disse todas as teorias são válidas, mesmo que ultrapassem a barreira da ficção. Por acaso a televisão, o foguete e outras realidades mais, não foram um dia considerados apenas frutos da ficção? Num trabalho sôbre contos de ficção científica que estou preparando, criei uma teoria sôbre os discos voadores, que é totalmente impossível. Mas, como a ciência nos tem mostrado muitas vezes, o que acreditamos como absolutamente certo hoje, no dia seguinte já não é, pode ser que um dia...

Vejamos como curiosidade, minha teoria em termos de ficção cientifica, quando um ser de outro planêta dialoga através de telepatia com o terráqueo:

"— Sim sou um micróbio maior e mais evoluido que vocês sêres humanos da Terra. Graças a estudos de centenas e centenas de anos, em nosso mundo distante, descobrimos que nós, considerados o máximo da criação, não passamos de... micróbios. Dessa maneira, vocês humanos terráqueos não passam também de micróbios do planêta Terra. (Formados por mocróbios brancos, pretos, amarelos e vermelhos, que em tempos remotíssimos vieram de outros planêtas). Micróbios que em seus órgãos possuem micróbios; êstes por sua vez também contém micróbios que portam outros micróbios, numa escala contínua, permanentemente!...

O planêta Terra, número três do sistema do Sol, estrela de quinta grandeza, é um órgão do Universo, ou seja do espaço cósmico. O espaço cósmico por sua vez é um ser vivente como milhões e milhões iguais, menores ou maiores, que habitam outros sêres, e assim sucessivamente e indefinitivamente...

O enxame de pequenos planêtas ou asteróides situados quase entre as órbitas de Marte e Júpiter, são restos de um planêta semelhante a Terra, que explodiu em estilhaços. Teria se chocado com outro planêta? Não, porque um orgão não se chocaria com outro. Teriam seus habitantes chegado a um nível elevado de conhecimento, possuindo adiantadíssima ciência astronáutica e nuclear, cometido alguma imperícia ou loucura fatal? No caso sim, o micróbio ser humano evoluído poderia ter arruinado o órgão. Ou teria o planêta sido atingido por um projetil? Hipótese também possível: o órgão (planêta) portador de doença incurável causada por micróbios (humanóides) teria sido destruido, por algum medicamento de efeito poderoso. Assim sendo — completou o viajante do Cosmo — os discos voadores, são tipos de remédios ou vacinas, introduzidos no organismo do ser vivente (espaço cósmico) para facilitar a cura de uma doença já declarada ou a fim de controlar ou eliminar sérias perturbações em seus órgãos vitais!"...

NAVES AÉREAS DE OUTROS PLANÊTAS TERIAM RAPTADO AVIÕES EM VÔO?

Os sêres pertencentes a outros planêtas, como serão? Quase divinos ou gênios do mal? Poderão ser superinteligentes e friamente materialistas...
Misteriosos objetos redondos e brilhantes, assistem na Europa e Oriente, combates entre pilotos alemães, americanos e japonêses.
Desaparece no Chile, quatro minutos antes de descer, um avião da British South American Airways, deixando no ar uma palavra desconhecida.
Em Michigan um avião à jacto da Fôrça Aérea Norte-Americana, se choca no ar com máquina desconhecida, desaparecendo sem deixar destroços.
Cidadão afirma ter visto máquina voadora de linhas fora do comum apanhar avião em pleno vôo e desaparecer nas alturas!

Há anos que se vêem luzes e objetos estranhos nos céus, muitas dessas histórias foram sem dúvidas frutos da imaginação, mas outros casos relatados por astrônomos, capitães de barcos, pilotos experimentados e vários observadores de seriedade reputada, tiveram a confirmação de militares norte-americanos. Não seriam essas aparições sinais evidentes de vida extraterrena? O principal problema que inquieta a humanidade é a descoberta dos segredos do Universo. Se como acreditam alguns homens de ciência, há mundos longínquos que estão enviando mensagens para a Terra, e mesmo visitando-a, a astrofísica acabará por captá-los e interpretá-los. Os novos telescópios e rádiotelescópios e a possibilidade de dentro em pouco se poder montar um observatório na Lua, que permita explorar o Universo sem os inconvenientes da atmosfera que envolve a Terra, fazem prever avanços espetaculares nesse domínio nos tempos que estão para vir.

30 mil planêtas parecidos com o nosso na Via Láctea

Calcula-se na Via Láctea há cêrca de 100 bilhões de estrêlas parecidas, (maiores muitas delas) com nosso Sol. Lògicamente, cada estrêla pode ter o seu sistema planetário. Potencialmente há, pois, 100 bilhões de sistemas planetários. O que nos interessa é encontrar, nesses 100 bilhões, possíveis planêtas nos quais haja civilização semelhante à nossa. O astrônomo Dr. Hoerne, do Instituto Astronômico de Heidelberg (Alemanha) acha que é razoável calcular que, de cada 3 milhões de estrelas, 1 tem sistema planetário com mundos em condições de poder "dialogar" com a Terra. Êsse cálculo dar-nos-ia cêrca de 30 mil planêtas parecidos com o nosso na Via Láctea.

O Dr. Fred Hoyle, professor de astronomia da Universidade de Cambridge (Inglaterra), formulou a teoria de que os mundos com civilização mais avançada acabam por pôr-se em contato com outros comunicando-lhes as suas experiências. Realmente um planêta como o nosso poderia ensinar outros de civilizações inferiores, progredir vertiginosamente em todos os domínios, mas como reagiria o homem da Terra com os superiores que tentassem comunicações?

Como seriam esses sêres superiores? Quase divinos ou genios do mal? Constituirá uma decepção para nossa sociedade um ser extraterrestre insensível a valôres como respeito mútuo, afeto, admiração etc.? Provàvelmente serão tão avançados intelectualmente que consideram nossas guerras como atos de bárbaros. (Mas, não constituímos ameaças para suas normas de vida por sermos demasiadamente primitivos?) Nos visitam como o homem civilizado visita de avião, tribos de índios, sem descer para não ser atacado.

SOB O CÉU ESTRELADO, APARECEM DESENHOS DOS MAIS VARIADOS TIPOS DE OBJETOS AÉREOS NÃO IDENTIFICADOS, VISTOS POR PESSOAS DE TODO O MUNDO.

SUAS INCOMUNS CARACTERÍSTICAS NÃO SE AJUSTAM AOS CONHECIDOS AVIÕES, FOGUETES E SATÉLITES DA TERRA E, NÃO CORRESPONDEM ÀS DEFINIÇÕES DE OBJETOS CONVENCIONAIS QUE VOAM INCLUSIVE CORPOS CELESTES ASTRONÔMICOS. EM VÔO SOLITÁRIO OU EM ESQUADRILHA, SUA MOVIMENTAÇÃO INTELIGENTE AFASTA POSSIBILIDADE DE FENÔMENO METEOROLÓGICO.

EM 1949 FOI VISTO POR UM OBSERVADOR DA MARINHA NORTE-AMERICANA UMA ESTRANHA MÁQUINA AÉREA, DE TAMANHO DESCOMUNAL. NÃO SERIA ASTRONAVE DE OUTRO MUNDO, PORTADORA DE AVIÕES E PASSAGEIROS DA TERRA, RAPTADOS EM VÔO, PARA MELHOR ESTUDO EM SEU PLANETA?

COMO JUSTIFICAR DESAPARECIMENTO DE AVIÃO EM VÔO, SEM DEIXAR VESTÍGIO?

A respeito do grau científico-tecnológico das sociedades extraterrestres, pode haver discrepância entre esse nível e outros níveis. Na História Humana há exemplos notórios. Ninguém poderia dizer que os europeus que usaram seus conhecimentos científicos e tecnológicos para dominar outros continentes, como a Ásia, África e América, eram moralmente superiores às comunidades subjugadas. Assim, se viermos a encontrar civilizações cujo conhecimento sejam superiores aos da Terra, poderemos também descobrir, para satisfação nossa que algumas de nossas instituições são até superiores.

Certos aviões teriam sido raptados!

E se forem muito inteligentes e friamente materialistas, sem piedade para lograr seus fins, isto é, atacar ou raptar em pleno vôo aviões com passageiros e levar junto a seus planêtas, para melhor estudo? Como explicar os enigmas aéreos: aviões que decolam e desaparecem sem deixar vestígios? Não teriam os chamados discos voadores, que estão por aí desafiando a inteligência dos homens, qualquer ligação com êsses desaparecimentos? Alguns dos discos poderiam ser "olhos" de outras máquinas aéreas maiores, em missão de reconhecimento, isto é, pilotados ou teleguiados a distância, por alguma astronave gigantesca de outros mundos.

Dizia o capitão Edward J. Ruppel, engenheiro aeronáutico, há anos atrás, segundo major Donald E. Keyhoe em seu livro *Flying Saucers from Outer Space.* "Realmente os discos voadores não constituem ameaças diretas para nós, pois há anos que nos visitam e até agora não nos atacaram, porém, tal coisa não significa que não seja uma ameaça em potencial".

As primeiras informações oficiais sôbre o aparecimento com mais frequência dos discos voadores foram na década de 40. Durante a segunda guerra mundial, pilotos americanos viram misteriosos objetos redondos e brilhantes sôbre a Europa e Oriente. Aparentemente seu objetivo era a observação direta das operações aéreas. Uma ou outra vez emparelharam com aviões de combate e bombardeios norte-americanos e às vêzes manobravam em tôrno dêles a grande velocidade. Crendo que se tratava de alguma máquina alemã os oficiais de Inteligência da Fôrça Aérea Norte-Americana levaram a cabo uma investigação quando terminou a guerra, mas não encontraram indícios de nenhuma arma secreta dêsse tipo. Tanto os pilotos alemães como os japonêses também estavam assombrados por suas aparições.

1945 — "Caso Avenguer". No dia 5 de dezembro, cinco bombardeiros "T.M.B. Avenguer" decolaram de Fort Lauderdale na Flórida, para um vôo de adestramento normal entre a costa da Flórida e as ilhas Bahamas. O vôo devia durar duas horas, sua tripulação era composta de oficiais com longa experiência de guerra. Um dado momento o rádio telegrafista da base que acompanhava a trajetória dos aviões, notou que a voz do pilôto diminuía e as últimas palavras foram abafadas por ruídos, deixando de manter contato com a base. O radar não conseguia localizar os cinco aviões desaparecidos, o que deixou o pessoal da base em pânico. As estações de rádio chamavam sem resultado. A Marinha tomou conhecimento e preparou um "P.B.M. Martim Mariner", composto de dois primeiros tenentes, dois subtenentes e oito homens equipados com o que havia de mais moderno para salvamentos no mar ou na terra.

Aos quatorze homens dos bombardeiros juntavam-se os doze do "Mariner". Não tendo sido registrado acidentes, por que então não respondiam os chamados da base? Os aviões haviam sido revisionados e tanto o "Mariner" como os "Avenguer" estavam em condições de flutuar no mar. O oficial da Marinha chamava o "Martim Mariner", também sem resultado. O caso dos "Avenguer" tornava-se cada vez mais enigmático, seis aviões desaparecidos sem deixar quaisquer destroços. Uma semana de buscas em que os comandos da Marinha e da Aviação realizaram 930 vôos num total de 4.000 horas, sondando quase um milhão de quilômetros quadrados, sem resultado. Um podia desaparecer, dois talvez sim, mas seis impossível, diziam os oficiais, mas o fato é que até hoje êles não têm explicação para o caso, uma vez que não restou nenhum vestígio.

1947 — "Caso Stendec". O operador da Fôrça Aérea Chilena, em Santiago, mantinha contato com o avião da *British South American Airways,* segundo H. T. Wilkins em seu livro *Flying Saucers from the Moon,* no dia 2 de agôsto de 1947, quando ouviu várias vêzes a palavra "Stendec" pronunciada claramente, 4 minutos antes da hora marcada para descer. O operador não havia compreendido o significado da mesma, repetida mais 2 vêzes do avião. O avião nunca chegou ao seu destino, jamais se encontrou explicação para a palavra "Stendec". A Fôrça Aérea Chilena efetuou pesquisas numa área de 400 quilômetros quadrados, sem resultado. Quem enviou a palavra "Stendec", que o operador afirma ter sido clara? Qual o seu significado? Não teria sido êsse avião raptado em pleno vôo, com tripulantes e passageiros, por alguma astronave terrível?

1953 — "Caso Moncla". Em Michigan, os operadores de radar no dia 23 de novembro de 1953, segundo Donald Keyhoe em seu livro *The Flying Saucer Conspirancy?*, viram em suas telas aparecer um corpo estranho. Deram o alarme, minutos depois decolou da base um avião a jato, pilotava o tenente Felix Moncla Júnior. Apareceu na tela do radar terrestre, logo em seguida, o F-89, de Moncla a tôda velocidade. Quando ia ser dada ordem ao pilôto, o grupo que acompanhava da terra viu estarrecido os dois pontos que na tela representavam, o corpo estranho e o avião de caça, se fundirem num único ponto. Permanecendo êstes alguns momentos mais, desaparecendo em seguida. Durante dias foram procurados numa área de 200 quilômetros quadrados, os destroços, pois julgavam colisão, nada foi encontrado do avião ou da máquina desconhecida. Não teria sido o avião atraído por alguma fôrça misteriosa e removido para outro planêta?

M. K. Jessup, Instrutor de Astronomia e Matemática da Universidade de Michigan autor de *The case for the UFO* e outros, em seu "Anuário dos UFOS" (conforme já expliquei, linhas atrás, UFO é expressão criada pela Fôrça Aérea Norte-Americana, "Unidentified Flying Objets" — Objetos Aéreos Não Identificados), cita uma carta recebida de Ilinois, enviada por Eugene

Metcalfe, dizendo entre outras coisas que no dia 5 de maio de 1955, vira uma máquina voadora de linhas fora do comum desenvolvendo velocidade espantosa, apanhar um avião a jato em pleno vôo como gavião apanha um pássaro e desaparecer nas alturas. Quem pode negar que êste cidadão, tenha realmente presenciado tão estarrecedora cena?

No dia 12 de julho de 1958 um "DC-6B" desapareceu no Pacífico, com 58 pessoas a bordo, sem deixar vestígio. Dia 14 de agosto do mesmo ano um "Superconstellation" da KLM, desapareceu com 99 pessoas, não se encontrando nada e para finalizar em 1962 um "Superconstellation" com 107 pessoas, sendo 93 soldados norte-americanos, também desaparecidos no Pacífico, segundo a Junta da Aeronáutica Civil dos Estados Unidos (CAB), cujos destroços não foram localizados. Os casos aqui citados são alguns dos mais importantes, sòmente de desaparecimentos sem contar aquêles por explosão que também são inúmeros e cujas causas nunca foram determinadas. Existem outros enigmas nos arquivos da Fôrça Aérea Norte-Americana a espera de solução que só o tempo dará.

A esmagadora maioria dos cientistas, técnicos e do público em geral não teve jamais acesso aos arquivos e cadastros relacionados com os ONI, tanto nos Estados Unidos, quanto na Europa e em outros países. A respeito dos ONI, as comunicações entre os homens de ciência obedecem a padrões medievais de informações. A possibilidade de que os ONI possam ser veículos espaciais extraterrestres tem sido negligenciada pela maioria dos cientistas porque sua discussão, no atual contexto histórico, envolve grande emoção. O problema dos ONI é sumamente importante e concerne não somente aos cientistas, como a todos em geral. Portanto devemos encarar com ironia, todos aqueles "São Tomés" que continuam a afirmar que o problema dos ONI reveste-se de ridículo. "O ridículo não faz parte do método científico e o público não deveria ser conduzido a considerar o assunto dos ONI como sendo sujeito a ridículo" (Dr. Hynek, Consultor da Fôrça Aérea dos Estados Unidos).

A questão não é de crer ou não crer, e sim como formar métodos apropriados de pesquisas, classificação e contrôle, capazes de satisfazer a todos os aspectos ligados ao verdadeiro progresso dos conhecimentos. Apenas a análise racional fundamentada em fatos reais pode servir-nos de guia em qualquer tentativa de compreendermos possíveis manifestações de inteligência extra-terrestre. O problema básico, cientificamente falando não consiste em explicar, mas sim analisar.

O fenômeno ONI é òbviamente real. Os cadastros existentes registram mais de 300 aparições dêles, anteriormente ao século XX. Devemos considerar também que as aparições de luzes, ou de fenômenos interpretados como objetos celestes não eram antigamente explicados em termos de presença de sêres racionais extra-terrestres, mas sim em função das crenças religiosas vigentes na época, e dentro de seus poucos conhecimentos.

Os objetos aéreos não identificados podem ser ao mesmo tempo astronaves, aeronaves e submarinos. Veículos com formato de disco ou ovo, capazes de se deslocarem pelo espaço, são também capazes de fazê-lo pelo ar ou sob a água. O leito dos mares e oceanos pode constituir solução esplendida ao problema da base intermediária para os discos voadores; bem melhor do que a Lua.

O que sabemos do espaço cósmico representa muito mais do que sabemos sôbre os oceanos. O homem desceu na Lua antes de atingir o fundo do Oceano Pacífico, o mais profundo de todos os oceanos. As dificuldades para os terrestres, de construir e manter uma base na Lua são menores do que a construção de uma pequena unidade habitável a grande profundidade no oceano. Sob a superfície do mar sòmente alguns decímetros podem ser explorados visualmente, mesmo com poderosos refletores.

As águas oceânicas em sua maioria são tão desérticas que um objeto emergindo ou submergindo no mar poderia ter muito mais chances de fazê-lo sem se deixar perceber do que um veículo espacial viajando pelo espaço, e visível daqui à noite graças a telescópios e dezenas de estações de rastreamento de satélites e cartografia da Lua.

Devido a isso foi que no dia 15 de maio de 1879, um fato causou grande reboliço no Golfo Pérsico, a bordo do navio Vulture. Comandante e tripulantes viram descer lentamente no mar, uma roda de diâmetro de 40 metros toda luminosa. Logo depois notaram ondas e pulsações brilhantes passando debaixo do navio. Olhando melhor perceberam a forma de uma imensa roda de raios luminosos. A oeste do navio, outro objeto semelhante, sob o mar, com rotação própria, deslocando-se em direção oposta ao primeiro. Ficaram visíveis durante 35 minutos. O mar cobriu-se de "bruma espessa" nas imediações.

1952 — A aparição de estranhos objetos voadores nos céus, foi talvez a maior até hoje registrada. O autor deste livro teve também a oportunidade de avistar, com bastante nitidês, e acredita que no ano citado, um ONI voando sôbre São Paulo, em pleno dia. Dessa data em diante é que despertou no autor, interesse pelo assunto: objetos voadores que fogem completamente dos tipos convencionais conhecidos na Terra. Nesse ano inúmeros foram os contatos entre o homem terrestre e sêres provenientes de outros planêtas. Citarei vários e alguns dêles já se tornaram clássicos, nos estudos em questão.

Como é o caso Sonny Desverges, chefe escoteiro que em 19 de agosto nos Estados Unidos, foi atingido por bola luminosa que se desprendeu de um ONI discoidal, pousado na clareira.

12 de setembro — Caso Flatwood, Virgínia. Sra. Kalhteen May, seus dois filhos menores e um jovem da Guarda Nacional vêem objeto luminoso descer. Dirigem-se para o local e deparam com monstro "injetado de sangue, corpo verde, emitindo luzes", dirigia-se para o grupo de observadores com marcha bamboleante. Exalava cheiro nauseabundo, insuportável; todos ainda vomitavam horas depois da aparição do fético sêr, que viera do ponto onde caira a luz.

16 de novembro — Caso Ferrari. O camponês Nello Ferrari, de Castel-Franco, Itália, avista tres homens

vestidos de borracha, rosto protegido por globo transparente e avista também um disco planando a uma dezena de metros. Os sêres falavam língua incompreensível.

1954 — Venezuela — Estrada Transadina, entre Chico e Cerro de Las Tres. Dois rapazes caçando coelhos (Jesus Gomes e Lourenço Flores) encontram objeto com formato de duas bacias emborcadas, perto da estrada; quatro sêres pequenos de 90 centímetros de estatura; peludos perto da estrada; tentam agarrar Jesus Gomez; Flores toma a espingarda (estava descarregada) e golpeia um dos sêres; a espingarda se quebra como se batesse em rocha. A policia depois verifica sinais de luta no local e a arma quebrada.

1957 — Dante, Tennessee, um menino de 12 anos avista cilindro pousado no campo, quando voltava à casa com seu cão. Vê dois "homens" e duas "mulheres" perto do objeto, e cães furiosos ladrando para o grupo; um dos "homens" tenta agarrar um dos cães. Finalmente o grupo entra no objeto, aparentemente sem abrir porta, como "se atravessassem o vidro", e o ONI levanta vôo.

1961 — Venezuela, topógrafo Adolfo Paolino dentro de um jipe, na estrada Andina, entre La Victoria e El Vigia, percebe um caminhão atrás; dá-lhe passagem; nesse momento um disco metálico, brilhante de aço azul polido, passa a enorme velocidade acima do caminhão. Este sobe e vira de rodas para cima, indo cair sôbre montes de areia na margem. O chofer é internado com ferimentos leves mas grande estado de choque nervoso. (Relatório sigiloso da Guarda Nacional Venezuelana).

Os russos e os Discos Voadores

O disco voador não é como muita gente pensa, um fenômeno limitado ao Ocidente. Difunde-se na Rússia e nos países satélites as mais interessantes histórias sôbre o fenômeno, mostrando aterrissagens de estranhos veículos aéreos em lugares afastados e testemunhados por pessoas honestas. Mostrando sêres de outros mundos vagando pelas estepes e desaparecimentos inexplicáveis, não faltando também os casos de pessoas que viajaram em discos voadores. Portanto, o disco voador é conhecido, comentado e muito estudado na Rússia, onde acredita-se absolutamente na origem extraterrestre do mesmo. Hoje existe em Moscou, uma comissão, composta de biólogos, zoólogos, astrofísicos, botânicos, enfim cientistas e técnicos operando em todos os campos levando muito a sério o que até há alguns anos era tido como "imaginação desenfreada"...

Citarei para encerrar êste capítulo, um "clássico" dos discos voadores russos: Numa bela manhã de agosto de 1950, um avião de reconhecimento soviético, que partira de Vladivostok, com a escolta de dois caças, explorava o Mar do Japão. A tripulação de um navio mercante japonês acompanhava, preocupada, as evoluções dos aviões, quando se deu o imprevisto: um corpo arredondado, luminosíssimo, cortou o céu numa velocidade incrível, detendo-se no ar, perfeitamente imóvel, ante os aparelhos russos.

O avião de reconhecimento logo inverteu a rota, mas os seus acompanhantes não se impressionaram: durante cêrca de dez minutos, voaram em tôrno do estranho objeto, após o que um dos dois pilotos investiu decidido, contra êle, utilizando as armas de bordo. Nada aconteceu, e depois da terceira passagem, o caça aproximou-se do invulnerável aparelho. O espetáculo tornou-se então alucinante: durante alguns segundos, o avião soviético permaneceu suspenso na imensidão azul, a seguir pôs-se a vibrar cada vez mais violentamente, parecendo multiplicar-se. Logo depois houve forte explosão: os fragmentos do caça desintegrado brilharam ao sol; o disco subiu a algumas centenas de metros, voltou a baixar com incrível velocidade e desapareceu no horizonte da mesma maneira que havia aparecido...

Como vêem os leitores é grande o número de catástrofes aéreas representando mistério de difícil solução e as informações a respeito foram prestadas por pessoas esclarecidas: professôres, astrônomos, militares etc. Outros mundos terão diversas raças e conseqüentemente diversos sistemas de estudos com relação ao nosso planêta. Alguns talvez raptando para aprimoramento de seus estudos como fazemos com as cobaias. Outros não aparecendo a fim de evitar pânico e até mesmo fugir quando perseguidos por nossos pilotos, pois não ignoram a fragilidade dos aviões em contato com suas máquinas. Como no episódio russo, poderia ter sido morte por desintegração em virtude de fôrça emanada do disco, quando o pilôto dêle se acercava. Acidente lamentável ou morte proposital por ter o pilôto interferido em suas pesquisas? Só o tempo dirá!

Numerosas foram as explosões atmosféricas sem explicação, tôdas do tipo semelhante ao estrondo dos aviões que vencem a barreira do som. Não seriam ecos de combates entre naves espaciais, travados nos confins da atmosfera terrestre? Não seriam sinais evidentes de batalhas interplanetárias? Não estaria ocorrendo no espaço uma luta entre duas espécies, ou mais, antagônicas, empenhadas em guerra interplanetária relativa à Terra? As espécies em luta estariam em busca de lugares remotos para aterrissarem e fundarem colônias, ou para reparos durante as batalhas. Na guerra interespacial, os objetos voadores não identificados, esféricos e brilhantes, podem ter escolhido o Nordeste Brasileiro e Sudoeste dos Estados Unidos enquanto outros de formas discoidais, aparentemente manobrados por operadores humanóides, podem ter tido sua concentração na Nova Guiné, Austrália e Nova Zelândia, conforme fatos registrados em 1957 e 1958.

Há dois grupos de ONI. Um, de discos voadores aparentemente amigos ou inócuos. Outro, de esferas brilhantes, aparentemente indiferente a possíveis acidentes que possam provocar em veículos terrestres, demonstrando esporàdicamente hostilidade para com êstes últimos. Há inúmeros casos de ONI vistos em formações tipicamente de guerra aérea que as aviações empregam em manobras agressivas. Tais formações em V foram observadas aproximando-se de aviões, e ultrapassando-os, sem contudo interferir com os mesmos. Das milhares de observações de ONI são pouquíssimos os casos indicativos de alguma hostilidade de sua parte.

As grandes distâncias que separam os bilhões de planêtas habitados podem ser parte de uma lei universal que impeça interferências estrangeiras em qualquer estágio de desenvolvimento intelectual de uma espécie planetária. A Terra pode estar na aurora de uma batalha interplanetária. Talvez uma espécie esteja tentando intrometer-se aqui, e invadir o nosso globo, para colonização enquanto outra espécie estará agindo em sentido contrário, defendendo-nos.

Suponhamos que nosso planêta venha a ser invadido por forças extraterrestre. Desde as mais remotas eras, e isso a história nos tem mostrado muito bem, a Terra sempre esteve dividida, por grupos antagonicos de potencias e ao que parece continuará sempre assim. De formas que estaremos eternamente em obvias condições de desvantagem. Será Terra desunida e inferio versus Planêta X unido e superior.

As estratégias políticas possivelmente adotadas pela sociedade extra-terrestre dominadora, seriam as seguintes:

1) Destruir fisicamente a Terra, por causa de sua ameaça e prejuizo ao Cosmos, ou subjugar pura e simplesmente o planêta (o que fariam com extrema facilidade).

2) Isolar a Terra até que se torne madura para entrar numa Grande Comunidade.

3) Conquistar a Terra, sujeitando-a à tutela política até aprender a viver de "maneira civilizada" dentro dos limites de suas próprias capacidades. Dentro dessa hipótes admitiriam uma aliança política terrestre num sistema jurídico não-terrestre, afim de evitar qualquer tipo de guerra.

4) Ofereceriam paridade dentro de um sistema, inclusive de ordem pública, cujas fôrças políticas efetivas possam estar sob contrôle conjunto.

5) Fariam desarmamento geral para evitar reação dos governos da Terra, que alegando defesa comum poderiam provocar uma guerra interplanetária, isto é atacar as bases extra-terrestres de onde vinham as ordens...

SINAL DE INTELIGÊNCIA NO COSMO, VISTO DA EUROPA À AMÉRICA DO SUL!

A Terra deve se preparar para uma visita, que será inevitável, de sêres superinteligentes procedentes de outros planêtas.
Filme feito por observador da Marinha Norte-Americana mostra estranhos objetos aéreos, confirmados por peritos militares.
Os discos voadores no Brasil e os casos: Ubatuba, Abrolhos, Trindade, São Sebastião, Salinas *e* Piatã.
... O comandante do contratorpedeiro "Bauru", determinou que holofotes transmitissem mensagens, indagando das intenções. Não houve resposta e a reação foi o rápido afastamento do objeto...
Professor de Direito, define com riqueza de pormenores, forma, côr, dimensões e até odor peculiar que constatou no disco voador em que viajou.

Até há pouco tempo, a astronomia estava baseada principalmente no telescópio. Agora, o radiotelescópio (radar) tem um poder de alcance muito maior. A ciência astronômica é relativamente recente. Desde que Copérnico, no século XVI, assinalou o Sol como o centro de nosso sistema planetário e Herschell, no século XVIII, explicou as características da Via Láctea, decorreu muito pouco tempo.

Nos últimos trinta anos, a astronomia fêz progressos enormes. Hoje sabemos que no Universo, além de nossa constelação há muitas mais. O telescópio do Monte Palomar contou cêrca de um bilhão. Há muitos anos nosssa mensagens estão viajando pelo espaço, os radioastrônomos de outros planêtas escutarem e tentarem decifrá-las. Ainda que não tenham entendido, as raças desconhecidas compreenderam que se tratava de símbolos inteligentes de outros mundos. Achar a fonte de origem e seguir os sinais até a Terra seria fácil para os sêres que tivessem conquistado o espaço. Essas raças poderiam pertencer a outros sistemas solares portanto não seriam de Marte, nem de Vênus, usariam êsses planêtas como base de operação. Eles esperam poder descer sem ataques de nossa parte daí a necessidade de se prevenir o Mundo e prepará-lo para uma eventual visita. Sejam quais forem as aparências dêsses sêres precisamos ter cuidado com os momentos iniciais, evitar pânico e violência, não por parte dêles, mas de nosso próprio povo.

Os discos voadores podem ser telecomandados — nesse caso ficam pairando acima do solo — ou tripulados. Se forem tripulados, não tome a iniciativa de se aproximar, de um deles; seu procedimento pode ser interpretado como uma atitude hostil. Se ele estiver voando, assinale a hora, forma, direção e características. Mas se estiver pousando, não se aproxime. É perigoso. Há casos de pessoas que tentaram se aproximar de um disco parado e receberam fortes queimaduras. O melhor é ficar a distância, anotando tudo quanto observar. Se possível procure fazer um desenho do objeto. Se o disco levantar vôo, isole a área e chame as autoridades competentes a fim de examinarem o local. Nunca dêem alarma, para evitar que os indícios sejam estragados pelos curiosos.

Temem a verdade os governantes?

Não acredito que os governantes não saibam exatamente o que sejam os discos voadores, acredito sim, que não saibam como dizer ao público, que a Terra não é o único planêta habitado do Universo, provàvelmente existirão outros povoados de sêres mais evoluídos que farão os homens parecerem ridicularmente primitivos), e que êsses discos voadores são máquinas aéreas pertencentes a outras raças. Já é tempo de se tomar providências à respeito, e, é necessário que se fale a verdade, embora vá de encontro a certos princípios religiosos e mesmo não sabendo as intenções de suas visitas. As autoridades evitam tocar no assunto a fim de não causar pânico (o que será pior pois um dia êles descerão simultâneamente sem que estejamos preparados para a recepção, em várias capitais do mundo) mas esta sensação de pânico seria momentânea, estamos quase visitando outros planêtas, por que não admitir que habitantes de outros mundos mais evoluídos já nos tenham visitado?

Temem os governantes que a verdade possa causar um choque na civilização terrestre. Por isso escondem a descoberta da existência de uma raça de sêres superiores extra-terrestres. Na Terra sociedades se tem desintegrado quando confrontadas por sociedades superiores, enquanto que outras sobreviveram porque se modificaram estrutural e essencialmente.

O aparecimento dos discos voadores, nos últimos anos, foi muito numeroso e bem observado, para que se possa ainda aventar a idéia de auto-sugestão. Sabemos perfeitamente, que em elevada percentagem, as sinalizações dos observadores inexperientes não se deve conceder crédito: não porque se trate de visionários, mas porque são inexperientes. Não é fácil "olhar" para o céu: é facílimo sofrer ofuscações. O ôlho do inexperiente, sugestionado inclusive pelas notícias sôbre os discos voadores publicadas pela imprensa — transforma-se, amiúde, no telescópio da fantasia.

Fotografias de discos voadores solitários ou esquadrilhas dêles, também aparecem com freqüência na imprensa mundial. Porém, é preciso um exame minucioso em seus negativos para se conceder crédito. Alguns dêsses "fotógrafos" foram desmascarados, usando truques grosseiros, como: objetos suspensos em linhas transparentes, discos de metal lançados para o ar, retoques etc.

Não se pode entretando fugir à verdade, é preciso que se explique ao povo que a pluralidade dos mundos habitados é um fato. Embora haja muita brincadeira no que diz respeito a aparições de discos voadores, uma coisa é certa, inúmeras provas nos arquivos da Fôrça Aérea Norte-Americana confirmam sua existência. Cientistas e militares sabem que essas estranhas máquinas não pertencem a país nenhum da Terra, portanto sua origem é interplanetária!

"Existem, realmente, os discos voadores?" — "Podem os discos voadores constituir o fruto de secretas ou ocultas experiências dos norte-americanos e dos russos?" — "Cientistas, filósofos, teólogos, excluem, porventura, a hipótese de que outros mundos pertencentes ao nosso ou a outros sistemas solares podem ser habitados por sêres evoluídos ou mais evoluídos do que nós?"

Os sábios modernos parecem estar propensos a preencher, embora com prudência e quase com embaraço, uma grande lacuna da literatura científica: a que deveria referir-se, e hoje finalmente tenciona referir-se, ao espaço sideral.

Pode ser — escreveu o crítico norte-americano Léonard — que os sábios, até há pouco tempo, nutrissem um respeito talvez excessivo pelos limites fixados pelas respectivas especializações.

Por outro lado, uma obra esclarecedora e completa quanto à possibilidade de uma vida extraterrestre não poderia ser escrita por um único cientista, por mais hábil que fôsse. Para exprimir convincentemente, em têrmos positivos ou negativos, uma tese sôbre a habitabilidade de outros mundos, seria necessário que o autor fôsse um biólogo de grande envergadura, um profundo conhecedor da química orgânica e inorgânica, uma espécie de Padre-Eterno da Física, um excelente intérprete e conhecedor da literatura astronômica, feita sob medida, justamente para os principiantes ciosos de seu mundo encantado. Tanta sabedoria, é bem de ver, não pode encontrar-se num único cérebro, embora dotado de proporções gigantescas. Diremos, todavia, que na sua grande maioria, estudos e documentos assim respondem às três perguntas de início formuladas.

À primeira pergunta, respondem: "Os discos voadores existem".

À segunda: "Pode-se excluir que os discos voadores sejam o fruto de secretas experiências dos técnicos norte-americanos ou russos".

À terceira: "É possível que outros mundos não só sejam habitados, mas habitados por sêres mais evoluídos do que nós". Antes de esclarecer as argumentações dos cientistas e dos teólogos, para confôrto da tese manifestada na terceira resposta, julgamos oportuno resumir as razões que confirmariam a existência dos discos voadores e excluiriam a sua origem terrestre.

O célebre "caso Mantell"

O empossamento da Comissão de Discos Voadores coincidiu com a fulmínea elaboração do capítulo mais clamoroso do romance, o "caso" do capitão Thomas F. Mantell. Dentre os inúmeros "casos" oficialmente admitidos pelas autoridades norte-americanas, citarei a dramática aventura de Mantell, porque me parece a mais impressionante e de acôrdo com relatório oficial da Fôrça Aérea Norte-Americana. Relatório absurdo por sinal.

7 de janeiro de 1948, 15 horas, Base de Godman, da Air Force, no Fort Knox, Kentucky. Os pilotos da base observam, ansiosamente, o céu. E não sem razão. Pouco após as 14 horas, a polícia de Fort Knox lançou um angustioso, imprevisível alarma. "Um objeto voador, de proporções consideráveis, dirige-se para a base de Godman. A referida aeronave, muito estranha e desconhecida, foi avistada, cêrca de 14 horas, por outras seções da polícia de Madison, na Indiana, a uma distância aproximada de 150 quilômetros da nossa base". 15,05 horas. — Os pilotos (encontra-se com êles o comandante do aeroporto, coronel Guy Hix) permanecem com a respiração suspensa. Um colossal objeto voador, prateado, surge por entre as nuvens.

Num instante três caças F.51 comandados pelo capitão Mantell decolam, permanecendo, logo a seguir, em estreita ligação radiofônica entre si, e com a tôrre de comando. A voz de Mantell (as palavras são registradas): "Aproximo-me do objeto, para poder realizar melhor a observação. O objeto encontra-se justamente acima de mim. Marcha numa velocidade reduzida. . ."

Silêncio. Depois, novamente: "Subo para aproximar-me. Ganho altura... O objeto parece metálico..." A seguir, com voz entrecortada pela emoção! "The thing looks metallic and tremendous size". ("Parece metálico, e as suas dimensões são impressionantes"). Os dois auxiliares de Mantell comunicam, também ter visto o objeto. Relatam ter visto o capitão Mantell no momento em que iniciava a perseguição à aeronave de prata. A tôrre chama Mantell. Mantell, após três minutos, responde: "O objeto está subindo, aumenta de velocidade... Elevo-me a 7.000 metros..." A tôrre volta a chamar Mantell. Nenhuma resposta. Os auxiliares, a pedido do coronel Hix, perscrutam os céus, à procura do seu comandante. Desapareceu. Sòmente as pesquisas sucessivas, efetuadas na terra, oferecem resultados amargos e positivos. A muitos quilômetros de distância de Godman, são recolhidos os restos do caça de Mantell.

Os técnicos revelam que o avião se desintegrou no ar. A comissão de Inquérito, do vôo de Mantell, define "miragem coletiva" o relato de policiais e pilotos, os quais observaram o fenômeno da terra e em vôo, respectivamente. "O objeto misterioso identificado por Mantell e outros observadores — afirma o relator — só pode ser considerado o planeta Vênus". (Não entendendo porque a Fôrça Aérea insiste em enganar o público com desculpas infantis. Um capitão, — piloto experimentado, perseguir o planêta Vênus?!) Logo após o vôo de Mantell os pilotos da base de Lokobourne, no Ohio, seguiram durante mais de vinte minutos um "objeto redondo ou oval, de grandes proporções (bem maior do que um C-47), que marcha a uma velocidade calculada em 800 a 1.000 quilômetros horários. A sua côr varia do prateado para o amarelo-claro: durante o vôo, deixa atrás de si uma longa faixa de âmbar. Os motores do objeto voador não provocam ruído algum".

Dois anos após, a comissão de Discos Voadores publica relatório lacônico. "O inquérito demonstrou que o capitão Mantell perdeu a razão enquanto voava acimas dos 7.000 metros." O objeto misterioso, ou disco voador, não pode ter sido confundido com o planêta

ALGUNS MILITARES DA FÔRÇA AÉREA NORTE-AMERICANA, DISSERAM CERTA VEZ QUE OS DISCOS VOADORES ERAM "DEVIDOS APENAS A FÉRTIL IMAGINAÇÃO DE ALGUNS VISIONÁRIOS". EM 1962, CÂMARA COLOCADA NA FUZELAGEM DO "X 15" FOTOGRAFOU A 75.000 METROS DE ALTURA, OS MESMOS OBJETOS VOADORES VISTOS NO BRASIL EM 1959, O QUE SÃO ENTÃO ÊSSES MISTERIOSOS OBJETOS CELESTES, FIXADOS AGORA, NÃO POR "VISIONÁRIO", MAS POR CÂMARA FOTOGRÁFICA NORTE-AMERICANA OFICIAL?

Vênus, porquanto numerosos contrôles demonstraram que a altitude azimutal do planêta, no momento do desaparecimento de Mantell, não justificavam, em absoluto, tal versão. E conclui o relatório: "É muito improvável que o objeto voador, possa ser considerado fruto das experiências norte-americanas, pois não existem ainda, no nosso planêta (donde a exclusão, também no que diz respeito aos russos), motores atômicos tão pequenos e capazes de garantir a propulsão dos discos". O "caso Mantell" recebeu, nos arquivos militares que reúnem os relatórios oficiais sôbre os discos, o número 33.

Os mistérios do espaço, visto por americanos e russos

Durante conferência científica realizada em Seatle sôbre a utilização pacífica no espaço, Joe Walker, o piloto norte-americano que, a bordo do X-15, ultrapassou a altitude de 75 mil metros, lançou uma *bomba.* Joe Walker declarou: "Os filmes tomados durante meu vôo mostram a existência, no espaço, de objetos não identificados. Esta é a segunda vez que tais objetos são assinalados nessa altitude. Trata-se de formas cilíndricas ou discoidais, mas é impossível avaliar seu tamanho. Confesso não ter visto pessoalmente êsses objetos, mas a câmara colocada na fuselagem do X-15 fotografou-os perfeitamente. Essa máquina foi posta em movimento no momento em que meu aparelho se aproximava dos 75.000 m. Os objetos que aparecem, claramente no filme estão a distância tão grande que não permite descrevê-los com precisão. Os pilotos agora terão ordem formal de vigiar êsses objetos não identificados".

Essas declarações têm importância capital, em razão mesmo da pessoa que as fêz. Não há dúvida de que falou dessa maneira com autorização de seus superiores. Mas, por isso, deve-se deixar a imaginação divagar? Ao contrário, impõem-se as mais extremas reservas, principalmente se lembrarmos que alguns militares da Fôrça Aérea dos EUA anunciaram no inquérito feito sôbre 7.368 testemunhas, mostrando que os famosos discos voadores eram "devidos apenas à fértil imaginação de alguns visionários". Mas então, que são êsses misteriosos objetos celestes, fixados desta vez não por "visionários", mas por câmara norte-americana oficial?

Em 10 anos, os testemunhos sôbre os discos voadores foram tão numerosos, provindo muitas vêzes de pessoas dificilmente suspeitas que acabaram por inquietar. Para explicar o assunto, um homem propôs teorias que têm pelo menos a aparência de bom-senso, o francês, Aimé Michel, que concluiu mais ou menos claramente pela existência dos discos voadores. Mas não acreditava nêles como num artigo de fé; procedia com método que excluía a paixão e contra-senso. Seu ponto de partida era este: quer existam ou não os discos voadores; quer mintam ou não as testemunhas, há um fato controlável: é que em determinado lugar, em determinada hora, pessoas viram ou pretenderam ter visto discos voadores. Sejam verdadeiros ou não os testemunhos, êles existem.

E — dizia Aimé Michel — vejamos a distribuição geográfica dêsses testemunhos. Logo fazia uma descoberta absolutamente desconcertante. Quando, num dia, 5 ou 6 pessoas tinham visto (ou acreditado ver, ou pretendido ver) discos voadores na França, êsses observadores se encontravam em linha reta. Assim por exemplo, no dia 2 de outubro de 1954, recebiam-se testemunhos em Jeumont, em Louhans, em Bourg, em Morestel. Tome-se uma régua, aplique-se essa régua sôbre um mapa: tôdas essas localidades acha-se em linha reta. No dia seguinte, 3 de outubro, os discos voadores, eram assinalados em Armentiéres, em Liévin, em Paris, em Milly-la-Forêt, em Pommiers cidades ou aldeias situadas numa linha reta. Estranho, improvável acaso — dizia Aimé Michel, que êsses testemunhos, verdadeiros ou falsos, estejam repartidos assim, geometricamente. Sem ousar concluir claramente pela existência dos discos, no fim de sua obra chegava a sustentar, como única hipótese razoável, que uma "tecnologia de eficácia e virtuosismo prodigioso manobrou em 1954 (o ano estudado) no céu e sôbre o solo da Europa ocidental, realizando ali plano cuja finalidade, ou origem, ou os motivos ainda não podem ser suspeitados".

Desta forma Michel inventou a expressão "ortotenia", formando-a do grego; significa "linhas retas".

É verdade que adotar essa hipótese, acreditar nos discos voadores, não é, afinal, resolver o problema, mas complicá-lo mais ainda. Se êles existem realmente, as perguntas afluem: "Quem? Por quê? Como?" Quem? Sêres nascidos em outros planêtas? É certo que a ciência contemporânea fêz o homem renunciar ao antropocentrismo. Há fortes indícios da existência de formas elementares de vida em Marte. Os sábios britânicos Rey e Ross, estudando ao microscópio um meteorito caído em 1864 na França, demonstraram sem discussão possível que êle comportava corpúsculos de natureza orgânica. É claro que isso não significa que os organismos vivos em outros mundos sejam inteligentes, suscetíveis de construir foguetes e satélites. Mas seria ainda antropocentrismo acreditarmos que somos os únicos dotados de espírito entre bilhões de estrelas. Êsses sêres inteligentes poderiam muito bem ser muito mais adiantados do que nós.

É difícil conservar a cabeça fria entre tantas hipóteses cada uma mais engenhosa do que as outras. Para tentar raciocinar com clareza, é preciso ater-nos a fatos indiscutíveis, controláveis cientificamente. O filme que Joe Walker trouxe de sua viagem em 1962, é um dêsses elementos que foi necessário estudar sem idéia preconcebida. Posteriormente o comandante Robert White, viu estranhos objetos no espaço, ao atingir a altitude recorde de 93 quilômetros, também em avião-foguete "X-15". Um dêsses objetos parecia uma fôlha de papel e os outros eram como flocos de neve. Pelo seu párabrisas da esquerda viu algo que parecia um pedaço de papel, tão grande como uma mão, que flutuava lentamente perto do avião!, declarou White: "Não creio, entretanto, que fosse papel. Observei-o durante 5 segundos. Era de côr cinzenta e se encontrava a uns 10 ou 12 metros. Não pude vê-lo por muito tempo, porque tinha muitas coisas que fazer". Flocos de neve, ou objetos parecidos, já foram fotografados por outro "X-15", que se elevara aos limites do espaço cósmico. Mas era primeira vez que o próprio piloto de um avião-foguete os avistava durante seu vôo.

Isso prova que muita coisa nos é desconhecida, o que seria realmente essa "fôlha de papel" vista a 10 metros do avião e a 93 quilômetros de altitude?

Essas misteriosas partículas brancas observadas em tôrno de suas cápsulas espaciais pelos cosmonautas norte-americanos, intrigaram também seus colegas soviéticos, pois as mesmas partículas foram observadas por Valentina Terechkova, Valery Bykovsky, German Titov, Adrian Nikolaiev e Pavel Popovitch! Hoje, na Rússia, escreve-se sem segredos, que só Gagarin passeou ao redor da Terra sem ser perturbado, tão logo o segundo cosmonauta entrou em órbita, evoluidíssimos viajantes do infinito, puseram-se a sondar as intenções das cápsulas espaciais terrestres. Segundo informações do astronauta russo, Valery Bykovsky, sua cápsula espacial foi seguida por um corpo luminoso, algo estranho como se fôsse uma astronave extraterrestre...

E recentemente o astronauta norte-americano Richard Gordon, da Gemini 11 quando estava fotografando as estrelas e outras coisas do espaço, notou quando o radar da nave detectou um objeto estranho. Fora da cápsula espacial ele viu o objeto: era alaranjado, de contornos definidos; e emitindo fachos de luz, cruzou em sentido contrário ao da nave norte-americana, a uns 100 metros dela. Gordon fotografou o estranho objeto e não deu mais detalhes: "Infelizmente não posso. Isto é assunto proibido."

Um filme documentário sôbre discos voadores

Hollywood organizou certa vez, um filme sôbre discos voadores, de natureza documentária e com a cooperação da Fôrça Aérea Norte-Americana. Título do filme: "Unidentified Flying Objets". Um físico foi assistir ao filme com o espírito dominado pela convição muito firme de que todos os discos voadores não passavam de objetos aéreos bem conhecidos das alucinações, ilusões óticas ou mera fantasia. Mas saiu da sala de exibição, com essa convicção bem abalada. A Fôrça Aérea Norte-Americana parece haver realizado na verdade uma análise rigorosa de todos os casos referidos como discos voadores, que pode estudar. Cêrca de 15 por cento das ocorrências não puderam ser explicadas, e além disso o filme inclui dois trechos autênticos, tirados em ocasiões e lugares diferentes, que mostram fatos difíceis de compreender. Um dos trechos foi filmado por treinador de "baseball" e outro por um observador da Marinha Norte-Americana. Mostram fenômenos muito semelhantes, que os peritos militares afirmaram não serem balões, nem aviões, nem aves, nem outros objetos conhecidos. O movimento bem ordenado dos objetos permite eliminar fenômenos atmosféricos normais, como as miragens, e a velocidade relativamente pequena permite eliminar também os meteoros.

Por que se escondem os discos?

Grandes enigmas cercam êsses estranhos objetos voadores. A impressão que se tem às vêzes é como se alguém estivesse brincando com a Terra, usando o céu como tela e projetando imagens dêsses discos, tal a velocidade com que aparecem e desaparecem em segundos! Outros enigmas: Por que os contatos de discos voadores com habitantes da Terra, são às escondidas? Por que preferem em seus contatos mais diretos, com raríssimas exceções, pessoas atrasadas? Por que não procuram nas grandes cidades, os sábios, os cientistas, para melhor interpretação? Nas grandes cidades, nos observam na calada da noite, e raramente de dia, por que? Isto vem mostrar que os discos têm interêsse em se manterem ocultos! (Ora, se quisessem "aparecer", bastaria descer e raptar o "Rei" Pelé, em pleno campo de futebol, por ocasião da Copa do Mundo e pronto. O mundo inteiro tomaria conhecimento dêles!) Em suas pesquisas de dia, preferem lugares afastados, geralmente cidades pequenas ou praias de pouco movimento, até mesmo desertos e sertões. Daí seus encontros com pessoas de nível intelectual inferior. Nessas ocasiões chegam a descer de seus veículos espaciais, tamanha é sua confiança, e examinam pessoalmente, solo, água, planta, como já tem acontecido! Parece que até isto êles já perceberam: Se um cientista dissesse, que tivera um encontro com êsses misteriosos viajantes, muita gente acreditaria, mas um caboclo analfabeto contando isso quantas pessoas levariam a sério? E no entanto alguns dêsses caboclos, já foram inclusive raptados...

Até quando permanecerão, nos examinando às ocultas? Será que nos consideram demais atrasados, para um encontro dessa natureza? Evitando aparecer em público para não causar pânico? Mas então competiria aos governos da Terra promoverem campanhas de esclarecimento ao povo, alertando os terráqueos, como tratar seus hóspedes do espaço...

Invasores atacam no Brasil

Em 1968, autoridades mexicanas se dirigiram a setores oficiais brasileiros, revelando a presença, no México, de um casal e um automóvel do Brasil. O homem e a mulher, com queimaduras radioativas nos braços, narravam algo fantástico. Ambos, numa viagem noturna do Rio para São Paulo, resolveram parar para, fechar o carro e dormir. Acordaram no México, com automóvel e tudo... Ao fazerem a comunicação, os mexicanos ouviram das autoridades brasileiras que esse era um segundo caso. Dois outros personagens no Rio Grande do Sul fizeram o mesmo e despertaram 48 horas depois, numa cidade dos Estados Unidos, próxima à fronteira mexicana. E no seu carro havia marcas de guindaste... Está aí um relatório que não sei até onde vai a verdade. Faltam detalhes: data, hora, local exato, nome das pessoas etc.

Um depoimento brasileiro

Certa vez ouvi de um motorista de caminhão um caso curioso, relativo a êsses encontros, e que havia se passado com um colega seu. O fato aconteceu em meados de 1962, em estrada do sul do país, (na mesma época foram vistos na Argentina, alguns objetos voadores de linhas fora do comum: discóides). Em dezembro do mesmo ano levei o fato ao conhecimento do professor Flávio Pereira, presidente da Comissão Brasileira de Pesquisa Confidencial dos Objetos Aéreos Não-Identificados. Nessa ocasião fiquei de apresentar um relatório completo sôbre o fenômeno. Investiguei o caso, mas infelizmente não consegui localizar o cidadão em questão, portanto sem o depoimento dêste e sem testemunha o caso deixou de merecer crédito. No entretanto citarei apenas como curiosidade e originalidade, pois até agora não se conhece no mundo, nem em livros nem em relatórios, qualquer coisa parecida. Trata-se do seguinte:

Um motorista estava dormindo no interior de seu caminhão, estacionado na beira de uma estrada. Era noite alta, quando acordou e percebeu qualquer coisa como se fôsse um jato de luz sôbre o veículo. Acordou assustado, apanhou uma carabina 22, que levava consigo nas viagens, entrou no mato que beirava a estrada e ficou observando. Diz o cidadão que acima da estrada, numa distância de uns 10 metros, estava parado no ar, qualquer coisa, como um disco, do tamanho de 3 caminhões (sic). Sem saber o que fazer, pois já fazia tempo que aquilo pairava sôbre o veículo, emitindo em sua direção um fortíssimo raio de luz. Completamente assustado o motorista fêz fogo contra o estranho objeto. Imediatamente êste se colocou em movimento vibratório, mudando de tonalidades coloridas, que variavam entre o azul e o vermelho.

O disco não fazia o menor barulho, apenas vibrava, em dado momento suas côres desapareceram, também seu raio de luz, ficando totalmente opaco e imóvel. De seu interior caiu uma pequena quantidade de líquido branco, como se fôsse leite. Imediatamente apareceram suas belas tonalidades azuis e vermelhas, movimentando-se lentamente o disco desapareceu nas alturas. Quando o motorista chegou na estrada, notou no chão, o que havia caído do disco, não estava mais em estado líquido, se transformara em uns cubos mais ou menos de 10 centímetros, de matéria semelhante a parafina, variando sua tonalidade entre branco e transparente. Tocando de leve com o cano da carabina na matéria, com mêdo de explosão (sic), o motorista notou que aquêles pedaços diminuiam como se estivessem derretendo. Em alguns minutos a quantidade tôda de massa semelhante à parafina, em cubos irregulares, foi desaparecendo não ficando o menor vestígio!

Alguns leitores céticos dirão, é sempre assim, na hora de apresentar provas, elas derretem ou somem... Acontece que provado já está há muito tempo a existência dessas máquinas voadoras por pessoas especializadas, cientistas que estudam êsses fenômenos. E não foram baseados em "me contaram" ou "ouvi falar..." Para os céticos nem os relatórios da Fôrça Aérea Norte-Americana, adiantariam, seriam forjados! Portanto se o autor do livro não acredita nesse relato do sul, é, pela maneira que foi contado (indiretamente, sem testemunhas etc.) e não pelo que representa.

Para o pesquisador a palavra do homem que vive em lugar afastado, é muito valiosa, pela autenticidade, pois em geral êsses homens nunca leram nem ouviram falar nada a respeito do fenômeno. Como é o caso dos relatórios franceses que passarei a apresentar:

É falsa a afirmação de que os astrônomos não viram ou não vêem discos voadores. Nos últimos decênios do século XVIII e durante o século XIX, diversos astrônomos profissionais tiveram ocasião de efetuar observações caracterizadas por alto grau de homogeneidade relativamente às observações dos nossos dias. A partir do ano de 1800, os relatórios de ONI se tornam tão numerosos e bem documentados que os cadastros podem desprezar as fontes populares. Nos últimos vinte anos do século passado foram registradas 84 aparições de alto interesse. Dessas, 34 foram publicadas com todos os pormenores nos periodos especializados científicos.

A proporção de testemunhas de alta estatura cultural científica é maior nos relatórios do século XIX do que nos do ano de 1947. As aparições do século XIX não foram portanto subprodutos da imaginação e alucinação. Devemos considerar também que os periodicos científicos especializados publicaram um grande número de relatórios referentes a objetos semelhantes a bólidos, mas descrevendo estranhas trajetórias, às vezes a velocidades demasiadamente baixas para serem meteoritos.

Para ser eficaz, o estudo de um fenômeno ainda não pesquisado requer tempo e uma combinação de técnicas usadas por equipe homogênia de pesquisadores e mais um cadastro de dados. E os dados concernentes aos ONI apresentam alto grau e consistência lógica e confiança. Quando se fala em ONI, está-se referindo a um conjunto de relatórios que analistas competentes tem filtrado de tal maneira que tôdas as más interpretações comuns tenham sido descartadas.

As publicações científicas especializadas (ortodoxas) são importantes fontes de informação de testemunhos anteriores ao nosso século. As contemporâneas, com raras exceções, ignoram esses testemunhos ou os tratam com grande reserva, o que é lamentável e criticável.

As ondas de ONI tem ocorrido de tempos em tempos sôbre diferentes regiões da Terra. A primeira onda de após-guerra ocorreu na Suécia em junho-agosto de 1946, mas as observações européias mais importantes foram as que tiveram lugar na França, no segundo semestre de 1954. A Rússia, Polônia, Hungria e outros países também tiveram as suas ondas de ONI. Além da Europa, podemos mencionar também a Austrália, Nova Zelândia, Nova Guiné, importantes centros de atividades de ONI. Contudo, a única fonte geográfica comparável à Europa, a respeito de testemunhos sobre ONI, é a América do Sul.

A presença de sêres estranhos na França

Dia 7 de setembro de 1954, às 7:15, em Amiens. Declarações de um cidadão: meus olhos perceberam uma espécie de monte, a 200 jardas de distância, no campo. Parecia um monte de feno, com um prato invertido no tôpo. De súbito percebi que o "monte" estava se movendo, com leve balanceio para cá e para lá, como pêndulo. Corremos para o objeto; ao nos aproximarmos, êste se desloca diagonalmente para cima, uns 50 pés, começando a subir. A duração foi de 3 minutos. O objeto devia ter 9 metros de diâmetro.

15 de setembro de 1954, às 22:30, na Linha Saint-Armand-Blanc-Misseon, cruzamento ferroviário. Perto

de Quaroble, Mario Dwilde, operário metalúrgico descreve ter visto máquina alongada, de 3 metros de altura por seis de comprimento, pousada a alguns metros de sua casa. Duas entidades de aparência humana, pequena estatura, metidas em escafandro, se achavam perto do objeto. Dwile avança para as figuras. Então vê um feixo de luz verde focalizado sôbre êle, vindo do objeto. Sente-se paralizado. Ao passar êsse efeito a máquina já tinha começado a subir e as duas entidades desaparecido. Pesquisadores da policia, que visitaram o local posteriormente, descobriram que os dormentes da via férrea mostram marcas que podiam ter sido feitas por veículo pousado ali. As marcas simétricas indicavam que o veículo aterrissara sôbre pernas e não sôbre rodas.

28 de setembro, às 14:30. Em Chabeuil-Drôme, a senhora Leboeuf colhia amoras no campo quando uma cadelinha se põe a latir e uivar desesperadamente perto de um trigal, mais adiante. Aproximando-se a mulher distingue algo que julga ser um espantalho; uma espécie de escafandro de matéria plástica, mas logo percebe que este tem olhos vivos que a fitavam; dois olhos um pouco maiores que os humanos. O aspecto era humano, mas de pequeno porte, sem cabelos, substituido por massa negra; escafandro transparente e a cabeça como se estivesse dentro de um sino. Não viu braços. Altura no máximo 1,10m; dentro de um saco de celofane. O estranho sêr fez gesto de se aproximar da observadora em rápidos saltos, a mulher grita de horror correndo para o campo. Voltando-se logo mais vê um disco voador se elevando do trigal, partindo em vôo razante, com ligeiro sibilo. Ao fim do campo, passa da posição horizontal à vertical e sobe vertiginosamente. No local achou-se um circulo de 10 pés de diâmetro, onde o capim e as ervas se achavam esmagadas, era exatamente onde a mulher vira o objeto subindo. As árvores na circunvizinhança desse local mostravam galhos quebrados e a casca arrancada. Por ocasião da cena horripilante a mulher desmaiou e mais tarde foi encontrada presa de colapso nervoso; padeceu de perturbações femininas e guardou leito por vários dias; os dois pri-

meiros com febre alta. Custou para sair de sua mente a imagem do pequeno e horrível ser saltitante. A cachorrinha permaneceu durante dias, trêmula e arredia.

28 de setembro, ainda em 1954. Locomotiva correndo de Nantes a Vannes. No campo próximo à via ferrea, maquinista vê um veículo circular achatado em vôo razante, rápido acima do solo. Era luminoso, vermelho escuro. Alcança a locomotiva, voando algumas jardas acima dela. Então acelera e desaparece em velocidade terrível. Durante segundos as nuvens se iluminaram de violeta. O maquinista ficou tão emocionado que teve de ser substituído até a estação seguinte onde foi levado para o leito, que guardou durante vários dias, vítima de choque nervoso.

16 de outubro do mesmo ano. Cier-de-Riviere, pequena vila a 10 quilômetros de Saint Gaudens. Guy Puyfourcat, fazendeiro, ao retornar do campo, trazendo o cavalo pela redia, nota de súbito que o animal estanca como aterrorizado. Ao mesmo tempo, uma espécie de máquina com 5 pés de diâmetro, côr cinza e forma de grande pau, sobe vinda detrás de algumas árvores. Ganha altura de 50 metros e vem na direção do fazendeiro e seu cavalo. Êste último foi subitamente aspirado, erguido a uns 3 metros acima do solo, quando a testemunha teve de soltar as redeas que ainda segurava. O cavalo cai de volta como massa inerte, ficando imóvel uns 10 minutos. Levanta, mas tremendo. O veículo então desaparece a grande velocidade. A testemunha nada sentiu a não ser o susto.

10 de setembro de 1960, à noite, em Valenciennes, dois sêres a três ou quatro metros de distância, pequena estatura: um metro. Possuindo espáduas grandes e capacete protegendo a cabeça enorme. Suas pernas são pequenas, proporcionadas ao corpo. O observador não viu braços. Os estranhos sêres estavam em marcha um atrás do outro em direção ao ONI pousado. O da dianteira se volta para o observador. A lanterna elétrica dêste provoca reflexos metálicos no lugar do rosto, dando a nítida impressão de estar a cabeça fechada por capacete. Ambos trajavam macacão semelhante a escafandro. A apenas dois metros dêles uma luz semelhante

a magnésio ofuscou o observador. Os séres se dirigiram para o ONI que partiu em seguida.

17 de setembro, mais ou menos 22:30, Estrada Dep. n.º 1, entre Vouneuil-sur-vienne e Cénon. Pequeno sêr muito menor que um homem, avança para o observador, que circulava de bicicleta. Toca-lhe o ombro, emite som semelhante ao ruido da voz, mas incompreensível. Volta ao ONI, que parte.

27 de setembro, às 14:00. Estrada Lassus, Perpignan. Um menino voltando da escola encontra dois sêres saindo de um ONI, que vira pousar, no qual reentram a seguir. Observador corre para casa, recolhendo-se ao leito: médico diagnostica crise nervosa forte.

7 de outubro, às 18:30. Perto do Cemitério da Vila Pournoy-la-Chétive, S de Metz, Moselle. Gilbert Calda, 12 anos, Daniel Hirsche, 5 anos, brincando de patins na estrada, avistam objeto redondo pousando perto. Salta um homem de um metro e vinte, vestido num saco negro semelhante à batina de padre. Cabeça peluda e grandes olhos. Diz-lhes algo que não compreendem. As crianças fogem. Logo depois vêem o objeto partindo a grande velocidade. A partida é testemunhada por camponeses, a centenas de metros do local.

Mesmo dia às 19:00. Lavoux. Roger Barralt, adulto, se vê face a face com ser indefinível, de 1,50 m aproximadamente de estatura. Pernas sem calcanhares, cabeça semelhante a vasto tufo de pêlos, olhos brilhantes. Duas espécies de faróis superpostos verticalmente, extremamente luminosos, sobre sua face. Desloca-se na estrada durante um minuto, e desaparece entre as árvores.

Esses estranhos sêres apareceram também em Clamecy, Royan-Breuillet, Orchamps, Saintes, e no dia 18 de outubro às 22:45 na Estrada Nacional 437, em Vezenay, à margem do Lago de Saint-Point, no Jura, a senhorita Marie Louse Bourriot, 25 anos descreve a seguinte cena: Ao se aproximar de Vezenay os faróis de sua motocicleta se apagaram. A moça vê então a sua esquerda um ser de forma humana, de estatura inferior ao medio, trajando macacão claro. Ao passar diante desta figura, duas formas anãs, sêres verticais de forma difícil de descrever, atravessam a estrada diante dela, vindos do prado e reunindo-se ao primeiro personagem. A moça percebe depois um objeto luminoso acima do lago, ganhando altura. No dia seguinte, no local de onde a jovem tinha visto virem vindo os pequenos sêres, descobrem-se traços de pequenas pegadas.

O celenterado de Omsk

Existem vários casos de desintegração de estranhas naves aéreas, ou mesmo de sêres extra-terrenos em nosso planêta, nas regiões mais afastadas. Foram inúmeras as declarações de pessoas que assistiram desastres com essas naves, ou viram sêres desintegrando-se em contato com a nossa atmosfera, principalmente nas cidades do interior norte-americano e na França, onde a publicidade foi maior. Portanto, os casos dessa natureza tornaram-se por demais conhecidos, onde muitas vêzes a fantasia superou a realidade.

Citarei, porém, um fato impressionante que se passou com um camponês e um espantoso monstro caído do céu, na cidade de Omsk, na Rússia, para mostrar que também por lá aconteceram e acontecem coisas estranhas! Não sei, porém, até onde vai a fantasia e a realidade nesse episódio, que os russos resolveram estudar novamente, desta vez com maior atenção. Pois, alguns cientistas russos acreditam que êsse estranho ser, encontrado há alguns anos no interior da Rússia, seja realmente um visitante extraterrestre cuja cápsula desintegrou-se!

Numa noite calma de outono, nos arredores de Omsk, um camponês foi despertado sobressaltado por um estampido ensurdecedor. Pulou da cama, intrigado com o fato, os relinchos desesperados e o ruído de cascos contra uma parede de madeira fizeram com que compreendesse o lugar de onde provinha o barulho. Julgando que se tratasse de um ladrão, o homem foi ao pátio, empunhou uma forquilha e abriu violentamente a porta da estrebaria. Dois cavalos loucos de terror lançaram-no ao solo e galoparam rumo ao campo.

Estarrecido e machucado, o camponês ergueu-se, foi buscar uma lanterna e voltou ao local, onde encontrou um grupo de vizinhos alarmados, empunhando lanternas e pedaços de paus. Todos empalideceram ao ver o que acontecera na estrebaria. O local estava atravessado, em todos os sentidos, por uma quantidade de fios prateados, de diversos tamanhos, estendidos desordenadamente entre as paredes e o teto. Eram muito resistentes, tanto assim que os homens tiveram que fazer muita fôrça para despedaçá-los a golpes de paus.

Depois de abrir uma passagem através do cintilante emaranhado, viram no teto um rombo enorme, como se fôra produzido por um grande bloco, mas não encontraram nenhum vestígio.

Viram então, encolhida sôbre um monte de palha, uma "coisa" de aspecto terrificante, sem dúvida viva: uma massa esbranquiçada, do tamanho de uma abóbora, que se contraia ritmicamente, pulsando como um coração descoberto. Para tornar mais repugnante o espetáculo, a "coisa" rolou junto é parede quando os camponêses se aproximaram, revelando, na massa que era todo o seu corpo, sinais semelhantes aos traços de um rosto humano!

Longos tentáculos emergiram da cabeça, estendendo-se para os presentes. Alguns dêles fugiram, gritando e rezando, mas os outros lançaram-se sôbre o estranho ser, golpeando-o até transformá-lo numa informe massa viscosa, branco-azulada. Um jornalista que no dia seguinte estêve com a polícia popular na "estrebaria enfeitiçada" afirmou a seguir que, de acôrdo com as descrições dos camponêses e do que restava, a "coisa" assemelhava-se a um *celenterado* (espécie de animal marinho cujo corpo é constituído por um simples saco, tendo um só orifício (boca) na parte exterior que se comunica com o aparelho digestivo).

Mas, um *celenterado* em Omsk, 1.500 quilômetros, no mínimo, do mar mais próximo? E ainda caído do céu, para pregar fios reluzentes na estrebaria? Mesmo admitindo-se que o monstro tivesse sido arremessado ali por um furacão inconcebível, (o céu estava sereno aquela noite, e não soprava vento) como teria podido arrebentar um teto, se algumas pauladas foram suficientes para esmigalhá-lo como um molusco? Alguns russos procuram hoje, encontrar explicação na espêssa rêde de fios prateados que se achava na estrebaria, atribuindo-a ao processo de desintegração de uma cápsula ou de um escafandro de composição ignorada e a estranha massa informe seria o resto de um habitante de outro planêta!...

As notícias sôbre discos voadores, surgidas em nosso território, encontraram eco em todo o país. Foram inúmeros os casos de aparições dêsses objetos voadores. Os pilotos, co-pilotos comissários de bordo, as aeromoças, passageiros de alta ou média cultura saiam dos aviões lançando a *bomba:* "Nós vimos um disco voador". E aí surgiam as exclamações: "É uma coisa do outro mundo! Viu que côr amarelo-fogo?" Além das centenas de pessoas que dizem ter visto discos voadores no Brasil, existem fotos e negativos que foram examinados pelos técnicos e céticos, provando não haver embuste. Existem pessoas esclarecidas que viram êsses estranhos engenhos aéreos, portanto não se trata de visionários, são depoimentos de pessoas que atestam sua honestidade.

Os propagadores de sua existência nos casos que vou citar, são homens responsáveis e de cultura, figurando entre êles, cientista, médico, oficiais da Marinha e do Exército, professor de Faculdade, deputado, estudante, bancário etc. Mostrarei um pequeno relatório de 1954 a 1960 e 6 casos. Ubatuba, Abrolhos, Trindade, São Sebastião, Salinas e Piatã, com mais detalhes.

Tratam-se de estranhas histórias, com detalhes fascinantes, fundamentadas em fatos concretos.

1954 — 24 de outubro — Porto Alegre, R. G. Sul — base aérea — objetos circulares, prateados, manobrando. 4 de novembro — Rio Pardo, Pontal — 3 sêres pequenos, pele escura; colhendo ervas e folhas. 10 de novembro — Porto Alegre, estrada — família de agrônomo — do disco saem 2 sêres estatura normal, longos cabelos; roupa inteiriça; aproximam-se do carro; este parte; grande emoção. 14 de novembro — Curitiba — operário ferroviário — 3 sêres pequenos; roupa luminosa; examinando solo à volta da ferrovia; com lanterna; ao verem o observador, correm e entram num objeto oval que se eleva ràpidamente e desaparece. 22 de novembro — Sta. Maria, R. G. Sul — objeto negro enorme, suspenso acima copa árvores, lento movimento oscilatóric; luz no topo (durante 3 horas).

9 de dezembro — Bela Vista, R. G. Sul — objeto formato chapéu de explorador; côr creme; halo de fumo em volta; sêres humanos, cabelos loiros longos, esvoaçando ao vento; um ser no objeto, outro examinando rêde de arame farpado; roupa marron claro; pele pálida, olhos oblíquos, pés sem calcanhar. 11 de dezembro — local a 1 km. de Bela Vista, R. G. Sul — objeto no ar, oscilando; 2 sêres pequenos humanos, mas sem face aparente.

1957 — 14 de agosto — R. G. Sul — Avião Varig C-47 — ONI luminoso; formato pires, com dômo superior verde luminoso, base achatada, intensa luminosidade amarela. 1 de novembro — (1:20 madrugada) — Araranguá, Sta. Catarina — avião C-46 da Varig — luz vermelha à esquerda do avião; transmissor e gerador de bordo caem; cheiro queimado a bordo. 4 de novembro — Forte Itaipu, Praia Grande, Est. S. Paulo — duas sentinelas — disco laranja brilhante; vem do horizonte para a altura do forte; grande sensação de calor (onda vinda do objeto); uma sentinela dá alarme; luzes do forte se acendem; de repente, tôdas se apagam; uma sentinela desmaia (síncope cardíaca); ambas com queimaduras de 1.º grau; 10% da área do corpo com queimaduras de 2.º grau (mormente as vestidas); duração 3 minutos.

1958 — 19 de fevereiro — Ponta Porã — esfera de alumínio, luz esverdeada; observação com binóculo; duas bolas de luz vermelha aparecem uma à frente, outra na retaguarda de um carro na estrada. 24 de fevereiro — entre Nazaré e Salvador, Bahia — enorme ONI luminoso suspenso no céu; halo luminoso, prata azulado; movimentos de "folha em queda". 17 de agosto — Uberlândia, MG. — estação central de energia elétrica 4 chaves desligam-se automàticamente; também numa das sub-estações; um ONI em forma de disco passa pela sub-estação, e depois pela central.

1960 — 13 de maio — Série Nordeste Brasileiro (Paracuru, Ceará) — ONI redondo, silencioso, cinza; luz azul brilhante no topo; ilumina barco de pescadores. 14 de maio — idem — figuras humanóides pequenas, pálidas, na praia, perto de ONI pousado; pareciam falar entre si; ao serem observados, acenam para êste, que foge, e volta com homens; ONI não mais se achava, sòmente marcas na areia no ponto.

1970 — 30 de agosto — Quando dava guarda nas instalações da Hidrelétrica do Funil, a 10 quilômetros da cidade de Itatiáia, Estado do Rio de Janeiro, o vigilante Almiro Martins Freitas foi ferido por um ONI. Segundo os médicos que o atenderam, o guarda teve cegueira psíquica por alguns dias e permaneceu em estado emocional muito abalado. Passava das nove horas da noite, quando êle começou a fazer a ronda das tôrres dos transformadores. Ao ultrapassar a casa de fôrça notou acima da construção de cimento, uma estranha luminosidade. Ràpidamente abaixou-se e começou a rastejar. A 10 metros de distância, viu algo que definiu como "uma forma estranha", pousada na plataforma de cimento, emitindo fortes luzes, de diversas côres.

O objeto, segundo descrição de Almiro, era redondo, circundado de luzes azuis, amarelas e verdes, e não fazia ruído nenhum. Temendo ser alguma coisa que estivesse ali para destruir a estação o guarda apitou, fez soar o alarma, ao mesmo tempo em que sacava da arma desfechando três tiros contra o objeto. Minutos após, Almiro foi encontrado caído, pelos colegas, e gritando: "Não olhem para a luz, ela me atacou, estou cego". Foi levado a enfermaria onde recobrou os movimentos pois até então estivera paralisado.

No local do ocorrido, o chefe da guarda e outros vigilantes, notaram que embora tivesse chovido um pouco naquela hora, o chão estava completamente seco, como se tivesse recebido calor. O ponto indicado achava-se misteriosamente enrugado numa extensão de três metros de diâmetro, diferindo do resto do cimentado, que era recente e muito bem aplainado. Entre 30 de agosto e 7 de setembro, mais cinco guardas da Companhia Hidrelétrica do Funil (considerada zona de segurança nacional, proibida a qualquer pessoa que não seja funcionário) um garoto de oito anos (correu para casa de sua avó, dizendo ter visto um "bicho cheio de luzes perto da barragem"), um leiteiro e várias outras pessoas afirmaram ter visto nas imediações, em diferentes situações, objetos voadores não identificados.

A Organização de Pesquisa de Fenômenos Aéreos, grupo particular de estudos, que se acha em desacôrdo com a Fôrça Aérea dos Estados Unidos (que recebeu de 1947 até hoje mais de 11.000 relatórios sôbre aparições de ONI) a respeito das provas da existência de discos voadores, declarou nos Estados Unidos que fragmentos metálicos recolhidos depois de uma explosão no Brasil são magnésio puro, uma forma metálica desconhecida na Terra. A Organização fêz tal declaração em apoio de suas afirmações sôbre a exploração extraterrestre (por veículos espaciais) da atmosfera da Terra. O diretor do grupo, Coral Lorenzen, fêz a seguinte referência da explosão e colheita dos fragmentos:

Caso Ubatuba

"Um objeto aéreo não comum explodiu sôbre a costa do Brasil à vista de vinte pescadores, em setembro de 1957. As testemunhas oculares estiveram de acôrdo em que um objeto pequeno, brilhante, de forma de disco que viajava a grande velocidade em direção ao oceano, se elevou bruscamente afastando-se da água e explodiu, cada fragmento resplandeceu com grande brilho sob o sol do meio-dia, como se se tratasse de fogos de artifício".

Um observador recolheu fragmentos apagados pelas águas e depois de algum tempo entregou-os ao dr. Olavo Fontes, cientista médico da Escola Nacional de Medicina e membro do grupo investigador. Fontes enviou alguns fragmentos para sua análise ao Laboratório Nacional de Produção Mineral. Espectro-análises feitas pela doutôra Luísa Barbosa, química-chefe, revelaram que o material era magnésio absoluto, sem impurezas. Surprêso, Fontes ordenou uma comprovação das análises. Não se conhece nenhum método para reduzir o magnésio ao estado de pureza absoluta, e não se sabe que o metal exista em forma pura na Terra, embora haja fartura dêle. A segunda prova, realizada a 24 de outubro de 1957, confirmou a resposta da primeira, e então foram usados novamente métodos de difração de raios-X na Divisão de Geologia e Mineralogia do Departamento Nacional de Produção Mineral.

Segundo o grupo investigador, a análise foi efetuada pelo dr. Elysiaro Távora Filho, famoso cristalógrafo brasileiro, e novamente verificou-se que os fragmentos eram magnésio puro. Então o Exército brasileiro inteirou-se do incidente e dirigiu as análises de Távora Filho, que abrangeram o método de difração do pó. Provas com contadores Geiger e balanças atômicas não mostram uma quantidade anormal de radiação. A Organização de Investigação de Fenômenos Aéreos disse que: "o mais puro magnésio já produzido na Terra ainda contém impurezas que podem ser identificadas fàcilmente nas análises espectrográficas. As amostras de Ubatuba não mostraram nenhuma impureza".

Caso Abrolhos

A tripulação do contratorpedeiro "Bauru" avistou ao largo da costa da Bahia, na altura dos Abrolhos, um objeto luminoso não identificado, o qual se aproximou a grande velocidade do navio, circulou ao seu redor várias vêzes, ficou visível durante cêrca de 40 minutos e desapareceu também em grande velocidade, acima do horizonte, depois que o comandante deu instruções para que fôssem transmitidas em direção ao objeto mensagens luminosas através dos poderosos holofotes do barco.

As autoridades militares brasileiras guardam ainda sigilo, mas sabemos que um relatório minucioso foi feito a respeito e encaminhado ao Estado-Maior da FAB. Dias depois foi avistado outro objeto luminoso sôbre Ilhéus, também na Bahia, e posteriormente nôvo objeto não identificado foi observado no Rio Grande do Norte, o que se supôs que havia uma relação entre essas observações e que se tratava do mesmo objeto.

O encontro do objeto estranho não indentificado com o contratorpedeiro "Bauru" se deu nas condições a seguir descritas. Aproximou-se repentinamente do navio com grande velocidade. Os oficiais que se encontravam de serviço não deram conhecimento do fato ao comandante, imediatamente, e procuraram certificar-se primeiro do que se tratava. Depois de cêrca de 15 minutos de observação não conseguiram, contudo, esconder a sua estupefação e foi dado alarme. O objeto, depois de aproximar-se, parou e a seguir circulou o navio e tomou várias posições.

Ficou visível durante 40 minutos, a ôlho-nu. Parecia uma estrêla, mas era duas a três vezes maior e mais brilhante que a estrela Vênus. Era luminoso e mudava de côr. De vermelho passou para o alaranjado, depois para o verde-azul e novamente ficou vermelho. Visto pelo binóculo, era uma esfera luminosa, envolvida por um halo também luminoso, de diâmetro maior.

O comandante do contratorpedeiro, depois de confirmada a constatação, determinou que os holofotes do navio fôssem focalizados na direção do objeto e começou a transmitir mensagens luminosas, indagando da identidade e das intenções do objeto. Não houve resposta e a única reação foi o rápido afastamento do objeto, que saiu em grande velocidade e se afastou desaparecendo acima da linha do horizonte.

Caso Trindade

Além do disco voador do contratorpedeiro "Bauru" existiu outro também famoso. Foi o que apareceu sôbre a Ilha Trindade e que tanto reboliço causou a bordo do navio "Almirante Saldanha da Gama", tendo sido inclusive surpreendido em plena atividade por um fotógrafo. Cópias das fotos foram enviadas até ao Presidente da República. Segundo uma testemunha ocular, alguns tripulantes, ao se darem conta do que viam, afastaram-se espavoridos, indo vários dêles refugiar-se no interior do navio. Sim, era um autêntico disco voador, que se deslocava ràpidamente nos céus, uma esfera luminosa aureolada por manchas de um fogo intenso.

A primeira aparição dessa suposta e estranha nave sideral aos olhos da tripulação atônita daquele navio, verificou-se sôbre a Ilha Trindade. Uma segunda aparição, dias depois, e finalmente, uma terceira e mais outras sensacionais. Diz-se que as altas autoridades da Marinha estavam no momento embaraçadas não sabendo o que informar sôbre as fotografias que possuíam em mão.

Eis relatório conforme "O livro vermelho dos discos voadores" de Flávio A. Pereira:

1957 — Fins de novembro — Ilha Trindade — 1.º observação ONI (ovóide prateado). 25 de dezembro — Ilha Trindade — 2.º observação ONI (redondo, prateado). 31 de dezembro — Ilha Trindade — 3.º observação ONI (redondo, prateado). 1958 — 1 de janeiro — Ilha Trindade — 4.º observação ONI (ponto de luz sôbre o mar, alta velocidade, trajetória em ângulo reto). 2 de janeiro — Ilha Trindade — 5.º observação ONI (observação rápida). No mesmo dia, à noite, a 640 km de distância da Ilha Trindade, foi visto pelos tripulantes do navio Triunfo, viajando ao largo da Bahia — ONI redondo, alaranjado, durante 10 minutos circulando acima do navio. 6 de janeiro — Ilha Trindade — 6.º observação ONI (prateado; nas cercanias de um balão meteorológico; ONI entra numa nuvem; balão desloca-se para a mesma, e volta sem os instrumentos com que tinha sido lançado. Entre dias 6 e 15 — Ilha Trindade — 7.º observação ONI (esferóide pálido; anel equatorial tipo saturno, rotatório; envolto em halo esverdeado). 16 de janeiro — Ilha Trindade — 8.º observação ONI (navio Saldanha da Gama; fotografado às 12:30 hs.; ONI tipo esferóide, com anel equatorial; condensação ou halo esverdeado em tôrno.

Caso São Sebastião

Passamos agora ao caso S. Sebastião: um professor foi convidado a viajar em uma nave voadora extraterrena, quando descansava em S. Sebastião no litoral paulista.

Confirmando todos os têrmos do relato sôbre sua viagem a bordo de um disco voador, o prof. João de

Freitas Guimarães, durante uma hora e quinze minutos, respondeu, com impressionante firmeza a uma vigorosa sabatina. Mais uma vez, perante as câmaras de televisão e microfones dos rádios de S. Paulo o professor catedrático da Faculdade Católica de Direito de Santos, o juiz, o advogado bem sucedido na profissão, o homem que durante tôda uma vida de magistério evidenciou um alto grau de sensatez, proferiu um informe minucioso, seguro, sem titubear, em uma única expressão, ou resposta, de uma viagem fabulosa que empolgou a opinião pública.

— Guardei durante 14 meses completo sigilo sôbre o que me ocorreu. Precisamente por que pesei perfeitamente os riscos da revelação. Não que tivesse mêdo, mas pressentia o incômodo de ser considerado louco ou mentiroso. Volto à televisão sem qualquer interêsse de minha parte. Mas por que estou disposto a dar aos que se interessarem pelo assunto, tôdas as explicações que souber dar, na medida apenas em que não seja prejudicada a minha vida particular, e o tempo de que preciso para os meus afazeres profissionais". Estas as palavras que, com visível tranqüilidade, disse aos repórteres e aos telespectadores, o professor Freitas Guimarães iniciando seu novo depoimento, em que definiu com riqueza de pormenores, forma, côr, dimensões e até mesmo um odor peculiar que constatou no disco voador e cujo bordo diz ter viajado, em companhia de cinco estranhos personagens, com tôda a aparência humana, que com êle se comunicavam telepàticamente.

Durante o seu depoimento na televisão, o prof. Freitas Guimarães, que costuma falar com sobriedade e precisão extraordinária de têrmos, numa linguagem singela e escorreita, conseguiu, sem dúvida involuntàriamente, uma descrição fascinante de sua viagem a bordo do estranho aparelho. Não sabe aonde foi. Disse apenas que, a certa altura, notou extraordinária mudança no ambiente percorrido. E, telepàticamente, lhe disseram os tripulantes do disco:

— "Agora estamos deixando o seu planêta". O professor acentua propositadamente a expressão "o seu planêta.

A partir dêste ponto, o disco passou a percorrer uma zona de densa escuridão que foi aos poucos clareando com fascinantes fulgurações. Sentia-se um violeta-claro muito intenso que chegava a provocar incômodas sensações. Densas formações de estrêlas — muito densas, fulgurantemente luminosas — eram avistadas. Corpos incendiados cruzavam com rapidez o espaço, na trajetória do disco. Completando a descrição, o professor, de giz em punho, desenhou o disco voador num quadro-negro, para grande surprêsa de todos, conseguiu fazer um desenho, bastante semelhante a muitas concepções já divulgadas, daquilo que se convencionou chamar de disco voador.

O prof. Freitas Guimarães disse mais que jamais lera qualquer literatura a respeito de discos voadores, ou de qualquer setor de astronáutica, antes de sua estranha aventura. E que mesmo depois do fato, não se interessa pelo estudo da matéria e não lhe atribui importância capaz de modificar sua vida, lamentando apenas o incomodo que lhe podia causar a impressão de louco ou de farsante com que teve de arcar, a bem daquilo que tem como verdade.

O interessante nisso tudo é que o professor havia combinado com os estranhos astronautas de outro mundo, um novo encontro. Em meio ao programa, quando o herói da mais esquisita façanha registrada, entre nós, era interpelado pelos jornalistas, foram convidados a se apresentar perante as câmaras dois senhores que se achavam presentes, portadores de uma nova e sensacional revelação. Ambos referiram no programa que, no dia em que se anunciara o provável retôrno do disco voador para nôvo encontro com o professor — no dia portanto, em que as autoridades aeronáuticas rumaram para São Sebastião, — viram perfeitamente o disco voador. Contaram que o estranho aparelho por volta das 20,15 horas apareceu na altura da Praia de Baraqueçaba, num ponto entre o litoral e a Ilhabela. Afirmaram que o aparelho se aproximou e fêz algumas evoluções sôbre o local, de forma bastante ostensiva. Confirmando depois a informação para o reporter, as duas novas testemunhas do caso deram os nomes de outras pessoas que com êles se encontravam naquela noite e que puderam, da mesma forma, contemplar o espetáculo excepcional.

Enquanto haviam êles avistado o aparelho às 20,15 horas, na Ilhabela, às 22,00 horas mais ou menos, o disco foi visto pelo vereador da localidade, e por tôda a sua família e um grupo de empregados. O encontro de informações foi feito na presença de outras pessoas e consistiu em verdadeira surprêsa para as duas partes. Feito um confronto de informações, verificou-se perfeita identidade: mesma côr, mesmas dimensões, mesmas características etc.

Caso Salinas

Um aluno da Escola de Minas e Metalurgia de Ouro Prêto teria visto, um misterioso corpo luminoso de forma arredondada, vindo do céu, do lado norte. A êsse respeito declarou na Câmara Federal, o deputado Clemente Medrado, que também viu o estranho objeto, àquele dia, por volta das 18,30 horas, quando se encontrava numa fazenda de sua propriedade, perto da cidade de Salinas, em companhia do Promotor de Justiça daquela comarca, de um fazendeiro e um negociante. Segundo o deputado Clemente Medrado, todos os que ali se achavam em sua companhia viram, como êle próprio, um corpo luminoso de cêrca de três metros de comprimento, em forma de pião, fosforescente e com as margens esverdeadas, que de repente surgiu no ar, uns quinhentos metros acima do morro mais alto da cidade. Êsse objeto subiu como se fôsse um foguete, com intensa iluminosidade, e perdeu-se nas nuvens.

Acrescentou que tencionara comunicar o fato aos cientistas, tão logo chegasse ao Rio, no que foi impedido pelos seus afazeres políticos e legislativos. A luz do misterioso corpo era muito mais intensa do que a do cometa Halley, a seu dizer. A cidade de Salinas fica nas divisas de Minas com a Bahia, muito distante, portanto de Ouro Prêto. Em Itamarandiba o fenômeno também foi observado. Cumpre registrar a coincidência da hora e do dia em que o mesmo foi visto em cidades tão afastadas umas das outras.

Caso Piatã

A meu ver sêres espaciais que viessem tentar contato conosco, teriam de primeiramente usar algum instrumento para chamar atenção. Depois enviariam mensagens educativas e iriam gradualmente nos instruindo afim de lhes entendermos os objetivos.

Andando de motocicleta pela estrada que vai a Itapoã em Salvador, na altura de um lugar denominado Piatã, Hélio Aguiar, bancário, notou algo como uma mancha escura que se formava na direção do mar. A mancha se aproximava, tomando forma, era um disco do qual sobressaíam quatro semi-esferas de côr prateada . Hélio chegou a bater algumas fotografias do disco. Terminando de bater as fotos êle sentiu uma estranha sensação, uma pressão na cabeça, que lhe causava confusão. Sentia também vontade de escrever alguma coisa. Era como se estivesse sendo obrigado a fazer isso, instantes depois perdia noção do que se passava. Ao voltar a si estava debruçado sôbre sua motocicleta, tendo na mão um papel e na outra um lápis. Com sua própria letra estava escrito no papel uma mensagem em português. Revelado o filme mostrava vários ângulos do disco exatamente como êle vira. Estas fotos foram bem examinadas, quanto à posição do sol na hora alegada, assim como o aspecto das nuvens, não foi achada nenhuma divergência, tendo também os negativos mostrado nada de anormal.

Nesse tempo, Hélio, fazia experiências com hipnotismo e telepatia, teria êle caído em transe hipnótico e escrito a mensagem? Teria a mente desenvolvida em grau bastante adiantado, capaz de receber mensagens telepáticas à distância? Êsse cidadão inclusive consentiu em ser submetido a qualquer teste, a fim de provar o que tinha visto e a mensagem examinada, do ponto-de-vista grafológico, comparada com sua caligrafia comum, apresentava sinais de ter sido feita em estado emocional anormal.

É um caso que não nos leva à conclusão definitiva, mas se as fotos não acusaram truques, nada podemos dizer também da sua mensagem que dizia: "Que cessem definitivamente experiências atômicas para fins bélicos. O equilíbrio do Universo está ameaçado. Permaneceremos vigilantes e prontos a intervir".

O HOMEM OBCECADO PELA SUPREMACIA, PODERÁ LEVAR O MUNDO À DESTRUIÇÃO!

Raças de outros planêtas, teriam conhecimento de nossas explosões atômicas, nossas provas com foguetes de grande altura e temem eventual invasão de terráqueos. O homem, a descoberta da fôrça nuclear. as ameaças, e a destruição de seus semelhantes.
"Raio da morte", "raios do Sol para queimar a Terra", "raio artificial", "guerra bactereológica", "orvalho da morte", "fuzil de bala californium" e "exército do espaço".
Visão apocalíptica, cidade intacta, mas coberta de cadáveres, nas ruas e no interior das casas...
Progresso, não consiste sòmente nas obras materiais, e sim na plenitude do ser e na união da Humanidade!

Várias explosões simultâneas de bombas de hidrogênio, podem acelerar a rotação da Terra, até mudar sua órbita. Vários cientistas já confirmaram, entre êles o dr. Paul Elliott, físico nuclear que trabalhou na fabricação da primeira bomba atômica. Uma explosão em massa, de hidrogênio, pode arrancar grande porção da Terra ou produzir uma violenta reação em cadeia que destruirá nosso planêta. Dêsses efeitos, em epecial, da destruição da Terra, podiam derivar-se conseqüências graves em Marte, Vênus e outros planêtas do Sistema Solar. Segundo alguns astrônomos, entre êles o dr. George Gamow, da Universidade George Washington, as idades glaciais ocorridas na Terra, foram causadas por certas mudanças desconhecidas registradas em Saturno e Júpiter. Uma violenta explosão que alterasse ou destruísse o equilíbrio terráqueo, poderia ter resultado muito mais desastroso. Se uma outra raça, do Sistema Solar, conhecesse êstes perigos, graças a seus próprios descobrimentos nucleares, teria boa razão para alarme.

Laboratório no espaço, mantido por sêres de outros mundos

1947, logo em seguida às primeiras explosões atômicas, foram grandes as operações de reconhecimento da Terra pelos estranhos objetos voadores. Os responsáveis por essas incursões enviaram o que tinham em matéria de astronaves exploratórias ou sondas espaciais, a saber: discos (grandes e pequenos); charutos (grandes e pequenos); globos com e sem asas; aneis simples e duplos, etc. Essa diversidade é que dificultou e perturbou os pesquisadores, durante tanto tempo, prevalecendo sempre a indagação: por que tantas formas diferentes? As côres dos objetos também variavam muito, conjeturando alguns estudiosos que a variedade de côres podia ser um meio de identificação útil aos ocupantes dos ONI, ao passo que outros teorizavam que as côres eram decorrencias dos sistemas de propulsão usados pelos estranhos objetos voadores.

Detetaram em 1957 a presença do primeiro satélite artificial lançado pelos homens (o primeiro Sputnik), bem como nossas primeiras tentativas missilísticas (foguetes de 1948 a 1950). A presença de um animal a bordo do segundo Sputnik teria sido também registrada pelos operadores dos ONI. Isso teria suscitado a grande onda de aparecimento dos estranhos objetos voadores em novembro (o segundo Sputnik foi lançado no dia 4) cujo objetivo logístico, teria sido localizar o ponto de onde tinha sido lançado êsse novo satélite. Ainda em novembro de 1957, os ONI testaram uma arma contra automóveis, veículos para eles de notória proeminencia como meio de locomoção na superfície. Posteriormente testaram arma anti-avião, testemunhados por pilotos brasileiros que encontraram ONI nos primeiros dias de novembro desse ano, nas rotas comerciais brasileiras. Além disso, teria sido testada também uma outra arma contra instalações militares.

Deve existir um gigantesco laboratório, em algum lugar do espaço, mantido por espécies extraterrestre cujos veículos espaciais, os discos voadores, tem aterrissado afim de reunir amostras de rochas, plantas, solos, animais, que levam para esse laboratório. Inúmeros são os testemunhos de operadores (de estatura anã) vistos na América do Sul, durante determinadas ondas de ONI, entregues a toda sorte de operações tais como coleta de pedras, plantas etc. (O ser estranho teria vencido largas extensões do espaço cósmico e gasto anos em reconhecimento que lembra atividade militar, sòmente para satisfazer curiosidade científica?) Os operadores devem ter reunido elementos informativos a respeito das condições agronômicas terrestres bem como de nossos progressos e de nossas intenções, provàvelmente para seu futuro benefício próprio. Assim o laboratório espacial deverá possuir mapas, relatórios, sala de botânica e outras ciências naturais, onde as amostras levadas da superfície terrestre são analizadas daí o intervalo entre as grandes ondas de estranhos objetos voadores.

O perigo atômico

As raças de planêtas desconhecidos, poderiam temer, também, uma eventual invasão de terráqueos. Nossas explosões atômicas poderiam aumentar êsse temor e nossas provas com foguetes de grande altura, indicam claramente que não estamos longe de viajarmos pelo espaço. Essas talvez sejam as razões das aparições em quantidade dos chamados discos voadores em todo o nosso planêta. A Fôrça Aéria Norte-Americana tem informações sensacionais sôbre êsses discos voadores. Um estudo preparado por cientistas famosos e técnicos da Fôrça Aérea, expressou recentemente a crença de que os misteriosos objetos voadores, são genuínos e procedem de fontes situadas fora dêste planêta!

Portanto, os discos voadores são máquinas controladas, por sêres de outros mundos, cuja velocidade e manobra são impossíveis de serem acompanhadas por qualquer aparelho aéreo fabricado na Terra. E que nos observam constantemente, pois foi depois da explosão de Hiroshima que suas aparições tornaram-se mais freqüentes. Antes se limitavam a assistir nossos combates, sem se preocuparem com isso, pois nos julgavam uma raça atrasada e que não oferecia perigo para êles. Agora nos olham de outra maneira, pois sabem que descobrimos uma fôrça capaz não só de destruir a Terra, como prejudicar todo o Sistema Solar e consequentemente seus planêtas.

Seriam os discos voadores, russos, como muitos afirmam? Não, por que os russos estavam se levantando entre as ruínas da segunda guerra mundial, quando os discos já observavam os combates aéreos! Na ocasião as melhores máquinas aéreas da Rússia eram propelidas à hélice. Nunca os russos poderiam produzir aparelhos dêsse gênero, em tão pouco tempo. Além disso a Coréia e o Vietnã teriam sido um bom campo de provas para êles. Seriam veículos experimentais secretos norte-americanos? Também não. Se fôssem os americanos não estariam fabricando aviões a jato, pois êstes seriam completamente antiquados! Os Estados Unidos não dispunham de tais aparelhos em 1944-45, nem os possui agora. Se os possuíssem, seriam superiores aos russos tanto na operações globais como nas espaciais. E não estariam dispendendo grandes somas para investigar justamente os objetos aéreos não identificados. Excluindo êstes dois países, quem poderia ser o possuidor de tão extraordinárias máquinas? Uma nação que tivesse descoberto algum novo sistema de propulsão tão revolucionário, não estaria enviando suas máquinas a tôda parte do mundo, expondo-se ao perigo de um desastre revelar todo o seu segrêdo. Tentaria dominar o mundo essa é a verdade!

Descoberta a fôrça nuclear, não se fêz outra coisa na Terra senão ameaças, de um lado para outro, tentando reduzir o mundo a cinzas. Primeira explosão: Hiroshima — pelos americanos. Depois experiências com armas de 100 megatons, pelos russos, mesmo sabendo que nas futuras gerações poderão haver 5.000 casos de defeitos físicos e mentais! E finalmente explosão de uma bomba de hidrogênio no espaço cósmico, pelos americanos, a mais de 320 quilômetros de altitude, sôbre a ilha Johnston! (As comunicações pelo rádio entre Estados Unidos e Austrália ficaram interrompidas durante algum tempo, após a explosão dessa bomba termonuclear e pelo espaço de uma hora os sinais captados eram mais fraços do que de costume).

Essa explosão debaixo do cinturão interior de radiações Van Allen é perigosa. Segundo a opinião do próprio Van Allen, descobridor dos cinturões de radiações ao redor da Terra, uma explosão nuclear a 500 quilômetros de altitude não só romperia o cinturão como também deslocaria o campo magnético da Terra. Bernard Lowell, astrônomo britânico, julga que a explosão supõe o risco de destruir o cinturão, privando-o de suas partículas por quase século. Ademais, a libertação desordenada de partículas perturbaria, durante muito tempo, a captação radioastronômica e as telecomunicações.

Estamos no século da arma nuclear e dos foguetes, mas a mentalidade do homem de hoje não mudou muito da mentalidade dos homens primitivos: ameaça a destruição de seus semelhantes, com a diferença que hoje se faz destruição em massa e não só de vidas como do próprio planêta. Se não vejamos:

Desde Gengiscão, precursor da guerra total, Alexandre, criador da falange macedônica, César, da legião romana, até os fazedores de guerras nucleares, a história não possui elementos para computar quantos milhões de cadáveres, se amontoaram no trilho dêsses destruidores.

O "raio da morte"

Os Estados Unidos e a União Soviética, estariam desenvolvendo suas pesquisas sôbre a Bomba "N", ou seja, a mais terrível arma jamais imaginada pelo homem: o "raio da morte".

O "raio da morte" nasce da energia desencadeada na fusão nuclear que, em lugar de produzir calor e explosão, geram uma explosão silenciosa de neutrons, essas partículas atômicas de vida curta mas capazes, se libertadas na atmosfera, de matar com suas irradiações tôda criatura que se encontra na sua área. Os efeitos dêsse raio são imediatos. Um golpe de ar, repentinamente, se espalha sôbre o alvo, que pode ser uma cidade, penetrando em todos os lugares com sua poderosa carga radioativa e contaminando, por um período breve, tôdas as coisas. Num instante, a vida desaparece da área atingida por êsse golpe de ar: as plantas e os animais, e aí o homem. Sua ação é fulminante, instantânea, não dando tempo a ninguém para se salvar pois onde entra ar entra também essa radiação mortal. Tôdas as formas de vida seriam canceladas, até o fim. Os primeiros soldados que entrassem numa cidade atingida pelo "raio da morte" teriam dela uma visão apocalíptica, a visão de uma cidade intata, mas coberta de cadáveres, nas ruas ou no interior das casas.

"Raios do Sol para queimar a Terra". Um perito espacial britânico declarou que os soviéticos deram o primeiro passo para a colocação em órbita de uma lente ou espelho de suficiente poder para concentrar os raios do Sol e queimar um objetivo na Terra.

Êsse perito L. J. Carter, secretário da Sociedade Interplanetária Britânica, fêz essa declaração ao comentar o que dissera o cientista soviético Ari Sternfeld, de que agora é possível "sem a menor dúvida" colocar em órbita grandes plataformas espaciais. Carter disse também que a Alemanha nazista teve uma idéia semelhante, mas que jamais passou de um projeto sôbre o papel. Acrescentou que os soviéticos aperfeiçoarão tal arma "sob o disfarce do contrôle do tempo — para desviar, por exemplo, a trajetória dos ciclones. Porém, tal técnica teria uma decidida aplicação militar. Poderia causar muito dano e queimar gente na superfície da Terra".

A reunião sôbre a defesa aérea dos Estados Unidos era da mais alta importância Disse então um general, no Assuntion College, onde se realizou a mesma: "Nossa segurança no futuro vai depender de engenhos absolutamente diferentes daqueles que hoje conhecemos. São armas que agirão com a velocidade da luz". Com os segredos nunca são guardados rigorosamente, logo se

NOSSOS AVANÇOS CIENTÍFICOS ALARMAM OUTRAS RAÇAS DO SISTEMA SOLAR! VÁRIAS EXPLOSÕES SIMULTÂNEAS DE BOMBAS DE HIDROGÊNIO A QUILÔMETROS DE ALTITUDE PODERÃO DESTRUIR A TERRA, TRAZENDO GRAVES CONSEQÜÊNCIAS PARA MARTE, VÊNUS E DEMAIS PLANÊTAS. SERIAM AS RAZÕES DAS NOVAS APARIÇÕES DOS DISCOS VOADORES SÔBRE A TERRA!

veio a saber que o general aludira a certa "arma de luz". Tratava-se do "laser", aparelho capaz de concentrar num feixe muito fino ondas luminosas extremamente poderosas. O feixe luminoso de um "laser" pode quebrar materiais sólidos ou mesmo ferir gravemente um ser humano, a uma dezena de metros de distância.

Na expressão de um engenheiro francês, a "arma de luz" evocada pelo general americano parece muito mais uma pistola do que uma peça de artilharia, mas uma pistola que fôsse muito incomoda e exigisse o acompanhamento de enorme grupo eletrógeno para sua alimentação em corrente elétrica. Pesquisas muito sérias estão sendo feitas, tendo em vista a construção de um verdadeiro raio. Os britânicos, os norte-americanas e os soviéticos trabalham nesse sentido. O engenho emitiria um feixe invisível que mataria, volatilizaria, não deixaria nenhum vestígio e desafiaria qualquer meio de proteção. Alguém apertaria um botão e, sem nenhum sinal revelador, os aviões explodiriam em vôos, os foguetes seriam atingidos em sua trajetória e as cidades se incendiariam misteriosamente. Todos os tiranos e muitos romancistas sonharam com êsse canhão apocalíptico.

Ondas que podem matar

Recentemente se encontrou relatório redigido pela própria mão de Marconi, revelando que o célebre sábio italiano, em 23 de maio de 1930 chegara a matar ratos que se encontravam numa gaiola a 10 metros de um emissor de rádio. Essa experiência de Marconi prefigurava o acidente ocorrido em setembro de 1958 numa estação norte-americana de radar. Por inadvertência, um operário foi apanhado, durante alguns minutos, no feixe de um radar em funcionamento. Morreu em conseqüência disso.

Êsse acidente deu origem a inquérito. Os especialistas foram obrigados a reexaminar os efeitos perigosos das ondas de radar, o que provocou a redação de certo número de relatórios. Para classificá-los, consultaram-se fichários e, por acaso, alguém encontrou dois dossiês relativos a "radiações misteriosas".

Dois casos misteriosos

Essa descoberta permitiu o conhecimento de 2 casos misteriosos. O primeiro é um relatório encontrado nos arquivos da Wermacht, que conta que na Westfália, em agosto de 1935, um comboio de caminhões militares imobilizou-se numa estrada, sem razão razoável. Os motores, de todos os veículos pararam e não puderam ser postos de novo em movimento. Isso ocorreu enquanto os veículos se encontravam numa faixa de estrada de 800 m de comprimento. Além dêsse limite fatídico, os motores funcionaram normalmente.

Foi necessário esperar até 1951 para saber, por um jornal japonês, que a espetacular paralisação dêsses caminhões fôra provocada intencionalmente por sábios alemães, que experimentavam emissores de feixes de ondas eletromagnéticas e de ondas ultra-sônicas, prefiguração do famoso "raio artificial." Quanto ao segundo caso, ocorreu em maio de 1945. Três aviões do Exército norte-americano imobilizaram-se simultâneamente em pleno céu. Os motores pararam e os aparelhos foram obrigados a fazer perigosa aterragem forçada.

E — coisa extremamente curiosa — o fato ocorreu no mesmo local e na mesma altitude, ao largo da costa ártica do Alasca. Partindo dêsses dois mistérios, as engrenagens da máquina administrativa norte-americana põem-se em movimento. Inicia-se inquérito. Aos poucos esboçam-se pistas possíveis: a primeira conduz aos canhões ultra-sônicos, como aquêles que os alemães utilizaram durante a última guerra. Essa pista foi logo abandonada; mas uma segunda parece interessante, pois vai dar em alguma coisa de sério que não é nada mais do que "o raio artificial" do sábio soviético Babat.

Êsse físico teve idéia de dirigir, no espaço, poderosíssimos feixes de ondas eletromagnéticas que, em sua zona de junção criam uma bola de fogo de temperatura muito elevada. A terceira pista prende-se incontestàvelmente a uma idéia expressa pelo físico alemão Sanger, e que visa a utilizar o feixe de fogo desprendido pela explosão controlada de uma bomba H. Êsses vários dados são cuidadosamente recolhidos pelo serviço secreto dos Estados Unidos.

Sabe-se também que, enquanto a cidade de Washington dormia sob a neve, um homem presidia a uma sessão oficial, rodeada do maior segrêdo. Êle chama-se Roy Johnson e era então diretor da seção de pesquisas avançadas do Ministério da Defesa. Apenas 23 pessoas ouviam Johnson, que revelou pela primeira vez em que sentido os laboratórios norte-americanos iam trabalhar, para domar o "raio artificial". Êsses trabalhos foram coroados de êxito? Julgamos que os cientistas norte-americanos estão realmente a ponto de produzir o raio invisível da morte à distância.

A guerra "bacteriológica"

Certos "cientistas" aperfeiçoam também outras armas de destruição:

"Guerra bacteriológica", bombas portadoras de tôda espécie de micróbios, arremessadas contra cidades indefesas, matando por doenças, crianças, mulheres, homens, criações, plantações, enfim eliminando qualquer forma de vida! Prepara-se nos laboratórios do mundo inteiro, uma guerra abominável, na qual os micróbios substituirão os soldados! Morreremos de peste, de cólera ou de qualquer outra doença que um dia o adversário nos enviará? Essa é a pergunta horrível, que deve ser feita. A guerra bacteriológica pode apresentar-se sob três formas:

1) Ataque por agentes vivos, isto é, por bactérias ou vírus que seriam lançados no território visado e eliminariam sua população em poucos dias, antes mesmo que pudesse ser organizada defesa;

2) Ataque por toxinas: estas seriam, no caso, os venenos secretados pelos vários agentes vivos citados acima, principalmente pelas bactérias. Seria um verdadeiro "envenenamento" do adversário;

3) Ataque por produtos químicos especiais, por exemplo os hormônios artificiais. Conhecem-se os usos que hoje se fazem dêles em escala reduzida, para limpar certos terrenos de mato. Aspergindo um país com

êsses hormônios, sua agricultura ficaria arruinada em poucos dias. Essa é uma forma de ataque diferente, não exatamente contra os homens, mas contra seus meios de subsistência.

As duas últimas formas foram testadas pelos norte-americanos, no Vietnã.

Seria esta a primeira vez que os micróbios se aliam aos militares? Certamente, não. Muitas vêzes, nas guerras passadas, os micróbios foram mais eficazes do que o fogo do inimigo. A peste, a cólera, o tifo exantemático, a disenteria bacilar já foram causa de grandes derrotas. A peste deteve os cruzados às portas de Jerusalém; o tifo dizimou os mouros na Espanha; a disenteria arruinou as esperanças das tropas de Napoleão, diante de Moscou. Durante a guerra dos *boêres*, a tifóide fêz mais vítimas do que as balas. A gripe fêz milhões de vítimas durante a Primeira Grande Guerra.

É verdade que êsses eram combatentes que não haviam sido convocados. Mas a idéia de fazer intervir *voluntàriamente* essas armas bacteriológicas também não é nova. Em 1650, o tenente-general de artilharia Siemowicz, polonês, propunha o envio de globos envenenados com a baba de cães raivosos contra o inimigo. Em 1763, o coronel inglês Bouquet, por ocasião da questão de Fort Pontiac, tentava espalhar a escarlatina nas tribos índias rebeldes, enviando-lhes cobertores contaminados.

Em março de 1917, era prêso na frente francesa agente secreto alemão, portador de um tubo metálico que continha um caldo de cultura de bacilos de mormo. Em 1918, recolhia-se, na mesma frente, certo número de latas que continham material virulento. Em 1935, o Japão enviava para a Mandchúria destacamentos especiais encarregados de espalhar agentes biológicos nocivos.

Sabe-se, hoje, sem contestação, que os norte-americanos, em 1945, incertos ainda do efeito das suas duas bombas atômicas lançadas sôbre o Japão, se preparavam para lançar nos arrozais um produto que teria arruinado por completo todas as culturas.

Depois de 1945... tudo se torna secreto. Recordam-se as acusações chinesas durante a guerra da Coréia. Nunca foram provadas, mas não é de todo inacreditável que os norte-americanos, em território muito limitado e com bacilos relativamente pouco nocivos, tenham feito sua primeira experiência de guerra bacteriológica. Deve-se dizer porém, que após a morte de Stalin, essas acusações não mais se repetiram e que não mais se falou de "Ridgway — a peste".

E hoje, em que pé estamos? Em primeiro lugar, estudaram-se especialmente meios biológicos muito rápidos e mortais: a peste, o tifo, a escarlatina. Mas já há alguns anos que isso foi abandonado.

Realmente, é grande o risco de provocar uma epidemia mundial; o assaltante poderia sofrer tanto como o assaltado. Ora, que pedem os estrategistas? Simplesmente que as armas biológicas aniquilem o inimigo durante alguns dias. Por isso é que os laboratórios trabalham atualmente em doenças menos graves: a febre de coelho, a febre purulenta e até o vulgar resfriado. Estudos recentes foram publicados oficialmente sôbre o problema, como por exemplo os dos sábios norte-americanos Rosebury, Kabat e Boldt.

E eis que novamente os norte-americanos testam armas biológicas. Desta vez no Vietnã, onde usaram quase todos tipos modernos de armas e táticas. Quase tudo o que havia na moderna tecnologia bélica. Desde o uso de bombas de magnésio para queimar grandes trechos de florestas e plantações até lançamento de cristais de iodeto de prata nas nuvens, para provocar violentas chuvas artificiais, que por sua vez provocavam inundações terríveis, debilitando a economia do inimigo.

Em alguns anos de guerra, os norte-americanos haviam lançado no Vietnã, 11.793.000.000 de quilos de bombas! Um estudo feito segundo estatísticas fornecidas pelo Departamento de Defesa(?), nos dava os estarrecedores dados: 53,5 quilos de bombas explodindo a cada segundo — o que equivalia a 3.210 quilos por minuto, 192.600 quilos por hora e 4.622.400 quilos por dia! Cada habitante do Vietnã, homem, mulher ou criança, recebia uma média de 265 quilos de bombas. Cada área de 5 mil metros quadrados recebia 64 quilos de explosivos! O equilíbrio ecológico foi profundamente alterado, com o desaparecimento de espécies vegetais e animais. Vastas áreas foram devastadas e convertidas em verdadeiras paisagens lunares.

Usando poderosas quantidades de herbicídas os norte-americanos destruíram metade das florestas do Vietnã do Sul. Mataram metade das árvores de madeira de lei ao norte e a oeste de Saigon e inutilizaram 22 bilhões de metros quadrados de terra. Entre 1961 a 1971, abriram no país cerca de 26 milhões de crateras com as dimensões médias de 8 metros de profundidade por 10 de diâmetro. Nunca antes na história uma região foi tão maciçamente alterada e mutilada.

Não satisfeitos com o uso intensivo do napalm, jogada contra a indefesa população, bomba que ao explodir lançava gasolina gelatinosa, massa inflamada que ao aderir no corpo, não mais saía e provocava queimaduras até os ossos, os norte-americanos foram mais além, apelando até para testes com armas bacteriológicas!

À primeira vista, o número de bactérias, vírus e toxinas utilizáveis numa guerra bacteriológica parece inesgotável. Pràticamente, porém, não é o que se verifica. Os germes utilizados devem corresponder a certos caracteres precisos. O agente microbiano ideal deve poder ser produzido com facilidade, conservar-se durante muitos meses na expectativa da guerra e ter eficácia certa. São raros os agentes dêsse tipo. Entre os que se aproximam do tipo ideal, deve-se citar o bacilo de Yersin, agente da peste, com o qual trabalhava o infeliz sábio inglês George Bacon quando morreu. Outros tipos possíveis: os bacilos do mormo e da melioidose, a bacterídia carbônica, o bacilo da tularemia e os agentes das bruceloses.

Entre os vírus utilizáveis figuram os vírus amarílico, e o vírus gripal. Devem-se citar também: "R. Prowazeki", agente do tifo exantemático; "R. rikettsia", agente da febre das Montanhas Rochosas; "R. Japônica", agente da febre fluvial no Japão; "R. Burnetti", agente da febre Q.; "R. psitaci", agente da psitacose. É claro que, visando a arruinar a economia dos países adversários, os laboratórios preparam também pequenas soluções para uso do gado; o vírus da febre aftosa, o da poliomielite do cavalo, o da doença de *Newcastle*, o da peripneumonia bovina.

Em relação às toxinas derivadas das bactérias, estuda-se especialmente a exotoxina botúlica. Durante a última guerra, pesquisadores demonstraram que 30 g de toxina botúlica bastariam para matar cêrca de 840 bilhões de ratos. Logo apareceu um homem de imaginação; partindo da comparação entre o pêso de um ser humano e o de um rato, afirmou êle que essas 30 g de toxina botúlica bastariam para matar 220 milhões de indivíduos, ou seja, mais do que a população da América do Sul.

Na realidade, o cálculo é falso. Mas a toxina botúlica, mesmo com rendimento menor, poderia tomar parte numa guerra biológica. Os laboratórios norte-americanos já a têm em estoque, em estado cristalizado. Por via bucal, a exotoxina botúlica é 10 mil vêzes mais tóxica do que o cianeto de potássio. É considerada como arma biológica de grande valor.

Como imaginar, então, um conflito em que seriam utilizados êsses vários tipos de armas novas? É uma visão apocalíptica:

1 — Agentes de epidemias: micróbios disseminados na água e no ar. Nove em cada dez pessoas morrem na região contaminada, ou surge grande número de doenças de curta ou longa duração, de acôrdo com o tipo de agente empregado. Finalidade: matar ou enfraquecer em massa, sem destruir as riquezas do país, que poderão servir após a ocupação.

2 — Meios psicoquímicos: pequenas quantidades de drogas absorvidas pelo ar, pela água e pela alimentação atacam o sistema nervoso e provocam, na tropa e na população, a incapacidade de agir de maneira normal e razoável. Finalidade: neutralizar o sistema de defesa por certo lapso de tempo, ou destruir, no país inimigo a vontade de resistir.

3 — Meios de ataque contra a agricultura: agentes químicos e biológicos disseminados sôbre grandes extensões e levados pelo vento e pela chuva. Essas subs-

tâncias podem matar 100% dos animais domésticos e destruir as colheitas. Finalidade: perturbar o abastecimento e provocar a fome.

4 — Gases tóxicos que agem sobre o sistema nervoso: veneno líquido extremamente mortal, que pode ser transformado em nevoeiro, invisível, difícil de detectar, e que torna quase impossível a proteção. Transformaria os abrigos em verdadeiras armadilhas mortais. Uma gôta na pele mata sem perdão. Finalidade: exterminar a população de determinada região.

5 — Gases especiais: centenas de combinações químicas transformadas em gás podem ser espalhadas por aviões, foguetes, bombas-obuses. Alguns dêles provocam a cegueira temporária; outros corróem a pele, provocam vômitos, alucinações ou paralisia temporária. Finalidade: tornar a população incapaz de resistir, tendo em vista uma ocupação rápida e sem perigo para o atacante que estaria munido de máscara e de roupas de proteção.

6 — Poeiras radiativas: detritos produzidos em reatores especiais e disseminados por todos os meios possíveis. Tal como as poeiras radiativas, essas poeiras provocariam na população doenças consecutivas às radiações. Finalidade: contaminar uma região e imobilizar o defensor.

"Orvalho da morte", sem aviso algum, surgiria do céu, um número incrível de foguetes, espalhando um gás que cairia suave e imperceptivelmente sôbre a terra, corroendo tudo em que tocasse.

Tudo isso será feito pelo "soldado do futuro", um verdadeiro "tanque humano", que utilizará um volante para guiar-se, freios e sobretudo um potente motor que lhe permitirá ir mais depressa e mais carregado do que seus "antepassados", segundo declarou o Departamento da Defesa dos Estados Unidos.

O soldado, cujo futuro não está muito longe, será coberto com um uniforme especial que conterá todo o equipamento citado, assim como armas automáticas que não farão o menor ruído e das quais ao disparar não sairá nem fogo nem fumaça. Êste soldado será imune às radiações nucleares, à guerra biológica, ao frio, ao calor, aos gases etc.

Pequena arma de poder devastador!

Fala-se já no "fuzil de bala californium", arma nuclear individual, supondo-se também que seja o "raio da morte" a que me referi no início. Trata-se de arma cujo poder bélico é realmente devastador. Essa nova arma, que vem sendo mantida em segrêdo nos laboratórios militares norte-americanos, é um engenho capaz de lançar pequenas bombas nucleares. Nada se sabe ainda sôbre seu mecanismo, supondo-se entretanto, que êle se baseia no mesmo mecanismo da bazuca de projétil de urânio 235, já fabricada e posta em serviço de treinamento pelos ianques. Se o mecanismo não possui um princípio revolucionário, o mesmo não se pode dizer em relação à bala californium, que pode subverter a tática e a estratégia atômica: tem dimensões reduzidíssimas (tamanho de um revólver) e, pelo que se diz, a mesma potência de uma bomba atômica — a que destruiu Hiroshima, por exemplo, que tinha o tamanho de um homem, segundo fotografias divulgadas pelas autoridades norte-americanas.

O californium é um elemento artificial que traz o número 98 na tabela periódica de Mendeleif. Descoberto em 1950 por um grupo de cientistas da Universidade de Berkeley, na Califórnia — de onde o seu nome — pertence à série de elementos químicos obtidos pelo bombardeio do átomo de urânio. O problema mais difícil que se apresentava aos cientistas era a sua fabricação, mas isso foi resolvido recentemente em laboratórios norte-americanos e russos não identificados, bem como no Instituto Karlsruhe, na Alemanha Ocidental. Fabrica-se atualmente californium por dois métodos: pelo bombardeio de urânio 238 por íons de oxigênio ou pelo bombardeio do plutônio por um fluxo muito intenso de nêutrons. Do ponto-de vista da fabricação de bombas atômicas, o traço mais extraordinário dessa nova bomba, que se convencionou denominar de "bomba C", não é apenas o seu diminuto tamanho, mas sim o fato de que ela pode ser detonada sem o caríssimo mecanismo de bomba H.

Os efeitos da C também não são os mesmos da A ou da H, que já são clássicas de guerra moderna. Não provoca incêndios, nem destruição. As casas atingidas por ela permanecerão intactas, mas seus ocupantes morrerão, por que tôdas as pessoas, num raio de 300 metros, receberão uma dose mortal de neutrons de 400 roentgens. Eis porque a bomba califonium tem também o nome de bomba N.

O exército espacial

O espaço se tornou militarizado; às três fôrças clássicas se acrescentou o "Exército do Espaço"

Como a aviação da Primeira Guerra Mundial, que começara sua carreira com as tímidas incursões de observação na retaguarda dos adversários, a astronáutica militar fêz estréia com os satélites-espiões. Da parte norte-americana, surgiram os "Midas", capazes de localizar as bases russas de mísseis, depois os satélites secretos da Fôrça Aérea, que periòdicamente partem dos centros californianos. Ainda que os soviéticos façam segrêdo em tôrno do seu arsenal cósmico, é o caso de pensar-se que seus engenhos da série "Cosmos" não se limitam à exploração platônica da superfície terrestre.

Por outro lado, marechais russos fazem questão de repetir que seu país está preparado para o desafio sôbre o "terreno de além-atmosfera". Mesmo em se tratando de blefe na gigantesca partida de pôquer entre Moscou e Washington, é evidente que os russos aproveitaram ao máximo seu progresso tecnológico em matéria de foguetes pesados. A recuperação no solo dos seus misteriosos "Cosmos" é um indício que não fugiu à observação dos especialistas do Departamento da Defesa de Washington.

Após vários meses, os conselheiros civis dêsse organismo opuseram-se às reivindicações da Fôrça Aérea, que reclamava aumentos substanciais de créditos, a fim de construir uma armada espacial. Sustentavam que o papel de uma armada cósmica não está claramente concebida e que a eficiência dessa armada não seria mais decisiva do que as armadas atuais. No entanto, a administração Kennedy, queria acreditar na maravilhosa aventura da cooperação espacial, com os russos. Desde o regresso de Glenn à Terra, o govêrno norte-americano oferece, de viva voz e solenemente, essa colaboração, ao mesmo tempo que sábios norte-americanos e soviéticos retocavam um programa comum de satélites meteorológicos.

Mas acontecimentos inesperados sobrevieram. De uma e de outra parte, surgiu a aparatosa ostentação dos mísseis intercontinentais. Os russos empenharam-se na via do "guarda-chuva" antimísseis, com grandes reforços de megatons termonucleares que explodiam no céu do Ártico central, na trajetória de mísseis intercontinentais de exercício. Os norte-americanos conseguiram alvejar, com o "Nike-Zeus", um foguete "Atlas". Tornava-se pois, evidente que, concordando com preço elevado, a defesa antimísseis poderia no futuro aspirar à eficácia da defesa antiaérea.

As duas superpotências se preocupam em fazer buscas para triunfos maiores, no cosmo. Os satélites- espiões, que filmam as bases dos foguetes adversários, que determinam as rotas dos mísseis portadores de cargas nucleares ou que avaliam as distâncias intercontinentais com grande precisão, já não são suficientes.

Os militares reclamam, agora, satélites-caçadores, capazes de descobrir tôdas as missões clandestinas dos satélites suspeitos e removê-los de suas órbitas. Exigem que sejam criadas frotas de naves cósmicas pilotadas por tripulação humana. Defendem a instalação de centros de observação permanentes no Espaço. Reivindicam programa urgente que preveja a construção de satélites-bombardeiros que cercariam nosso planêta e manteriam sempre prontos comboios de bombas termonucleares. O russo preconiza a instituição de unidades de bombardeio cósmico e o norte-americano assegura que satélites-caçadores tripulados por homens garantirão a segurança do Ocidente.

É concebível a supremacia de um país que chegasse a lançar no Espaço êsse terrificante engenho de bombas satelizadas, para apoiar qualquer ultimato, seria suficiente que um dedo tocasse um botão. E milhares de megatons proviriam do céu, sem nenhuma possibilidade de salvação. Nesse caso, a destruição seria levada ao último grau de aperfeiçoamento e na totalidade do quadro planetário.

Com a evolução das técnicas astronáuticas, a militarização do Espaço, que vem sendo estudada, será realidade dentro de 10 anos. Tanto nos EUA como na URSS, os cientistas preparam foguetes que poderão colocar satélites com cargas de 10 toneladas ao redor da Terra. Elaboram técnicas de transporte e de reunião no Espaço dos elementos pré-fabricados que constituirão as estações espaciais. Será que essas estações cósmicas, que nos maravilhavam ainda ontem, por causa de sua audaciosa arquitetura e das extraordinárias missões que deviam cumprir a serviço da ciência e da medicina, não serão outra coisa senão terrificantes fortalezas apontadas para a Terra que as gerou?

Guerra atômica acidental ou planejada

Dizem: — "Jamais haverá outra guerra, o homem não se destruirá por que *lôbo não come lôbo*". Oxalá, assim seja, mas acontece que um dia um *lôbo* pode se enganar como aconteceu com o general Power, comandante do *Strategic Air Command*, que, por um êrro, ordenou, em 1961, a todos os aviões de bombardeio norte-americano que rumassem em direção à URSS. Durante 12 minutos e meio o *Strategic Air Command* estêve em guerra com a União Soviética. Nesse dia poderia ser o princípio... do fim! E em 1962 foi o caso de Cuba, quando da colocação de foguetes russos nessa ilha, russos e americanos quase levaram o mundo às portas da destruição. Seria a confirmação da 8.ª previsão de Robert Heinlein!

O que se passou na "sala de guerra B.D.-927" do Pentágono, em outubro de 1962, não é mais segrêdo. Russos e americanos estiveram sòmente a algumas horas da guerra nuclear, quando a União Soviética, dispunha em Cuba, de foguetes de 1.800 km. de raio de ação, prontos para lançamento. (Êstes seriam reforçados por outros projéteis de 2.600 km. de alcance.) Encontravam-se na "sala de guerra" cêrca de 30 oficiais, entre os quais o general Curtis Lemay, chefe do Estado-Maior da Fôrça Aérea. Oficiais e sargentos controlavam as linhas que comunicavam ao presidente, ao secretário da Defesa e ao Comitê de Estado-Maior, as informações procedentes do sistema de detecção nuclear.

A ordem do comando era "Defcon-2" isto é "condição defesa 2". Esta devia ser seguida da "Defcon-1" que significava o estado de guerra, se foguetes instalados em Cuba, partissem para os Estados Unidos. Êsse lançamento teria sido detectado imediatamente e a "sala de guerra" teria informado incontinenti aos três altos personagens dos Estados Unidos, o presidente teria pôsto pessoalmente em ação o "Defcon-1" e declarado, automàticamente a guerra.

Uma vez soada a sirena, acionada pelo presidente, dois oficiais cada um com uma chave suspensa ao pescoço, teriam aberto uma caixa vermelha. Os militares, então, retirariam cinco bolsinhas de plástico contendo mensagens idênticas, destinadas aos comandos estratégicos da Fôrça Aérea, no Alasca, Guam, Espanha e Inglaterra.

A mensagem em código era simples: "Go to war" (Estamos em guerra). Encontravam em terra, prontos para ação: 550 aviões "B-52", 800 "B-47" e 70 "B-58". Voavam sôbre o Atlântico, 90 bombardeiros "B-52" carregados com bombas de 25 e 50 megatons aguardando o sinal! 8 submarinos nucleares armados de foguetes "Polaris" com cargas atômicas, apontavam seus 126 foguetes para a Rússia. Os porta-aviões da sexta e sétima esquadras norte-americanas estavam prontas para lançar seus bombardeiros nucleares, e em terra 192 foguetes "Atlas", 54 foguetes "Titan" e 12 projéteis intercontinentais "Minuteman" aguardavam o momento de seu lançamento.

Uma fôrça de invasão de 100.000 homens havia sindo concentrada no sudeste dos Estados Unidos para ser ràpidamente transportada a Cuba. Essas tropas eram apoiadas por 10 a 20.000 homens, que serviriam de refôrço imediatamente. Finalmente, a Marinha agrupara 183 navios, levando 183.000 tripulantes sôbre a área que envolvia Cuba. Enquanto isso naquela "sala de guerra" do Pentágono, encontravam-se um oficial e um suboficial armados de revólver, com ordem de executar instantâneamente qualquer membro da equipe, que prêso de pânico, houvesse tentado apertar sem ordens o botão que desencadeava a guerra!

Agora imagine o leitor, êsse mesmo dia no lado soviético: "A guerra nuclear vai ser iniciada! Submarinos nucleares tomam posição para a batalha! Foguetes com ogivas atômicas, já estão apontados às grandes cidades norte-americanas, esperando ordem de atacar! Perspectivas: 800 milhões de mortos inicialmente, e incalculáveis quantas serão as vítimas das nuvens radiativas!"

Os destinos da Terra decidir-se-ão no espaço

1963 — O primeiro grande satélite foi interceptado pelos radares da marinha no setor sul da rede de avistamento. Os dados relativos foram logo transmitidos pelos centros de observação espacial de San Diego, na Califórnia e de Elephant Butte, no Novo México, para a base de Dahlgren, na Virgínia. Minutos após, o quartel general da defesa anti-aérea norte-americana em Colorado Springs redigia o primeiro relatório sumário: um grande satélite artificial, não identificado, voava sôbre os Estados Unidos a uma altitude de aproximadamente 620 quilômetros.

Um segundo satélite desconhecido foi descoberto no outro dia. Na quinta-feira seguinte foram avistados seis. Quando, na manhã de sexta-feira, os chefes do Estado-maior se reuniram foram informados de que seis satélites artificiais, atravessaram dez vezes ao dia em órbitas ligeiramente diferentes, as telas de radar da marinha. Às 22,30 de sexta-feira, o presidente dos Estados Unidos abandonou uma recepção na Casa Branca e avistou-se com um grupo de conselheiros civis e militares, perguntando então se era possível atacar e destruir os "visitantes desconhecidos". Responderam-lhe que sim, seria possível dispor de mísseis "Nike-Zeus" apropriados para esse fim.

A sessão encerrou-se pouco antes de meia-noite; dois funcionários do Departamento do Exterior permaneceram ainda alguns minutos, a fim de pôr em guarda o presidente contra as conseqüências políticas que poderiam advir de uma ação perturbadora das experiências espaciais soviéticas. Uma hora mais tarde, às 9 da manhã (hora de Moscou), o embaixador norte-americano na capital soviética recebeu um documento. Tratava-se de uma nota onde o Kremlin registrava que as potencias ocidentais haviam sabotado continuamente todas as tentativas no sentido de se chegar ao desarmamento e à manutenção da paz no mundo. A União Soviética (rezava ainda o documento) via-se, portanto, obrigada a unificar unilateralmente a Alemanha, como primeiro passo rumo à segurança de um desarmamento total na Europa. Nas 48 horas subsequentes, as forças terrestres soviéticas penetrariam na Alemanha Ocidental. Moscou revelava, ainda, que seis bombas de hidrogênio, cada qual com uma potência de 150 megatons, sobrevoavam os territórios mais povoados da América do Norte. Se as tropas dos Estados Unidos ou da NATO tentassem impedir a desmilitarização da Europa, as bombas seriam lançadas imediatamente.

Estrelas de Damocles

Nada disso aconteceu, mas poderá acontecer um dia. Não se trata de um trecho de ficção científica: é assim que se sentirá o mundo contra as armas espaciais, suspensas sôbre a Terra, como "estrelas da morte", como "estrelas de Damocles". Seria, portanto, esta a "arma global" amiude alardeada pelos russos. Teriam os Estados Unidos, desta forma, a terrificante imagem de uma "Pearl Harbor espacial".

Pergunta-se: trata-se de uma hipótese aceitável? Se a URSS pudesse contar com esse meio de destruição, a crise de Cuba não teria seguido, naturalmente, o conhecido curso, e a rendição moscovita não teria deixado o mundo todo estupefato. Como se explica o procedimento de Kruchtchev, na ocasião? De uma forma muito simples: ele estava a par do poderio bélico dos Estados

Unidos, cuja apuração bem longe está de exigir a ação a um organizadíssimo exército de espiões. Não ignorava o Kremlin, ao mesmo tempo, que os norte-americanos estavam perfeitamente a par da situação soviética no mesmo setor.

Segundo o serviço secreto estadunidense, a Rússia dispunha na época, de 75 a 100 mísseis intercontinentais prontos para o lançamento, e os Estados Unidos de 90. Segundo os cálculos dos técnicos militares de Washington, um ataque russo de surpresa levaria à destruição de 90 por cento dos mísseis norte-americanos; mas nove deles partiriam e a sua potência atômica de 5 megatons explodiria sôbre nove cidades russas.

Não foi revelado o número aproximado de mísseis de raio médio em poder da URSS; sejam porém como fôr, a grande potência oriental não possuia rampas de lançamento suficientemente próximas dos Estados Unidos, ao passo que estes poderiam contar com 90 mísseis de raio médio capazes de chegar à Russia (assim como à Itália, à Inglaterra, à Turquia etc.) Se a União Soviética tivesse desencadeado a agressão, 9 dos 10 mísseis teriam sido destruídos; mas 9 "Jupiter" e "Thor" teriam chegado a ela. Moscou não disporia ainda de submersíveis capazes de lançar mísseis em imersão (ao que consta, porém, a notícia não é de todo fidedigna), mas de 50 mísseis destinados a partir de submarinos munidos de "rampas de superfície".

Os Estados Unidos possuiam 9 submersíveis em condições de lançar (em imersão) 144 "Polaris". Tres destes submersíveis encontrar-se-iam no porto durante o ataque russo, e talvez fossem destruídos, mas seis não seriam encontrados (uma vez que haviam sido deslocados para o Mar Glacial Ártico), e 96 "Polaris" tombariam sôbre a União Soviética. A URSS possuiam, na ocasião, cêrca de 50 mísseis derivados da "V-1", que poderiam ser lançados de submersíveis em imersão, a cêrca de mil quilômetros dos Estados Unidos; a América do Norte possuia 350 mísseis dessa natureza, muitos dos quais no Palatinato e no Eifel, entre o Mosele e o Reno, e outros a bordo de submarinos. Uma agressão súbita levaria à perda de 50 por cento deles, e isto na pior das hipóteses: 175 deles, pelo menos, poderiam alçar vôo, rumando para leste.

A atômica orbitante e a arma global

Quanto aos aviões de bombardeio pesados, a Russia possuia 150, e a América do Norte 700. Talvez a metade dos bombardeiros da República Estrelada fosse destruida no solo, mas 350 "B-52" de oito motores poderiam atacar a URSS. Eles não carregavam sòmente bombas, mas também mísseis teleguiados do tipo "Hound Dog", em condições de serem lançados a mil quilômetros do objetivo e portanto, fora do alcance da bateria anti-aérea.

No que concerne aos bombardeiros médios e leves, a União Soviética possuia 200 capazes de chegar aos Estados Unidos, ao passo que estes possuiam 2.800, que partindo das bases européias e asiáticas, ou então dos porta-aviões, poderiam descarregar sobre a Russia um dilúvio de bombas atômicas e de hidrogenio. Mesmo admitindo-se que as forças comunistas houvessem destruido a metade dos porta-aviões com 400 aparelhos, e três quartos dos aviões em terra firme, 900 bombardeiros ocidentais transformariam vastíssimas regiões soviéticas a um inferno radioativo.

Impõe-se salientar que os aparelhos eletronicos de interceptação norte-americanos são o que de mais perfeitos se realizou até hoje neste campo. É sintomático, a propósito, o episódio registrado tempos atrás quando os especialistas da marinha que operavam em Dahlgren avistaram um objeto desconhecido que voava a 650 quilômetros de altitude. Verificaram, pouso depois, que se tratava tão sòmente do resto de um satélite artificial estadunidense: um cabo de 4 metros de comprimento, com apenas um milimetro e meio de diâmetro. A potência desses instrumentos é pois excepcional, e não foi sem razão que a central da defesa anti-aérea de Colorado Springs, citam como exemplo o fato acima.

Os Estados Unidos declaram com ênfase: "Ninguém pode hoje lançar um satélite artificial sem que o saibamos. Temos certeza de que descobrimos, até agora, todos os objetos que partiram da Russia rumo ao espaço". Por outro lado, hoje não é mais segredo que os russos abateram dois satélites lançados do Cabo Kennedy...

Quanto ao "Electronic Intelligence System", que protege os Estados Unidos: é constituido pela cadeia-radar da NATO Ace High, que vai do Cabo Norte à Turquia, pelas três cadeias distribuidas através da América do Norte e prolongadas por unidades da frota estadunidense no Atlântico e no Pacífico, pela "barragem nordica" que se inicia em Clear (Alasca), Thule (Groenlândia) e Flyindales Moor (Inglaterra), por estações de rádio e de radar das forças armadas norte-americanas dispostas em todas as partes do mundo e pela chamada "cêrca de ondas de rádio" constituida para proteger todo o Sul dos Estados Unidos; além disso, funcionam centros secretos nos observatórios astronômicos.

Qualquer míssil intercontinental, qualquer satélite artificial que parta da URSS, cai seguramente sob os "sentidos eletrônicos" de pelo menos uma estação de avistamento ocidental e um grande aparelho de radar basta para estabelecer o curso, a velocidade e até o peso aproximado do objeto lançado. E é de se supor que a Russia tenha também, toda uma cadeia-radar, para a escuta do espaço e proteção de seu território. Qual então a verdade sôbre a "arma global" russa? Ela existe, mais ainda não está em condições de ser adotada, pois exige inúmeros aperfeiçoamentos, talvez vários anos de trabalho...

Os perigosos anos de 1961, 1962, 1963 e outros atritos em datas posteriores, até os dias de hoje, mostraram, que as bases militares nucleares em qualquer parte do mundo, são constantes ameaças à sobrevivência da humanidade!

Mesmo estando longe de uma guerra nuclear, não estamos longe do perigo, pois sòmente com as experiências nucleares toda a parte do globo já está sendo afetada, levando a humanidade para o caminho do amanhã desgraçado!

Existem atualmente as fantásticas bombas nucleares de cem megatons que equivalem à potência de destruição de 5.000 bombas atômicas do mesmo tipo que a lançada no dia seis de agosto de 1945 sobre a cidade japonêsa de Hiroshima. Esta bomba era de 20 quilotons aproximadamente.

Para as bombas nucleares se calcula em toneladas de TNT, que é o explosivo mais destruidor existente no mundo. Uma bomba de 20 quiltons desprende numa fração de segundo uma energia equivalente à explosão química de 20 mil toneladas de TNT. Deve-se precisar, igualmente, que o megaton é uma unidade de explosão análoga à de um milhão de toneladas de TNT: cem mil megatons equivalem, por conseguinte, a 100 milhões de toneladas de TNT.

As mais poderosas bombas termonucleares experimentadas, tanto pelos Estados Unidos, União Soviética e Grã-Bretanha, em 1955, 1956 e 1957, não alcançavam, segundo parece, 20 megatons. Em 1958, os Estados Unidos ensaiaram uma bomba termonuclear de 30 megatons. A bomba atômica francesa mais poderosa experimentada no deserto do Saara só tinha uma potência de 70 quilotons. A primeira bomba "H" soviética, ensaiada no dia 12 de agosto de 1953, levava uma potência de mil quilotons, isto é, um megaton, e a superbomba termonuclear, experimentada a primeiro de maio de 1954, era de 15 megatons.

Quais são os danos que poderia ocasionar uma bomba de 100 megatons? É inútil avaliá-los. Basta saber que a explosão de uma bomba de 40 megatons sòmente, a 500 metros de altura, sobre uma cidade, poderia causar estragos a todas as populações que se encontrem a 40 quilômetros do ponto zero (ponto de impacto). Cidades tais como Londres e Paris seriam totalmente destruídas pela potência desta explosão. Lembra-se, finalmente, que o pêso total dos explosivos lançados depois da Segunda Guerra Mundial alcançou cinco megatons. A bomba de cem megatons é, por conseguinte, duzentas vezes superior em potência ao total dos explosivos utilizados entre 1939 a 1945. Os efeitos radiativos da mesma poderiam repercutir em toda a Terra.

A mortal poeira atômica

Um relatório do *Federal Radiation Council* dos Estados Unidos, afirma que a precipitação radiativa das experiências nucleares fêz aumentar ligeiramente os riscos sanitários dos norte-americanos. As futuras gerações, diz o relatório, sofrerão provàvelmente os efeitos dessas radiações. Para a atual população a contaminação radiativa se traduzirá provàvelmente num aumento dos perigos de leucemia e câncer ósseo, deformações congênitas, cegueira, surdez, distrofia muscular e doenças mentais. "Além dos defeitos claramente constatáveis — acrescenta o relatório — poderá haver número desconhecido mas notàvelmente grande de mutações com efeitos menos manifestos, tais como pequenas anormalidades físicas, moléstias leves, disfunções fisiológicas e menor resistência às infecções. Êsses danos darão em parte, como resultado, menor probabilidade de sobrevivência, nas diferentes idades".

O relatório faz a seguir algumas previsões:

1) Nos próximos 70 anos provas atômicas realizadas poderão causar 2.000 casos de leucemia nos Estados Unidos.

2) Nos próximos 70 anos poderá, haver, nos Estados Unidos, 700 casos de câncer ósseo.

3) Em todas as futuras gerações, nos Estados Unidos, poderá haver de 200 a 5.000 casos de defeitos físicos ou mentais de grandes proporções e de 400 a 10.000 casos ulteriores derivados do carbono-14, radiativo. Êste último material é produzido na atmosfera por radiações libertadas das explosões nucleares.

Pauling, Prêmio Nobel de Química, e um dos maiores cientistas da atualidade, calculou que um ano de explosões nucleares experimentais, no ritmo de 30 megatons por ano, desprende na atmosfera terrestre uma quantidade de carbono-14 com fôrça para produzir até a sua completa precipitação, um total de 55.000 crianças com defeitos físicos e mentais graves.

Além do carbono-14, existem materiais radiativos como, estrôncio-90, césio-137 e outros. O estrôncio-90 é grande causador de leucemia, particularmente em crianças. Baseando-se nesses dados o leitor poderá fazer idéia quantos aleijados estão sendo gerados! Tempos atrás foram inúmeros os nascimentos de crianças deformadas, portadoras de focomelia (etmològicamente, significa membros de foca), doença caracterizada pela deformidade dos braços e pernas do recém-nascido, cujas mães haviam tomado a Talidomida, essa droga maldita, que laboratórios gananciosos lançaram às pressas!

Só na Alemanha calcula-se um total de 6.000 casos de crianças deformadas, com as características da "Síndrome da Talidomida", geralmente braços atrofiados, deformados e no rosto as "marcas de morango" (Hemangiona) na teste, no nariz etc. Possuindo muitas destas crianças, alterações esqueléticas. Dados tristes para a humanidade! Mas, seria só a Talidomida a causadora de tôda essa desgraça? Não há dúvida de que o aumento do número de casos de focomelia, resultou de alguma droga nova. Essa é a opinião dos médicos, que indagam, porém: será a Talidomida a única? E os casos de crianças deformadas que o dr. G. E. Petersen, da Universidade de Kiel, na Alemanha, examinou, em que se acreditava não ter havido utilizado a Talidomida e está convencido de que as mães realmente não tomaram a droga? E as causas das deformidades encontradas em quatro crianças nascidas nos Estados Unidos, que se acredita não terem relação com a Talidomida, estudadas pelo Instituto Nacional de Cegueira e Doenças Neurológicas?

Existirão outras drogas diabólicas, criadoras de deformados lançadas também às pressas, sem os devidos testes? Sem conhecer os efeitos do remédio sôbre o feto? Ou seriam já os efeitos, dos elementos liberados da explosão nuclear, "cogumelo da morte", malefício manejado por mãos criminosas, que ameaçam todas as espécies vivas da Terra e talvez de outros planêtas?

O destruidor de Hiroshima

Com referência aos efeitos das explosões nucleares, mostrarei aos leitores um outro, causado por essa desgraça, o efeito psíquico. Trata-se de um relatório sobre a vida de um ex-major da Fôrça Aérea norte-americana, que deu ordem para que Hiroshima desaparecesse numa explosão atômica. Êsse homem reduzido a miséria sofre com sua conciência, talvez mais do que os cem mil desgraçados que matou. Sua história foi muito divulgada na imprensa americana, mostrando o que resta do "mais desgraçado dos homens", segundo sua própria opinião.

Ao contar sua história, o ex-major Claude Eatherly esconde o rosto nas mãos. "Todas as noites, 15 anos a fio, sonhei com enormes incêndios, labaredas ferventes, chamas escarlates me lambendo, edifícios caindo, crianças correndo, como archotes, a roupa em fogo". "Por que fêz isso?" — me gritam. "Por quê?" "E eu acordava paralisado de mêdo, gritando, suando, por que não tinha resposta... 100.000 pessoas morreram em Hiroshima, todas por minha causa. Eu dei a ordem de bombardear".

Há alguns anos Eatherly era um ás. Hoje, atormentado pela agonia da culpa vive um pesadelo. Seus nervos estão destruídos, sua habilidade arrasada, arruinada sua vida pessoal. Desde Hiroshima, ele perdeu tudo: família, carreira, paz de espírito. Estêve prêso 7 vêzes e 9 vêzes o recolheram a sanatórios para doentes mentais. Afogou-se em álcool e pôs-se a tomar drogas. Duas vêzes tentou o suicídio. Recentemente, tornou-se ardente pacifista. Rogou publicamente aos Estados Unidos e a outras nações que renunciassem a todas as armas e à guerra nuclear. Em muitos lugares da Europa e da Ásia, Eatherly é considerado a mais séria baixa psicológica da era atômica. Sua incapacidade de fazer as pazes com o passado é considerada a reação de um homem equilibrado que vive num mundo louco. Não há muito, Bertrand Russell afirmou que Eatherly foi trancado à chave pelos Estados Unidos para silenciar suas opiniões impopulares, estribilho que também se repete no Japão.

Os psiquiatras do govêrno norte-americano consideram-no extremamente doente — "esquizofrênico", "paranóico", perigo para si próprio e para os outros. Também o consideram ingênuo e prevaricador. Conhecidos de longa data, como Ken Wey, seu bombardeador, garantem que Claude tem complexo de herói e está apenas procurando fama. Um médico que estudou profundamente o caso diz que se trata de conflito entre a educação religiosa do ex-major e sua carreira militar. Nem Eatherly sabe explicar-se. Recebendo alta de um hospital de veteranos, ele leva vida solitária perto de uma praia de Galveston, no Texas, e enche o tempo escrevendo cartas e visitando o psiquiatra várias noites por semana. Sua ocupação principal é passar em revista sua vida, seu passado e... Hiroshima.

Eatherly é filho de lavradores batistas de Van Alstyne, Texas. Na turma do ginásio foi o melhor atleta e o herói da classe. Formado, entrou para a escola de direito, apaixonou-se pela aviação e na época de Pearl Harbour era tenente e pilôto de bombardeio. No começo da guerra sua missão foi participar de patrulhas. Em 1944 foi escolhido para o 509, o Grupo de Bombardeio Composto, que estava treinando para Hiroshima. "Voces vão acabar com a guerra", disse-lhes o oficial-comandante, coronel Paul Tibbetts. Na manhã de 6 de agosto de 1945, a Missão Especial de Bombardeio n. 13 levantou vôo de Tinian. Eis como conta os acontecimentos o próprio Eatherly:

"Seis aparelhos haviam recebido a missão. O meu, o *Straght Flus,* tinha por tarefa sobrevoar Hiroshima, que era o alvo principal, e analisar as condições meteorológicas. Se o tempo me parecesse claro, devia comunicá-lo ao cel. Tibbetts, que seguia no *Enola Gay* com a bomba. Dois outros aparelhos examinavam os alvos alternados, Nagasaki e Kokura. Se minha informação fôsse negativa, Tibbetts bombardearia uma dessas duas. Partimos mais ou menos a meia-noite. Todos estávamos impressionados com a tarefa. Às 7 da manhã estávamos sobre Hiroshima.

Podia ver a cidade entre nuvens desfeitas e vi imediatamente qual deveria ser o meu boletim: lembro-me de ter pensado: e o que eles fizeram em Pearl Harbour? Enviei a Tibbetts a mensagem fatal: Cão Vermelho Um. Aconselho. Bombardear Alvo Primário. Essas palavras condenaram Hiroshima. Graças a Deus, nunca vi a maldita bomba cair. Depois do boletim, virei e dirigi-me para Tinian. Passei pelo *Enola Gay*, que ia na cabeça de uma formação de três. Eu estava a uns 160 quilômetros de distância quando eles atingiram o alvo".

Quando os Estados Unidos anunciaram ao mundo estarrecido que uma bomba atômica aniquilara virtualmente Hiroshima, Eatherly, como tantos outros norte-americanos, recebeu a notícia com sentimentos contraditórios. Alegria da arma secreta ter tido êxito e conseguir encurtar a guerra. Mas também horror de tantas vidas humanas serem consumidas numa única explosão. Do Grupo 509 muitos ficaram abalados com o acontecimento. Durante vários dias, reinou em Tinian muito silêncio e introspecção. Mas depois de Nagasaki (Eatherly não participou) veio o fim da guerra e os homens começaram a esquecer. Começaram a achar que a bomba talvez tivesse feito um bem — que em face do seu horror a humanidade se visse obrigada a abandonar a guerra como meio de resolver querelas.

Eatherly continuou na Fôrça Aérea, e até se ofereceu como voluntário para as provas do Bikini, em 1946. Levou seu avião, com os instrumentos de medição, até o âmago da densa nuvem em forma de cogumelo — incidente que contribuiu para prejudicar-lhe a saúde — e viu então de perto sua primeira explosão atômica. "Côres rutilantes, todas as côres que se podem imaginar. E aquêles navios de guerra, enormes, jogados no ar, longe, como se fôssem pedrinhas. E então a onda de choque, uma negra muralha de água arremessada, subindo para nós como gigantesco punho, empurrando-nos para o lado. E o B-29 tremendo e se agitando como uma folhinha insignificante. Percebi então com que fôrça aterradora a humanidade estava se metendo." Logo depois, Eatherly foi chamado à cabeceira de sua mãe moribunda, e no colo desta, a Bíblia estava aberta no 20.° capítulo do Êxodo, do qual se destacava o 6.° mandamento: "Não matarás".

Neurótico pelo bombardeio atômico

Seis meses depois, Eatherly deixou a Fôrça Aérea e cada vez mais impressionado com Hiroshima, caiu em longos períodos de depressão e silêncio. Sua vida conjugal ficou afetada e depois de quatro anos a mulher, Connie, se divorciou dele. Claude deu para beber, começando antes do café da manhã e indo até a noite. Como não podia arranjar emprego, entregou-se ao contrabando de armas, despachando-as para rebeldes latino-americanos. Ganhou muito dinheiro até o Tesouro dar em cima.

Eatherly continuava a beber, jogar, farrear, tudo para esquecer. Mas não o conseguia. Um dia, sòzinho em casa, tomou um tubo de soporíferos, mas foi encontrado a tempo e salvo. Do hospital, levaram-no diretamente para um sanatório de veteranos em Waco, para tratamento psiquiátrico. Os 10 anos seguintes foram passados em hospitais e, em 1953, a Administração dos Veteranos, concluindo que Eatherly sofria de uma "neurose de ansiedade" deu-lhe uma pensão de invalidez de 50%. Meses depois, os médicos decidiram que era psicótico e portanto 100% inválido, dobrando-lhe a pensão. Quando não estava internado, Eeatherly procurava médicos, teólogos, antigos amigos e companheiros de bebedeira ou farra, pondo-se a bombardeá-los com perguntas irrespondíveis sobre Hiroshima. Em 1956, com dois companheiros, assaltou três agências postais. E cometeu outros crimes, sendo prêso sete vêzes mais. Geralmente, as acusações eram arquivadas por causa de sua condição mental e sua ficha de serviços, que não impediram que curtisse 9 meses de cárcere em Nova Orleans, por passar cheque falso.

Em 1959, cometeu ato espantoso. Apanhou uma pistola "Winchester", calibre 22, descarregada, e foi assaltar gente. No caminho descontou um cheque de US$800,00 e meteu o dinheiro nos bolsos. Entrou numa mercearia e mandou o dono encher um saco de papel com o dinheiro da caixa. Prendeu o homem nos fundos do armazém e foi-se embora, sem levar nada. Quando o prenderam Eatherly disse: "Minha vida não vale nada. Sou o maior matador da história. Sou uma praga sobre o mundo". Os psiquiatras, considerando-o suicida, internaram-no por 17 meses. A essa altura, seu caso começou a atrair atenção, e a chegar correspondência do mundo todo. Um dos primeiros a escrever foi o doutor Gunther Anders, conhecido filósofo pacifista vienense. Os dois tornaram-se grandes amigos. Da sua cama no sanatório Eealtherly começou a escrever artigos para jornais japonêses, artigos publicados em primeiras pápáginas, com manchetes. A correspondência multiplicou-se.

Os japonêses escreviam perdoando, dizendo: "O sr. é tão vítima quanto nós". Eatherly sentiu-se melhor, pois havia anos que mandava dinheiro ao Japão, anônimamente. Tendo encontrado no pacifismo um propósito de vida, pediu alta ao hospital. A essa altura, seu nome transformou-se em bandeira dos grupos pacifistas e antinucleares. Os médicos afirmavam que ele continuava donte e que sua condição mental estava sendo explorada pelos antiamericanistas. Os diretores do sanatório, em vez de dar-lhe alta, prolongaram seu internamento e então Eeatherly fugiu. Dois meses depois foi detido por violação do tráfego.

Conquanto os observadores o dissessem calmo, composto, racional, de rápidas reações mentais e bem humorado, o júri o considerou doente e mandou-o para o hospital de novo, embora na mesma sentença o julgasse responsável para cuidar dos próprios negócios. O veredicto provocou grita mundial. Anders escreveu longa "Carta aberta ao presidente dos EUA", dizendo que um homem perfeitamente são do juízo estava sendo internado por que suas opiniões divergiam das do govêrno. Apesar disso, as autoridades do sanatório colocaram Eatherly na ala de máxima segurança, com janelas gradeadas, portas trancadas, junto com maníacos de homicídio e paranóicos perigosos. Assim que o tratamento aliviou, e Claude teve privilégios, fugiu de novo. Hoje, dedica-se inteiramente à sua batalha pessoal. Vive da pensão e dos direitos do seu livro "Consciência

Queimando" coleção das cartas trocadas com Anders, *best-seller* em 14 línguas, mas até hoje não editado nos Estados Unidos.

Era necessário lançar duas bombas atômicas sôbre o Japão, quando este país já estava de joelhos?

Vamos partir da premissa de que desenvolver a bomba atômica tenha sido um mal necessário, porém, lançada da maneira como fizeram, foi errado. Poderiam ter usado a bomba para pôr fim à guerra, sem derramamento de sangue, explodindo nos céus de Tóquio, à noite, sem prévio aviso. Se a fizessem explodir à altitude de 6.000 metros, em vez de à baixa altura de 600 metros (conforme foi o caso de Hiroshima e Nagasaki), haveria um mínimo de perdas de vidas — se é que haveria — e dificilmente qualquer estrago é propriedade, mas haveria o barulho da detonação e os efeitos luminosos. Os norte-americanos poderiam então ter dito aos líderes japoneses: "Essa foi uma boma atômica. Uma delas pode destruir uma cidade. Rendam-se para não serem destruídos!"

Os japoneses se renderiam, assim como o fizeram após a destruição das duas cidades. Se isso tivesse acontecido, aí sim os norte-americanos teriam alcançado enorme vitória tanto moral quanto militar. Poderiam então dizer ao mundo: "Estão vendo o que a ciência pode fazer? Pôs fim à guerra sem derramamento de uma só gota de sangue!"

Por outro lado, se o Japão não se tivesse rendido, e dado boa razão para que os norte-americanos utilizassem nova carga, deviam pelo menos ter esperado mais tempo antes de lançar a segunda bomba. Duas cidades inteiramente destruídas, por duas bombas, sem ter sido feito antes uma demonstração de todo o seu poderio. Foi o mais monstruoso crime até hoje cometido contra a humanidade e repetido!

Acôrdo entre as grandes nações

Estados Unidos, Russia e Inglaterra, estudaram um tratado tentando frear a carreira dos armamentos. Segundo os têrmos do acôrdo, as três potências se comprometeriam a proibir, impedir e a não levar a cabo provas do tipo nuclear, ou qualquer outra explosão nuclear na atmosfera, no espaço sideral ou debaixo dágua. Declarou na ocasião o ministro das Relações Exteriores da Inglaterra, Lorde Home: "Precisamos assinar um acôrdo, as experiências nucleares são prejudiciais para a Humanidade!" Falou também o então secretário de Estado, dos Estados Unidos, Dean Rusk: "Vivemos num mundo perigoso, e só um tratado contra provas nucleares poderá converter a atual atmosfera de perigo e de suspeita numa atmosfera de paz e confiança". E o primeiro ministro da Russia, na época, Nikita Krutchev, finalizou: "Devemos lutar pela paz, porque uma guerra moderna será tão terrível que os sobreviventes invejarão os mortos!"

Finalmente o tratado sobre a cessação (parcial) de ensaios nucleares foi firmado em Moscou no dia 5 de agosto de 1963, pelos chanceleres, Lorde Home, Dean Rusk e Andrei Gromyko. O documento de 800 palavras e 5 capítulos foi rubricado pelos representantes das três potências, depois de cinco anos de negociações intermitentes. Até quando durará êsse compromisso? E que atitude tomarão outras nações que já possuem armas nucleares (França e China) cujos representantes não assinaram o tratado? Só o futuro dirá!

E assim leitores, chegamos ao fim de: "No espaço não estamos sós...", na esperança de que o ser inteligente terrestre tenha progresso também "interno". Lamentàvelmente a nossa inteligência é desviada para fins belicosos, pois a felicidade material do homem não depende apenas dos reatores atômicos, foguetes cósmicos e cérebros eletrônicos. Depende do desaparecimento da fome, do câncer, das doenças mentais e outros males que são flagelos sobre os quais nada se conhece.

Já é tempo do homem olhar para cima, mas, além das estrêlas. Vinte civilizações têm passado pela terra, iluminando com seus alvôres a marcha da Humanidade, suas luzes brilharam na noite dos séculos e extinguiram-se e o homem continua na sua marcha de progresso, esquecendo que progresso não consiste sòmente nas obras materiais, na criação de máquinas poderosas e sim, na plenitude do ser, na união da Humanidade. É justo que habitantes, de outros planêtas mais evoluídos, fiquem apreensivos com nossos progressos científicos, pois se não respeitamos a vida de nossos irmãos, o que não faremos quando encontrarmos sêres de outros mundos? Talvez já tenhamos destruído a Terra antes que chegue êsse dia!

◆ Composto e impresso nas Oficinas Gráficas da Editôra Cupolo Ltda. — Lopes de Oliveira, 303-315
C. G. C. N.º 61.536.918/001